Bill Porter

Die Berge hüten das Geheimnis

Begegnungen mit chinesischen Eremiten

Walter-Verlag Solothurn und Düsseldorf

Titel der amerikanischen Originalausgabe:
Road to Heaven. Encounters with Chinese Hermits

Übersetzung von Clemens Wilhelm

Die Deutsche Bibliothek – CIP-Einheitsaufnahme

Porter, Bill:
Die Berge hüten das Geheimnis : Begegnungen mit chinesischen Eremiten / Bill Porter. [Übers. von Clemens Wilhelm]. – Solothurn ; Düsseldorf : Walter, 1994
Einheitsacht.: Road to heaven <dt.>
ISBN 3-530-65901-0

Satz: Utesch Satztechnik GmbH, Hamburg
Druck und Einband: Boss-Druck, Kleve
Printed in Germany
ISBN 3-530-65901-0

Für diejenigen,
die auf dem Pfad der Einsamkeit wandeln.

Inhalt

50 Jahre auf dem Tailaoshan

Kapitel 1

Der Himmel der Eremiten

In der ganzen chinesischen Geschichte gab es immer Menschen, die es vorzogen, in den Bergen zu leben, sich mit wenigem zu begnügen, unter einem Strohdach zu schlafen, alte Kleider zu tragen, auf hochgelegenen Hängen zu arbeiten, wenig zu reden und noch weniger zu schreiben – vielleicht einige wenige Gedichte, eine Handvoll Rezepturen. Unberührt von den Zeitläufen, aber im Einklang mit den Jahreszeiten, pflegten sie die Wurzeln des Geistes und tauschten den Staub des Flachlandes gegen die Nebel der Berge. Fern und einflußlos, waren sie doch die am höchsten geachteten Männer und Frauen der ältesten Gesellschaft der Welt.

Noch nie hat jemand zu erklären versucht oder überhaupt die Frage gestellt, warum die Chinesen eine solche Bewunderung für Einsiedler hatten. Einsiedler *gab* es einfach – jenseits der Stadtmauern, in den Bergen: einsame Rauchsäulen nach einem Schneefall. Soweit die Geschichte zurückreicht, gab es in China immer Einsiedler. Die Chinesen sagen, daß ihre Geschichte vor fünftausend Jahren begann, in der Zeit des Gelben Kaisers Huang-ti. Huang-ti ist der älteste bekannte Anführer eines Stammesbundes, der sich am Gelben Fluß niederließ und sich später Chinesen nannte. Von zwei Eremiten wurde Huang-ti in der Kunst unterwiesen, wie er seine Feinde besiegen und sein Leben verlängern könne. Er regierte einhundert Jahre, von 2700 bis 2600 v. Chr., etwa um dieselbe Zeit, als in Ägypten die ersten Pyramiden entstanden.

Nachdem Huang-ti auf einem Drachen fortgeritten und zu den übrigen Unsterblichen zurückgekehrt war, ging die Führung der keimenden Zivilisation Chinas in andere Hände über und wurde etwa um das Jahr 2300 v. Chr. an Yao übertragen. Zweitausend Jahre später pries K'ung-fu-tzu (Konfuzius) Yao als den weisesten der Menschen, weil er seine Verwandten übergangen und einen Einsiedler zu seinem Nachfolger erkoren hatte. In Huang-fu Mis Werk aus dem dritten Jahrhundert, dem *Kaoshihchuan* («Bericht über hochgesinnte Männer»), wird diese Begebenheit wiedergegeben:

> Yao bat Hsu-yu, das Königreich zu übernehmen. Hsu-yu aber antwortete: «Welchen Zweck hat es, eine Fackel zu entzünden, wenn die Sonne oder der Mond scheinen? Welchen Zweck hat es, die Felder zu bewässern, wenn Regen fällt? Ihr, Herr, herrscht schon über das Königreich. Wenn ich an Eure Stelle träte, dann wäre dies nur dem Namen nach. Der Name ist nur ein Gast der Wirklichkeit, und ich möchte kein Gast sein. Auch im tiefen Wald braucht der Zaunkönig nur *einen* Zweig für sein Nest. Auch am Fluß trinkt der Tapir nur so viel, um seinen Magen zu füllen. Kehrt um, Herr. Ich brauche kein Königreich. Wenn der Koch in seiner Küche keine Ordnung halten kann, wird der Schamane nicht seine Rituale unterbrechen, um an dessen Stelle zu treten.»

Hsu-yu schlug Yaos Angebot aus und wusch in einem Bach seine Ohren, um sich von allem zu befreien, was solche Worte bei ihm hätten hinterlassen können. Yao aber war entschlossen, einen edlen Menschen zu gewinnen, und begab sich zu einem anderen Einsiedler namens Shun. Shun nahm Yaos Angebot an und begab sich schließlich seinerseits auf die Suche nach einem Eremiten, der ihm nachfolgen sollte. Auch diese Begebenheit wird im *Kaoshihchuan* berichtet:

> Shun wollte das Königreich einem Eremiten namens Shan-chuan übergeben. Shan-chuan aber verwahrte sich dagegen: «Früher, als Yao über das Reich herrschte, folgten ihm die Menschen, ohne daß es von ihnen verlangt worden wäre, und sie rühmten ihn, ohne dafür einen Lohn zu empfangen. Im Königreich herrschte Frieden, und die Menschen waren zufrieden. Sie kannten keinen Haß und keine Begierde. Nun aber trägst du bunte Gewänder und verwirrst ihre Augen. Du vermischst die fünf Töne und verwirrst ihre Ohren. Du spielst die Musik Shaos und machst ihren Geist dumpf. Dies kann nur zu Unordnung führen, und hiermit will ich nichts zu schaffen haben. Ich habe meinen Platz in der Welt. Im Winter trage ich Felle. Im Sommer trage ich Hanf. Im Frühling pflüge und säe ich und habe ich genug zu tun. Im Herbst ernte und sammle ich und habe genug zu essen. Wenn die Sonne aufgeht, stehe ich auf. Wenn sie untergeht, lege ich mich nieder. Ich habe die Freiheit, in dieser Welt zu tun, was ich will, und damit bin ich zufrieden. Was soll ich mit einem Königreich? Ich fürchte, du hast dir ein falsches Bild von mir gemacht.» Shan-chuan verschwand in den Bergen, und man hörte niemals mehr von ihm.

Huang-fu Mis Versionen dieser Erzählungen sind eine Auswahl aus dem *Chuangtzu* und anderen Texten aus dem vierten Jahrhundert v. Chr. und davor. Man könnte sagen, daß die Chinesen, sobald sie begannen, Erzählungen über die frühesten Führer ihrer Zivilisation zu schreiben, über Eremiten schrieben. In den letzten zweitausend Jahren haben sie diese Erzählungen von Eremitenherrschern als bedenkenswerte, wenn nicht nachahmenswerte Berichte beständig wiederholt. Natürlich genügt es nicht, die Berge zu übervölkern. Aber die Intention dieser Erzählungen bestand auch nicht darin, eine Gesellschaft von Einsiedlern zu schaffen, sofern so etwas überhaupt möglich wäre. Sie richteten sich an diejenigen, die Macht ausübten. Die Botschaft war, daß die Weitergabe der Macht keine Frage der verwandtschaftlichen Beziehungen, sondern eine Frage der Tugend und Weisheit sein müsse.

Diese Erzählungen sind Chinas früheste politische Kritik. Sie sind nicht nur Parabeln. Es gab immer Menschen, die der Zivilisation die Wildnis vorzogen, und dies ist die Grundlage der eremitischen Tradition, wo immer sie auftritt. Die Besonderheit dieser Tradition in China aber ist das hohe Ansehen, das Eremiten in der Gesellschaft genossen, aus der sie sich zurückgezogen hatten.

Meine eigene Bekanntschaft mit der chinesischen eremitischen Tradition begann im Jahr 1972, als ich die Vereinigten Staaten verließ und auf Chinas Inselprovinz Taiwan ging, südlich von Shanghai, nördlich von Hongkong, vor der Küste von Fukien. Wenige Tage nach meiner Ankunft begann mein Leben in einem buddhistischen Kloster: im Morgengrauen aufstehen und Sutras rezitieren, das Läuten der Glocke am Abend, drei vegetarische Mahlzeiten am Tag, ein Zimmer, ein Bett, ein Moskitonetz, keine Rechnung. Wenn meine Füße zu sehr schmerzten oder mein Geist für das Meditationskissen zu unruhig war, las ich.

Neben den buddhistischen Sutras las ich konfuzianistische und taoistische Texte, in denen es Dutzende von Erzählungen über Eremiten in den Hügeln des alten China gab. Diese Erzählungen liebte ich besonders. Ich konnte die Menschen verstehen, die nichts anderes wünschten, als ein einfaches Leben zu führen: im Innern einer Wolke, unter einer Kiefer, irgendwo außerhalb der Stadt, das Dasein mit Mondlicht, Taro und Hanf fristend. Außer einem Berg brauchten sie nicht viel: ein wenig Lehm, ein wenig

Stroh, ein Melonenbeet, eine Zeile Teebüsche, eine Chrysanthemenpergola, einen Witterungsumschlag. Seit der Zeit des Gelben Kaisers muß es Millionen Eremiten in China gegeben haben. Bei meiner Lektüre drängte sich mir nun die Frage auf, ob sie das zwanzigste Jahrhundert überlebt hätten. Sooft ich die Mönche in Taiwan fragte, versicherten sie mir, daß es in China keine Einsiedler mehr gäbe. Wo sollten sie auch nach einhundert Jahren Revolution, Krieg und Unterdrückung noch sein? Doch ging mir die Frage nicht aus dem Kopf.

Drei Jahre später tauschte ich das mönchische Leben gegen meine eigene Einsiedelei in dem Bergdorf Bamboo Lake über dem Taipeh-Becken ein, und ich begann, die Werke einiger alter Eremiten Chinas zu übersetzen: Kalter Berg, Findling und Großer Schild, Steinhaus und Bodhidharma. Wiederum zwölf Jahre später, im Winter 1987, hob die Regierung von Taiwan das Reiseverbot auf das chinesische Festland auf, und die Menschen der Insel besuchten wieder ihre Freunde und Verwandten, die sie vierzig Jahre lang nicht gesehen hatten.

Im Frühjahr 1989 beschloß ich, selbst aufs Festland zu reisen, aber nicht um Verwandte zu besuchen, sondern um nach Eremiten zu suchen. Als ein wohlwollender Gönner sich bereit erklärte, eine Forschungsreise zu finanzieren, rief ich Steve Johnson in den Vereinigten Staaten an. Zwei Jahre zuvor hatte er mir angeboten, mich als Photograph zu begleiten, wenn sich eine solche Reise jemals konkretisieren sollte. Er war immer noch dazu bereit, und wir vereinbarten, uns zwei Wochen später in Hongkong zu treffen. Ich kramte meinen alten Forstdienstrucksack hervor und ließ neue Riemen annähen. Ich begann Landkarten zu studieren, insbesondere solche, auf denen die Bevölkerungsdichte angegeben war. Ich hatte keine Ahnung, wo wir Eremiten finden könnten, doch mußten sie, wenn es sie noch gab, am ehesten in den Bergen sein. Aber in welchen Bergen? Und selbst wenn wir die richtigen Berge finden würden, wie sollten wir dann den richtigen Pfad und die richtige Hütte finden? Und würden ihnen Besucher willkommen sein, vor allem Ausländer, die noch dazu mit einem Kassettenrecorder und einer Kamera bewaffnet waren? Würden uns die Behörden Steine in den Weg legen? – Viele Fragen, und keine Antworten.

Die Zahl der Eremiten im alten China hing zum Teil davon ab, welcher Wind ihnen aus der Hauptstadt entgegenschlug. Ich hielt es für das Klügste, zunächst die Lage zu sondieren, bevor ich in die Berge aufbrach. Nachdem ich Steve in Hongkong getroffen hatte, flogen wir nach Peking. Wir kamen am letzten Tag des April an, einige Tage, nachdem Studenten in der Stadt die Kampagne zur Beendigung der politischen Korruption und der gesellschaftlichen Unterdrückung gestartet hatten. Ein deutscher Freund in Peking lud uns ein, bei ihm im Sommerpalast am Stadtrand zu wohnen, und wir nahmen dies gerne an.

China erschließt sich ständig neue Möglichkeiten der Devisenbeschaffung und hatte damals begonnen, Teile der ehemaligen kaiserlichen Sommerresidenz an Ausländer zu vermieten, deren Firmen sich dies leisten konnten. Mein Freund wohnte nun ausgerechnet in derselben Suite, die einst Chiang Ch'ing bewohnte, Mao Tse-tungs Witwe und Anführerin der zehnjährigen Kulturrevolution (1965–1976), die China von der Last ihrer Vergangenheit einschließlich seiner Eremiten befreien sollte.

Nachdem wir eine Nacht mit Chiang Ch'ings Geist zugebracht hatten, besuchten wir den Kuangchi-Tempel. Der Tempel ist heute Hauptsitz des Buddhistischen Verbandes Chinas, und ich hoffte, daß dies der richtige Ort für den Beginn unserer Suche sei. Ich fragte Chou Shao-liang, den stellvertretenden Leiter der Organisation, ob er mir sagen könne, wo ich Eremiten finden könnte. Ehe er sich von dieser Frage erholen konnte, sagte mir Ching-lui, der Abt des Tempels, er hätte gehört, daß in den Chungnan-Bergen bei Sian Eremiten lebten.

Ich kannte das Sian-Gebiet nicht und wollte gerade Näheres von ihm wissen, als Chou die Sprache wiederfand. Er sagte, daß es keine Eremiten in China mehr gäbe und daß ein Umherwandern in den Chungnan- oder irgendwelchen anderen Bergen nicht nur nutzlos, sondern auch gefährlich wäre. Er schlug mir statt dessen vor, eines der Meditationszentren zu besuchen, die einst in China aktiv waren. Er war so freundlich, mir die Anschriften von fünf solcher Tempel aufzuschreiben. Ich dankte ihm für seine Hilfe, und wir verabschiedeten uns. Beim Hinausgehen verbeugte ich mich vor dem Abt, dessen feines Lächeln mir unvergeßlich geblieben ist.

Zwei Tage später kehrten Steve und ich von einem Besuch der Großen Mauer nördlich der Stadt zurück. In vier Stunden sollte unser Zug zu dem alten buddhistischen Zentrum Tatung nordwestlich von Peking abfahren. An diesem Tag war jedoch der 4. Mai, der Jahrestag der ersten Studentendemonstrationen des modernen China vor siebzig Jahren. Die Straßen waren überfüllt mit Demonstranten, und unser Taxi blieb einen Kilometer vor der Bahnstation stecken. Es blieb uns nichts anderes übrig, als auszusteigen, unsere Rucksäcke zu schultern und uns einen Weg durch die Changan East Road zu bahnen. Polizeitrupps standen schon weit vor dem Tienanmen-Platz und dem Bahnhof, und kein Fahrzeug durfte passieren.

An der Demonstration müssen mindestens hunderttausend Studenten teilgenommen haben. Alles aber war so geordnet und festlich, daß das ganze mehr wie ein Feiertagsumzug denn ein politischer Protest anmutete. Die Studenten hatten sich nach Fachschaften auf dem Tienanmen-Platz zu Gruppen zusammengefunden und gingen nun, Slogans rufend, mit ihren Fahnen die Changan East Road hinab. Als sie am Bahnhof vorbeikamen und sich der chinesischen Akademie für Gesellschaftswissenschaften näherten, entfalteten Leute im Gebäude riesige Transparente, auf denen demokratische Reformen verlangt wurden. Die Studenten jubelten. Es war ein wunderbarer Tag. Über den Sprechchören, dem Applaus und dem gelegentlichen Knallen von Feuerwerkskörpern hörten wir das Zwitschern der Vögel und das Klingeln von Fahrradglocken. Alle Menschen lächelten. Wir ergaben uns dem Alkohol.

Am nächsten Morgen gab es ein schmerzliches Erwachen in Tatung, und alles, woran ich mich von den großartigen Buddha-Statuen noch erinnere, die vor fünfzehnhundert Jahren in den Bergen außerhalb dieser tristesten aller Städte ausgehauen wurden, war, daß jemand in gütiger Voraussicht in der Nähe der Höhlen Fliederbüsche gepflanzt hatte. Sie blühten, und man konnte unter ihnen hindurchkriechen.

Am nächsten Tag wagten wir uns erstmals aufs Land hinaus und besuchten den Hengshan, den nördlichsten der fünf alten heiligen Berge Chinas und einst die Heimat von Eremiten. Die Landschaft war großartig, aber wir sahen nichts, was einer Eremitenhütte geähnelt hätte.

Am nächsten Tag brachen wir in Richtung Süden zum Wutaishan auf. Der Wutaishan war die alte Wohnstätte Manjushris, des Bodhisattvas der Weisheit, und der nördlichste der vier Berge, die den Buddhisten in China heilig sind. Da er ganz abgelegen war, schien er uns ein geeigneter Ort für Eremiten zu sein.

Dies war jedoch nicht so. Es gab hier kaum Bäume. Ich überlegte mir: keine Wälder, kein Windbruch; kein Windbruch, kein Feuerholz; kein Feuerholz, kein Tee; kein Tee, keine Meditation; keine Meditation, keine Eremiten. Die Äbte der großen Klöster des Berges stimmten wenn nicht meinem Gedankengang, so doch meiner Schlußfolgerung zu. Die meisten von ihnen waren Freunde des ehrwürdigen Shou-yeh, des ehemaligen Abtes eines der größten Tempel auf dem Berg; bei Shou-yeh hatte ich im Triple Jewel of Buddhism in New York City zum erstenmal «Zuflucht» gesucht. Allesamt versicherten sie mir, daß heute alle Mönche und Nonnen in Tempeln lebten. Soweit sie wußten, gab es auf dem Wutaishan oder irgendeinem anderen Berg in China keine Einsiedler.

Als wir noch einen letzten Tempel besuchten, wandte ich mich an einen alten Mönch, der mithalf, eines der Gebäude wieder aufzubauen, das die Roten Garden während der Kulturrevolution beschädigt hatten. Als ich ihm meine Standardfrage stellte, gab er mir zur Antwort: «Natürlich gibt es in China noch Eremiten.» Mir blieb das Herz stehen. Dann fügte er hinzu: «Aber wenn Sie ihnen begegnen, werden Sie sie nicht erkennen. Sie werden sie nicht finden, sofern sie nicht gefunden werden wollen.» Er lachte und wandte sich wieder seiner Arbeit zu. Ich wußte nicht, was ich sagen sollte, und in dieser Nacht schlief ich erst sehr spät ein und grübelte darüber nach, wie man Menschen finden könne, die nicht gefunden werden wollen, und warum ich nicht früher daran gedacht hatte.

Der nächste Tag war der Geburtstag Manjushris, und ich kletterte die eintausend Stufen zu seinem Heiligtum hinauf, um vor ihm meine Andacht zu verrichten und ihn um Unterstützung bei unserer Suche zu bitten. Es war klar, daß wir jetzt Hilfe brauchten. Bevor noch das Räucherwerk verbrannt war, saßen wir in einem Bus, der in Richtung Süden fuhr. Wieder mußte ich daran denken, was der alte Mönch über die Eremiten gesagt hatte, die nicht gefunden werden wollten. Was wollten wir eigentlich in China? Aber wir durften uns offenbar nicht mehr an die Logik klammern. Wir waren auf einer Mission.

Die Mission fand jedoch eine touristische Unterbrechung, weil Steve und ich uns die Sehenswürdigkeiten von Sian ansahen, das die Hauptstadt von elf Dynastien war. Nachdem wir einige Tage lang unsere geschichtliche Neugier befriedigt hatten, gab es noch einen allerletzten Ort zu besuchen: den Tsaotang-Tempel. Hier weilte vor sechzehnhundert Jahren Kumarajiva, als er seine herrlichen Übersetzungen der buddhistischen Sutras anfertigte. Ich konnte die Gelegenheit nicht vorübergehen lassen, diesem alten Meister einer Kunst, in der ich selbst noch ein Neuling war, meine Reverenz zu erweisen.

Nach einer zweistündigen Fahrt auf morastigen, von tiefen Spurrillen durchzogenen Straßen in Richtung Südwesten erreichten wir die langen roten Mauern des Tempels. Sie waren von weiten Feldern umgeben und machten den Eindruck, als wenn sie vor kurzem neu erbaut worden wären. Trotz des uralten Rufs des Tempels hatten wir nicht den Eindruck, als ob sich die Mühe der Fahrt hierher gelohnt hätte. Im Inneren aber war ich überrascht, wie viele Pilger anwesend waren. Das Heiligtum war so voller Menschen, daß kaum Platz genug war, um sich vor den Statuen von Kumarajiva und Shakyamuni zu verbeugen. Als ich gerade gehen wollte, tauchte ein alter Mönch aus der Menge auf und bat mich beiseite. Es stellte sich heraus, daß er der Abt war, und der Anlaß, der so viele Pilger angezogen hatte, war der Geburtstag des Buddha. Wie hatte ich es vergessen können?

Nachdem uns der Abt das Tempelgelände gezeigt hatte, führte er uns in seine Privaträume. Ich sagte ihm, daß wir auf der Suche nach Eremiten seien. Während des Gesprächs waren mehrere seiner Schüler in den Raum gekommen. Er blickte zuerst auf sie, dann auf mich. Schließlich sagte er: «Ich weiß nichts von Eremiten. Aber wenn Sie schon von so weit her gekommen sind, warum besuchen Sie dann nicht den Stupa auf dem Berg, an dem Sie kurz vor der Abzweigung von der Hauptstraße vorbeigekommen sind? Hier befinden sich die Reliquien von Tao-hsuan, der wenigstens etwas über die Eremiten seiner Zeit wußte.» Der Abt geleitete uns zum Tor, und wir verabschiedeten uns viele Male.

Wir kehrten auf die befestigte Straße zurück und hielten wenige Minuten später am Fuße des vom Abt bezeichneten Berges. Nach einigen vergeblichen Versuchen, den richtigen Weg zu finden, fanden wir einen alten Mann, der uns den Weg zeigen wollte. Als wir den Berg etwa zur Hälfte erstiegen hatten, begannen Steve und ich uns zu fragen, ob der Berg überhaupt einen Gipfel hätte. Der Pfad war von den jüngsten Regenfällen so glitschig geworden, daß wir immer wieder abrutschten. Eine Stunde später hatten wir endlich den Sattel erreicht.

Steve blieb hier zurück, um das Panorama zu photographieren, während ich den letzten Hang zum Stupa hinaufkroch. Ich umschritt den kleinen Ziegelbau dreimal und verbeugte mich ehrfurchtsvoll vor diesem Mönch, der die ersten Chroniken großer Buddhisten in China verfaßt hatte. Dann setzte ich mich und lehnte mich über die Brüstung des Stupa. Vor mir dehnten sich unendliche gezackte Kämme, Gipfel mit Wolkenkappen und türkis schimmernde Wasserläufe. Diese Gegend schien wie geschaffen für Eremiten. Aber auch mit Hilfe meines Fernglases konnte ich nirgendwo eine Hütte, eine Spur von Treppen oder auch die kleinste Rauchfahne entdecken. Enttäuscht, aber wenigstens dadurch getröstet, daß ich endlich in den Bergen war, rutschte ich wieder hinunter zu der Stelle, wo Steve Rast machte. Unser Führer meinte, daß der Weg über die andere Seite des Berges einfacher sei. Dies war uns sehr willkommen, und wir wählten den bequemeren Abstieg.

Nach etwa zehn Minuten führte der Pfad an den Lehmmauern eines alten Tempels vorbei. Wir vernahmen im Inneren Stimmen, und unser Führer klopfte an die Tür. Es wurde geöffnet, und fünf junge Mönche führten uns über einen Hof in einen Raum, in dem ein Tisch und fünf Stühle standen. Wir setzten uns, man schenkte uns Tassen mit heißem Wasser ein und fügte etwas hinzu, das wie eine süße Brausetablette aussah und schmeckte.

Nach der Erfrischung durch diese alte Begrüßungszeremonie stellte ich unseren Gastgebern die unvermeidliche Frage: «Gibt es in diesen Bergen Eremiten?»

Einer der Mönche antwortete: «Natürlich. Über welche Eremiten wollen Sie etwas wissen?» In der nächsten Stunde tranken wir Tasse um Tasse der heißen Limonade und hörten eine lange Liste:

Einige waren nur einen Winter lang in den Bergen, während andere vierzig Jahre lang nicht mehr ins Tal gegangen waren. Wir hatten den Eremitenhimmel gefunden. Als wir uns verabschiedeten, fragte ich einen der Mönche nach dem Namen der Berge. Er sagte: «Dies sind die Chungnan-Berge. Hierhin kommen Mönche und Nonnen, denen es ernst ist mit ihrem Anliegen.»

Im Jahre 1959 beendete Arthur Wright sein *Buddhism in Chinese History* mit der Feststellung: «Was wir heute sehen, ist, wie ich meine, das letzte Verglühen des chinesischen Buddhismus als organisierte Religion.»[1] Damals hätten wohl wenige Menschen einer solchen Aussage widersprechen wollen, und in den darauffolgenden Jahren schien es, als ob der Buddhismus aus den Herzen und Köpfen der Chinesen ausgemerzt worden wäre. Frauen- und Männerklöster, die nicht niedergebrannt oder geplündert worden waren, waren in Schulen oder Fabriken verwandelt worden. In den wenigen, die übriggeblieben waren, wurden die neuen mönchischen Arbeitstrupps untergebracht, und die meisten der früheren Bewohner wurden gezwungen, in die Welt des roten Staubs zurückzukehren. Während der letzten dreißig Jahre haben Beobachter innerhalb und außerhalb Chinas den Kampagnen zur Ausrottung der Opiate und abergläubischen Überzeugungen des Volkes einen durchschlagenden Erfolg bescheinigt. Die meisten Beobachter haben den Buddhismus als ausgestorbene Religion abgeschrieben. Sooft ich mit John Blofeld, dessen Übersetzungen der Zen-Lehre von Huang-po und Pai-chang Huai lange Jahre meine Führer waren, über dieses Thema sprach, seufzte er und bat mich, das Thema zu wechseln.

Als ich mich mit dem Gedanken zu beschäftigen begann, das chinesische Festland zu besuchen, um mir selbst ein Bild zu machen, kam ich zu dem Schluß, daß das Überleben des Buddhismus in China oder sonstwo weniger von den Mönchen und Nonnen in Tempeln als von denjenigen abhinge, die in Hütten und Höhlen lebten. Der Blick zurück auf zweitausendfünfhundert Jahre religiöser Geschichte lehrte mich, daß es niemals einen großen Meister gab, der nicht sein Verständnis des Dharma erst durch einen vorherigen Rückzug in die Stille erlangt hätte. Als ich mich schließlich entschloß, das Festland zu besuchen, um zu sehen, ob der Buddhismus noch lebendig wäre, wollte ich daher meine Suche nicht auf die mönchische, sondern auf die eremitische Tradition richten.

Ich hatte damals kaum Hoffnungen. Zwei Wochen, bevor ich abreiste, sagte mir Ma Ying-chou, Geschäftsführer des Taiwan Mainland Affairs Committee, daß die Kommunisten das chinesische Festland längst von allen echten Nonnen und Mönchen gesäubert hätten. Wie hätte ich ihm widersprechen können? Einen Monat später saß ich nun mit fünf jungen Mönchen in diesem kleinen Tempel aus Lehmziegeln, blickte über den Korridor auf die endlose blaue Kette der Chungnan-Berge, trank heiße Limonade, schrieb die Anschriften von Eremiten auf und konnte nur noch lächeln. Am nächsten Tag verließen Steve und ich das Sian-Gebiet und setzten unsere Odyssee über Zentralchina fort, erkletterten weitere Berge, sprachen mit weiteren Eremiten. Die meisten von ihnen waren Buddhisten, doch gab es auch viele Taoisten; die meisten waren Mönche, doch gab es auch Nonnen; die meisten waren alt, aber viele waren auch jung. Alle waren sie arm, aber sie hatten eine Art zu lächeln, die uns das Gefühl gab, daß wir mit den glücklichsten und weisesten Menschen Chinas sprachen.

Einer der Berge, die wir besuchten, war der Tailoashan im äußersten nordwestlichen Zipfel der Provinz Fukien. Ein buddhistischer Laie, dem wir auf dem Bergpfad begegneten, führte uns in eine Höhle, in der ein fünfundachtzigjähriger Mönch seit fünfzig Jahren lebte. Im Verlaufe unseres Gesprächs fragte mich der Mönch, wer denn jener Vorsitzende Mao sei, den ich ständig erwähnte... Er sagte, er sei 1939 in die Höhle gegangen, nachdem ihm die Geister des Berges im Traum erschienen waren und ihn gebeten hatten, zum Beschützer des Berges zu werden. Seither hatte er den Berg nicht mehr verlassen. Schüler und Dorfbewohner brachten ihm die wenigen Dinge, die er brauchte. Und er brauchte nicht viel: Mehl, Öl zum Kochen, Salz und alle fünf Jahre eine neue Decke oder neue Kleider. Seine Übung war der Name des Buddha: Amitabha, Buddha des Unendlichen. Nach so vielen Bergen und so vielen Eremiten fühlten wir uns endlich mit dem Unendlichen vertraut.

Auf unserem Weg ins Tal statteten wir noch zwei Eremiten einen Besuch ab, die jahrzehntelang in Höhlen in der Nähe gelebt hatten. Als Abschiedsgeschenk überreichten sie uns zwei Kilo-

Straße in die Chungnan-Berge.

gramm Oriental Beauty aus ihrem eigenen kleinen Teegarten. Dies war und ist mein Lieblingstee. Kein Fremder war je auf ihren Berg gekommen, und sie wollten uns etwas Besonderes schenken.

Wir setzten unseren Abstieg in das Dorf am Fuß des Berges fort. Der ganze Ort war in Aufruhr. Als uns die Leute erblickten, erzählten sie uns, daß die Armee am Vorabend auf dem Tienanmen-Platz Tausende von Protestierenden niedergemacht hatte. Man bestürmte uns mit Fragen, was wirklich geschehen sei. Niemand glaubte den Verlautbarungen der Regierung, und sie meinten, daß Fremde mehr wissen müßten als sie selbst. Diejenigen, die ein Rundfunkgerät besaßen, hörten laufend die chinesischen Sendungen der Stimme Amerikas oder der BBC. Wir stiegen in einen Bus, der liegenblieb. Wir bekamen einen anderen Bus und erreichten schließlich Fuchou. In unserem Hotelzimmer sahen wir uns die amtliche Darstellung der Ereignisse an, die alle Nachrichtensendungen des Fernsehens beherrschten.

Meine Gedanken gingen zurück zu einem Tag, den wir in Wuhan verbracht hatten. Es war der 18. Mai, und unser Zug muß einer der letzten gewesen sein, der ankam, bevor Studenten die Yangtze-Brücke blockierten und die Bahnverbindung unterbrachen. Die chinesischen Städte sind immer so voller Menschen, daß wir uns nicht über die Massen wunderten. Wir stellten uns in die Reihe der Wartenden, um einen Fahrschein für eine Flußfahrt am nächsten Tag zu lösen, und machten uns dann auf die Suche nach einem Hotel.

Nach der Anmeldung duschten wir, wuschen unsere Kleider und brachen zu unserem üblichen Bummel auf der Suche nach einem kühlen Bier auf. Wir gaben uns dem Strom der Massen hin. Plötzlich befanden wir uns auf dem Hauptplatz der Stadt. Ein Student sammelte mit einem Hut Geld, um es einigen Kommilitonen zu ermöglichen, zu ihren Kameraden auf den Tienanmen zu fahren. Ich griff in meine Brusttasche, um zehn RMB zu spendieren. Versehentlich zog ich jedoch einen Hundert-RMB-Schein heraus. Es war zu spät, um die Geldnote wieder einzustecken. Fassungslos darüber, daß jemand so viel Geld gab, trugen mich die Studenten durch die Menge auf die Stufen eines Denkmals, wo die Anführer der Demonstration zu einer Menge von mehreren tausend Menschen sprachen. Sie baten mich, zu ihnen über die Demokratie zu sprechen. Ich sagte einige wenige Worte, gewiß nichts Denkwürdiges. Sie waren so sehr von ihren neuen Ideen begeistert, daß sie jeden willkommen geheißen hätten – um so mehr einen Fremden, der ihrem Anliegen zustimmte und ihnen dies in chinesischer Sprache sagen konnte. Als ich die Treppen wieder zu Steve hinunterging, wandte ich mich um und wünschte ihnen Glück. Einer von ihnen, der höchstens zwanzig Jahre alt war, sagte: «Wir brauchen kein Glück. Wir sind bereit zu sterben.» Als die Panzer über den Tienanmen rollten, mußte ich mir in Fuchou die Frage stellen, für wie viele, denen die einhundert RMB die Fahrt nach Peking ermöglicht hatten, es eine Fahrt ohne Wiederkehr war.

Am nächsten Tag nahmen Steve und ich den Bus zur Hafenstadt Hsiamen und bestiegen das nächste Schiff nach Hongkong. Einige Tage später kamen wir wieder in Taiwan an – mit einem Seufzer der Erleichterung, aber bereit, zu einem längeren Besuch bei Eremiten in ganz China zurückzukehren. Nun zogen sich aber plötzlich die Sponsoren zurück, und wir waren auf uns alleine gestellt. Wir überlegten uns, ob wir das Projekt nicht aufgeben oder warten sollten, bis sich die politischen Bedingungen besserten. Aber wir hatten etwas entdeckt, das wir nicht einfach vergessen konnten, bis sich eine günstigere Gelegenheit bot. Im Geiste warfen wir eine Münze mit zwei Köpfen – und kehrten sechs Wochen später Anfang August zurück. Unseren Plan, Eremiten in ganz China zu besuchen, mußten wir natürlich aufgeben. Wir mußten uns auf dasjenige beschränken, was wir uns leisten konnten. Nachdem wir die Möglichkeiten abgewogen hatten, entschieden wir uns für den Himmel der Eremiten.

Kapitel 2

Mondberge

Als ich zum ersten Mal von den Chungnan-Bergen hörte, sagte mir der Begriff zunächst gar nichts. In Peking sagte man uns, daß sie in der Nähe von Sian lägen, und das war alles. Als Steve und ich auf unserem ersten Streifzug in den Hengshan- und Wutaishan-Bergen keine Eremiten fanden, stiegen wir in den Zug und fuhren Richtung Süden. Zufällig saßen im gleichen Abteil mit uns zwei Geschäftsleute aus Sian. Einer von ihnen hatte von Chungnanshan gehört, daß dies irgendwo südlich von Sian lag, aber mehr wußte er auch nicht. Im Chinesischen werden Hauptwörter nicht gebeugt, weshalb auch nicht zwischen Einzahl und Mehrzahl unterschieden wird, und ich wußte daher immer noch nicht, ob mit Chungnanshan ein einzelner Berg oder ein Gebirge gemeint war. Einige Tage später fand ich heraus, daß beides gemeint war. Als ich wieder in Taiwan war, entdeckte ich, daß dieser Begriff mehr als nur Berge bezeichnete.

Nach heutigem Sprachgebrauch umfassen die Chungnan-Berge nur den nördlichen, in Ost-West-Richtung verlaufenden Höhenzug des Chinling, der großen Ch'in-Kette. Der Begriff *Chinling* wurde vor etwa zweitausend Jahren gebräuchlich, nachdem der alte Staat Ch'in China vereint hatte, und zwar ausgehend vom Kernland in der Ebene des Wei-Flusses nördlich dieses Gebirgszugs.

Heute bezeichnen Geographen, Meteorologen, Naturforscher und Historiker den Chinling als die Linie, die das nördliche vom südlichen China trennt. Seit seiner Entstehung vor einer Million Jahren bildet der Gebirgszug in China bezüglich der Temperaturen und Niederschläge eine Grenzscheide. Er läßt im Winter keine kalte Luft nach Süden vordringen, im Sommer keine feuchte Luft nach Norden. Nördlich des Gebirges werden Weizen, Hirse und Mais angebaut, südlich davon Reis.

Das Chinling-Gebirge bildet auch die Wasserscheide zwischen

den beiden größten Flüssen Chinas. Die Wasserläufe auf den nördlichen Hängen fließen in den Wei, den größten Nebenfluß des Gelben Flusses, die Wasserläufe auf den südlichen Hängen in den Han, den größten Nebenfluß des Yangtze. Wenn in alten Zeiten eine Dürre herrschte, kamen die Beamten hierher, um Regen zu erflehen.

Eintausend Jahre, bevor sich der Begriff *Chinling* einbürgerte, bezeichneten jedoch die Chinesen das ganze Gebirge als *Chungnanshan* und verkürzten dies manchmal zu *Nanshan*. Im *Shihching*, dem Buch der Lieder, wird es in Gedichten erwähnt, die vor mindestens dreitausend Jahren entstanden:

Was gibt es im Chungnan
Katalpen und Pflaumenbäume...
Was gibt es im Chungnan
Felstürme und Wiesen...

Heute wird mit *Chungnanshan* sowohl der 2600 m hohe Gipfel vierzig Kilometer südlich von Sian als auch die Bergkette bezeichnet, die sich von dort hundert Kilometer nach Osten und nach Westen erstreckt. Vor dreitausend Jahren jedoch bezeichnete *Chungnanshan* alle Berge vom südlichen Ufer der Sanmen-Schlucht des Gelben Flusses in der Provinz Honan längs des Wei-Flusses in westlicher Richtung bis hin zur Quelle des Flusses am Wushushan, dem Schwarzen Rattenberg, in der Provinz Kansu, über eine Distanz von achthundert Kilometern.

In der ferneren mythologischen Vergangenheit Chinas hatte der Begriff *Chungnanshan* sogar eine noch umfassendere Bedeutung, die weit über den Wushushan hinausging. Damals bezeichnete der Begriff auch die Kunlun- und die Chungnan-Berge und reichte noch über den K2 an der heutigen Grenze Chinas zu Pakistan hinaus, eine Entfernung von 3500 km.

Zur Erklärung der engeren Bedeutung von *Chungnanshan* schrieben frühe chinesische Historiker, daß *chung* «Ende», *nan* «Süden» und *shan* «Berg» bzw. «Berge» bedeute. *Chungnanshan* sollte dementsprechend die östlichen Ausläufer der Berge bezeichnen, die an den südlichen Zweig der Seidenstraße angrenzten. Diese Auslegung wurde zwar den Wortbestandteilen gerecht, doch war sie letztlich trivial und erklärte jedenfalls nicht die besondere Bedeutung, die diese Berge für die alten Chinesen hatten: Für sie waren diese Gipfel und Täler die Heimat überaus mächtiger himmlischer und irdischer Geister.

Eine interessantere Erklärung gibt der taiwanesische Linguist Tu Erwei, demzufolge Chungnan und Kunlun aus einer gemeinsamen Wurzel stammen, die «Mondberge» bedeutet. In seinem *Kunlun Wenhua yu Puszu Kuannien* («Kunlun-Kultur und der Begriff der Unsterblichkeit») erklärt Professor Tu, daß die Kunlun/Chungnan-Kette das mythologische Zentrum der ältesten Religion Chinas war, einer Religion, die den dunklen Styx zwischen Leben und Tod mittels des Begriffs der Unsterblichkeit überbrückte, wie er sich in dem ab- und zunehmenden Mond manifestiert. Weil die Mondgöttin im Kunlun/Chungnan-Gebirge lebte, gingen manche Menschen dorthin, um Zugang zur Göttlichkeit des Mondes und zum Ursprung seiner Kraft zu erlangen.

Diese Menschen waren keine gewöhnlichen Mitglieder der Gesellschaft. Sie gingen auch nicht in die Berge, wie dies gewöhnliche Menschen tun. Sie gingen im Yu-Gang, wobei sie, wie ein verwundetes Tier, einen Fuß nachzogen, um das Mitleid der Berggeister zu erregen. Sie waren Schamanen wie Yu der Große, nach dem diese Technik benannt war. Ihr Auftreten ist erstmals im Kunlun/Chungnan-Gebirge bezeugt.

In seinem Artikel über den Schamanismus in *Encyclopedia of Religion*[2] schreibt Mircea Eliade, daß «in dem ganzen riesigen Gebiet der mittleren und nördlichen Regionen Asiens das magisch-religiöse Leben der Gesellschaft auf den Schamanen konzentriert ist». Eliade sagt, daß in solchen Gesellschaften der ekstatische Zustand als die höchste religiöse Erfahrung gilt, deren Meister der Schamane ist. Im Zustand ekstatischer Trance verläßt der Schamane seinen Körper, durchschreitet mehrere Himmel und tritt in Kontakt mit verschiedenen Geistern, um Wissen zu erlangen, das seiner Gemeinschaft nützen kann. Indem er eine Verbindung zur geistigen Welt herstellt und dort erlangtes Wissen mitbringt, beschützt er seine Gesellschaft vor der Finsternis. Zugleich aber lebt er getrennt von der Gesellschaft, die er beschützt.

Wer berufen ist, Schamane zu werden, «sucht die Einsamkeit, wird geistesabwesend, liebt es, in den Wäldern oder in der Wildnis umherzustreifen, hat Visionen und singt im Schlaf»[3]. Bis auf die ekstatische Trance, die den jungen Schamanen initiiert, paßt diese Beschreibung ebensogut auf jemanden, der in der eremitischen Tradition steht. Im alten China war beides eng miteinander verbunden.

Verfolgt man die Zusammenhänge zurück, erweist sich als ältester und bedeutendster Text ein Bericht, in dem beschrieben wird, wie Chi, der Schamanenkaiser der Hsia-Dynastie, sich in das Chungnan/Kunlun-Gebirge begab, auf einem Drachenpaar fortflog und vom Himmel die elegischen Versformen empfing, die spätere schamanistische Dichter in Werken wie dem *Chutzu*, den «Liedern des Ch'u», verwendeten.

Chi war der Nachfolger eines anderen Schamanen, Yu des Großen. Als Yu um 2200 v. Chr. die Hsia-Dynastie begründete, beauftragte er seine Beamten mit der Zusammenstellung eines Führers für das Reich. Das Ergebnis war das *Shanhaiching* («Führer zu Bergen und Meeren»), an dem spätere Kaiser weiterarbeiteten, je mehr Wissen sie über die Geheimnisse des Reiches sammelten. Gelehrte bezweifeln das hohe Alter des Werkes und datieren die ältesten Abschnitte des Buches frühestens auf das vierte Jahrhundert v. Chr. Ungeachtet dessen, was die Gelehrten über das Alter oder die Glaubwürdigkeit des Buches meinen, ist diese Geographie des Geistes ein Schatz schamanistischer Traditionen, die lange vor ihrer schriftlichen Niederlegung gemeinsames Wissen gewesen sein müssen.

Das Kapitel des Buches über die westlichen Berge beginnt mit den Bergen südlich des Sanmen-Tals und fährt fort mit den Chungnan- und Kunlun-Bergen bis zum K2 und darüber hinaus. Zu den magischen Gipfeln gehören die irdische Hauptstadt von Ti, dem höchsten der Himmelsgeister, und der Sitz von Hsi-wang-mu, der Göttin des Mondes und Spenderin des Unsterblichkeitselixiers. Weiterhin gibt es Berge, auf denen die Schamanen die Zutaten für ihre Elixiere sammeln und zum Himmel fliegen, wo Menschen, die früh sterben, 800 Jahre leben und in dieser Zeit alles genießen, was sie wünschen, wo Sonne und Mond schlafen, wo alles möglich ist und wo genau beschriebene, aber trotzdem kaum glaubwürdige Kreaturen hausen.

Neuere archäologische Grabungen haben weitere Beweise für

die These zutage gefördert, daß der Schamanismus eine weit größere Rolle spielte, als man bisher annahm, und daß die Ausläufer und Ebenen nördlich der Chungnan-Berge seine früheste Heimat waren. Für den Archäologen Chang Kwang-chih ist der Schamanismus der wichtigste Aspekt der frühchinesischen Kultur. Chang merkt jedoch an, daß die Schamanen oft ein wenig Hilfe brauchten, um mit dem Reich des Geistigen kommunizieren zu können: Sex und Alkohol spielten eine wichtige Rolle, ebenso Drogen.

In einem jungsteinzeitlichen Dorf südlich von Lanchou unweit des Schwarzen Rattenberges fanden Archäologen einen Tontopf mit verkohlten Knospen von kultiviertem Hanf oder *Cannabis sativa*. Der Paläobotaniker Li Hui-lin glaubt, daß diese Pflanze erstmals in dieser Gegend kultiviert wurde, wo sie sowohl als Textilfaser wie auch als Droge verwendet wurde. Li schreibt in *The Origins of Chinese Civilization*[4]: «Nomadenstämme im Norden, die dem Schamanismus anhingen, benutzten die Pflanze vermutlich als Droge und brachten sie westwärts in das zentrale und westliche Asien und Indien, wo sie hauptsächlich als Rauschmittel, nicht als Textilfaser genutzt wurde.» Ein Vierzeiler aus dem «Größeren Herrn des langen Lebens» im *Chutzu* verdeutlicht die Bedeutung der Pflanze für die frühen Schamanen Chinas:

> Erst ein yin, dann ein yang
> niemand weiß, was ich tue
> Jadeknospen von heiligem Hanf
> für den, der abseits lebt.

Der Ort, an dem der Hanf gefunden wurde, wurde mit Hilfe der Radio-Karbon-Methode auf ein Alter von 5000 Jahren datiert. Am selben Grabungsort fanden Archäologen auch ein Bronzemesser, das offenbar bei Opferritualen benutzt wurde. Dieses Messer ist nicht nur das älteste Bronzeartefakt, das bisher in China gefunden wurde; es legt auch den Schluß nahe, daß der Schamanismus bedeutend genug war, um spezielle Werkstoffe für sich in Anspruch zu nehmen, die für profanere Zwecke zu selten und zu kostbar waren.

Eine für die Entwicklung des Schamanismus in China mindestens ebenso wichtige Entdeckung wurde am anderen Ende der Chungnan-Berge gemacht. Zu den Fundstücken der jungsteinzeitlichen Siedlung Panpo sechs Kilometer östlich von Sian zählen Chinas ältestes schriftliches Zeugnis sowie die ältesten Exemplare schamanistischer Kunst: die Fischgeistmaske eines Schamanen und eine frühe Form des Drachengespanns, das chinesische Schamanen für ihre Himmelsreisen benutzten.

Der Fundort bei Panpo war während des ganzen fünften Jahrtausends v. Chr., d. h. vor 7000 Jahren, praktisch ständig besiedelt. Er bildet eines der vorzüglichsten Beispiele für die chinesische Yangshao-Kultur, der im dritten Jahrtausend v. Chr. die Lungshan-Kultur folgte. Als Yu der Große gegen Ende des dritten Jahrtausends die Hsia-Dynastie begründete, konnten er und seine Minister das *Shanhaiching*, den Führer des Schamanen zur heiligen Welt, nur auf der Grundlage dieser Yangshao-Lungshan-Kulturen abfassen. Auch wenn die Funde bei Panpo und anderen Yangshao/Lungshan-Fundorten kaum mehr als Hinweise geben, erlauben sie uns doch zumindest den Schluß, daß spätestens im fünften Jahrtausend v. Chr. jemand dieses irdische Reich verließ, um mit der Welt der Geister zu kommunizieren, und daß er dies in der Nähe der Chungnan-Berge tat.

Wie wurden nun aus den Schamanen Eremiten? Bis zum Ende des dritten Jahrtausends v. Chr. nahmen Schamanen in den jungsteinzeitlichen Kulturen Chinas bedeutende Positionen ein. Durch das Auftreten einer Stadtkultur und aufgrund der sozialen Schichtung, die für die ersten dynastischen Staaten im dritten und zweiten Jahrtausend v. Chr. typisch waren, entstand für diese Menschen eine Krise. Die fortschreitende Bürokratisierung des Entscheidungsprozesses, die mit diesen Entwicklungen einherging, rückte die Schamanen in ein immer ungünstigeres Licht. In seinem Werk *The World of Thought in Ancient China* faßt Benjamin Schwartz die schwierige Rolle des Schamanen in einer jungsteinzeitlichen Gesellschaft zusammen, die an der Schwelle zu einer Hochkultur stand:

> Mircea Eliade definiert den Schamanen als jemanden, der die Macht hat, seine Seele aus seiner leiblichen Hülle zu lösen, um mittels ekstatischer Erfahrung direkt mit göttlichen Mächten zu kommunizieren.

Hütte eines Eremiten. Gemälde von Lu Hung, 8. Jahrhundert. Das erste aus einer Serie von zehn Gemälden, die die Einsiedelei des Eremiten auf dem Sungshan zeigen, dem östlichen Sporn der Chungnan-Berge. Sammlung des National Palace Museum, Taipei, Taiwan, Republik China.

> Der Schamane kann im Reich der Geister wandeln, oder er kann im Trancezustand von Geistern besessen werden. Maspero behauptet – zu Recht, wie ich meine –, daß der Schamanismus nach und nach mit der in China aufkommenden Staatsreligion nicht mehr verträglich war. Diese Religion konnte keine Form individueller religiöser Macht gutheißen, die für sich einen direkten Zugang zum Göttlichen durch ekstatische Erfahrung in Anspruch nahm und damit die offiziell sanktionierten rituellen Kanäle für die Kommunikation mit göttlichen Geistern umging.[5]

Der Einfluß des Schamanen zerbrach an demjenigen des Bürokraten. Durch Analyse von Inschriften auf Orakelknochen aus dem zweiten Jahrtausend v. Chr. hat Tung Tso-pin gezeigt, daß das Vertrauen in die Wahrsager stetig schwand und die Opfergaben an Naturgottheiten und mythische Vorfahren immer spärlicher wurden.[6] Das Ritual der spirituellen Kommunikation wurde immer mehr formalisiert, und der bürokratische Nachfahre des Schamanen spie dessen mit Drogen versetzten Wein aus. Diese Institutionalisierung bedeutete das Ende des Schamanismus bei Hofe, wo er durch ein rituelles Verhalten ersetzt wurde, das an sich als wirksam galt, aber von seinen schamanistischen Wurzeln losgelöst wurde.

Durch das Aufkommen der Zivilisation wurden die Berge, nicht mehr die urbanen Zentren, die Domäne der Schamanen. Im *Shanhaiching* sind die Namen einiger dieser Schamanen genannt, deren prominenteste im Chungnan/Kunlun-Gebirge lebten. Dies war der Beginn der eremitischen Tradition, die sich bis heute erhalten hat.

Sie hat sich deswegen erhalten, weil die Chinesen die Vergangenheit immer in Ehren hielten, und die Eremiten wahrten das wichtigste Element dieser Vergangenheit: die spirituelle Tradition. Mit dem Aufkommen der Zivilisation ging diese Tradition weder unter, noch wurde sie vergessen. Im Gegenteil. In China blieben Eremiten in höchstem Ansehen, weil Eremiten weise sind. Sie können sehen, wofür andere blind sind, und hören, wofür andere taub sind.

Wenn Kaiser, Könige, Häuptlinge, Anführer der frühen chinesischen Kultur den Kontakt mit den Naturkräften, den Göttern außerhalb der Stadtmauern und im Herzen des Menschen brauchten, gingen sie zu den Eremiten. Einsiedler konnten zum Himmel sprechen. Sie kannten dessen Zeichen, sie sprachen dessen Sprache. Eremiten waren Schamanen und Wahrsager, Kräuterkundige und Ärzte, Adepten des Okkulten und des Manifesten. Ihre Welt war weitaus größer als die ummauerte Welt der Stadt. Unberührt von den Werten, die Mode oder Sitte auferlegen, blieben die Eremiten ein wesentlicher Bestandteil der chinesischen Gesellschaft, weil sie den ältesten Werten ihrer Kultur verpflichtet waren. Selbst wenn sie keine andere Funktion hätten, repräsentieren sie zumindest die mythische Vergangenheit ihrer Gesellschaft, und diese Vergangenheit ist nirgendwo sinnfälliger als in den vielen Gesichtern der Mondberge, ob man sie Kunlunshan, Chungnanshan oder einfach Hanshan nennt, die dieses Gebet im *Shihching* (Buch der Lieder) preist:

Das Lächeln des Mondes
Der Glanz der Sonne
Das Alter des Nanshan
vom Wandel unberührt.

Kapitel 3

Wenn die Welt ein Sumpf ist

Wiewohl die eremitische Tradition immer wesentlicher Bestandteil der chinesischen Gesellschaft war, ließ sich das offizielle China erst gegen Ende des dritten Jahrhunderts n. Ch. herbei, sich mit dem Beitrag der Eremiten zu befassen. Die Verfasser des *Houbanshu* («Geschichte der späteren Han-Dynastie») stellen ihrem Abschnitt über die Eremiten diese Beobachtung voran:

> Einige zogen sich zurück, um ihre Ideale zu verwirklichen; einige gingen fort, um ihre Grundsätze zu wahren; einige wählten die Stille, um ihre Leidenschaften zu bändigen; einige machten sich davon, um ihr Leben zu retten; einige redeten anderen ins Gewissen, ihren Lebenswandel zu ändern; einige wollten sich reinigen.

Im weiteren schreiben die Verfasser, daß diese Menschen trotz dieser Unterschiede alle dasselbe unwandelbare Ziel hatten: dem Tao zu folgen. Für sie führte das Tao aus der Stadt hinaus. Zwar bekräftigte auch K'ung-fu-tzu: «Das Tao hat keine Macht mehr», doch blieb er in der Stadt, weil er es als Anhänger des Tao für seine Pflicht hielt, die Mächtigen davon zu überzeugen, daß jeder, der im Einklang mit dem Tao regierte, zu einem Polarstern werden würde, um den sich die Welt in Harmonie drehte.

Nicht jeder war so optimistisch. Der Narr von Chu, der Narrheit vortäuschte, um sich vor dem Irrsinn der Zeit zu schützen, läßt K'ung-fu-tzu hinter sich, der singt:

> Phönix, o Phönix, die Tugend ist verschwunden,
> die Vergangenheit läßt sich nicht belehren.
> Die Zukunft bleibt noch abzuwarten.
> Gib es auf, gib es auf,
> jetzt zu dienen ist gefahrvoll.[7]

Für einige bedeutete die Nachfolge des Tao ein Leben in Abgeschiedenheit. Für andere bedeutete es ein Leben im Dienst der Öffentlichkeit. Es gab immer diese beiden Möglichkeiten, und in der ganzen chinesischen Geschichte bestand eine unaufhörliche Dialektik zwischen diesen beiden Alternativen. Im *Chutzu* führt «Der Fischer» den Dialog fort:

Als Ch'u Yuan verbannt wurde,
wanderte er längs Flüssen.
Er sang an ihren Ufern
schwach und verloren,
bis ihn ein Fischer fragte:
Bist du nicht der Herr der Täler?
Welches Schicksal hat dich getroffen?
Und Ch'u Yuan antwortete:
Die Welt ist schmutzig,
ich alleine bin sauber;
alle sind betrunken,
ich allein bin nüchtern;
und deshalb haben sie mich fortgejagt.
Und der Fischer sagte:
Einen Weisen kümmern andere nicht,
er kann sich mit den Zeiten ändern.
Wenn die Welt ein Sumpf ist,
dann springe in den Morast;
wenn alle betrunken sind,
leere die Neige!
Warum sich verbannen lassen
wegen tiefer Gedanken und Absichten?
Und Ch'u Yuan sagte: Er habe gehört,
wenn man sein Haar reinigt,
dann solle man seinen Hut abstauben,
wenn man ein Bad nimmt,
solle man sein Gewand ausschütteln, –
warum sollte ich etwas so Reines
von anderen ruinieren und verderben lassen?
Ich würde lieber in den Hsiang springen
und im Magen eines Fisches begraben sein,

als etwas so Weises
von gewöhnlichem Schmutz beflecken zu lassen.
Der Fischer lächelte, ruderte fort und sang:
Wenn der Tsanglang sauber ist, wasche ich meinen Hut,
wenn der Tsanglang schmutzig ist, wasche ich meine Füße.
Und als er verschwunden war, hörte man nie mehr von ihm.

Ch'u Yuan war der erste große Dichter Chinas. Er war auch ein Schamane und diente als solcher um 300 v. Chr. am Hof von Ch'u, an dem der Tsanglang vorbeifloß. Weil er die Fehler seines Herrschers kritisierte und von Rivalen verleumdet wurde, wurde er in die Sümpfe südlich des Yangtze verbannt, wo ihm bei seiner Wanderung längs des Ufers des Hsiang der Fischer begegnete. Von der Blindheit seines Herrschers enttäuscht und ohne Aussicht auf eine weitere Anstellung blieb für Ch'u Yuan nur eine Möglichkeit, und am Ende seiner *Begegnung mit dem Kummer* schrieb er:

Wie kann ich mit kaltherzigen Menschen leben?
Ich will sie hinter mir lassen,
zum Kunlun wende ich meine Schritte
auf dem langen, gewundenen Pfad.

Ch'u Yuan konnte sich aber nicht damit abfinden, Eremit zu werden. Er erreichte die Kunlun/Chungnan-Berge niemals. Er hörte nicht auf den Rat des Fischers und sprang in den Milo-Fluß östlich seiner Einmündung in den Hsiang.

Die Chinesen besteigen noch heute am fünften Tag des fünften Mondmonats ihre Drachenboote, um Ch'u Yuan zu retten. Die Menschen werfen in Bambusblätter gewickelte Reisklößchen in das Wasser, um die Fische und Wasserdrachen lange genug abzulenken, bis ihre Boote den Dichter erreicht hätten. Aber trotz all ihrer Bemühungen ertrinkt er jedes Jahr, und die Gewässer Chinas werden nur noch schmutziger.

Der Konflikt zwischen Tugend und Politik war ein zentrales Thema der eremitischen Tradition. Wenn Ch'u Yuan Schwierigkeiten hatte, beides in einer für ihn befriedigenden Weise miteinander zu versöhnen, dann stand er damit nicht allein. 800 Jahre bevor

Ch'u Yuan in den Milo sprang, standen zwei Brüder vor demselben Problem. Ihre Namen waren Po-yi und Shu-chi. Ihre Prinzipientreue war so groß, daß sie ihre Ärmel zum Zeichen der Abscheu ausschüttelten und auf den Shouyangshan gingen, als sie erfuhren, daß der Gründer der neuen Chou-Dynastie sich gegen seinen eigenen Herrscher aufgelehnt und einen Feldzug begonnen hatte, ohne seinen Vater in rechter Weise zu betrauern. Shouyangshan war am Nordufer des Gelben Flusses gegenüber dem östlichen Ende der Chungnan-Berge und unweit der Stelle, wo einst Shun (den Kaiser Yao zu seinem Nachfolger erkoren hatte) in der Abgeschiedenheit lebte, bevor er auf den Thron erhoben wurde. An Shun rühmte man dieselben Tugenden der Pietät gegenüber den Eltern und der Loyalität, die auch Po-yi und Shu-chi hochhielten. Anders aber als bei Shun kam zu den beiden Brüdern kein Herrscher, der ihre Tugend geschätzt hätte. Sie beschlossen, die Früchte des Königreichs nicht mehr zu genießen und sich statt dessen von einer untadeligen Kost von Hirschkuhmilch und Farnkräutern zu ernähren. Schließlich verhungerten sie. In ihrer Biographie sagt Szu-ma Ch'ien, daß sie oft das nachfolgende Lied sangen, um sich von ihrem Hunger abzulenken:

> Klettere auf diesen Westhang,
> pflücke diese Farnkräuter.
> Böses um Böses zu geben,
> erscheint ihnen nicht unrecht.
> Weise Könige gibt es nicht mehr.
> Wohin sollen wir gehen?
> Ach es ist um uns geschehen,
> das Leben währt nicht länger.

In den Gesprächen sagt K'ung-fu-tzu hierzu: «Herzog Ching von Ch'i hatte Tausende von Pferden. Aber als er starb, konnte niemand etwas Rühmliches über ihn sagen. Po-yi und Shu-chi verhungerten am Fuße des Shouyang, und doch rühmen sie die Menschen bis auf den heutigen Tag.»[8] Meng-tzu (ca. 371–ca. 289 v. Chr.) nannte Po-yi «den Reinen unter den Weisen». Trotz ihrer lobenden Worte über die beiden Brüder sagten K'ung-fu-tzu und Meng-tzu ihren Schülern, daß dieses Verhalten übertrieben und nicht nachahmenswert sei. K'ung-fu-tzu und Meng-tzu hätten sich zweifellos unterworfen.

Nicht alle Anhänger des Tao sahen jedoch die Entscheidung zwischen Unterwerfung und Vergessenheit so rigoros. Zwei dieser Männer waren Chang Liang und Chu-ko Liang.

Chang Liang war Abkömmling einer Familie, die generationenlang im Staat Hann in der heutigen Provinz Honan Minister stellte. 230 v. Chr. wurde Hann von dem Staat Ch'in aufgesogen, der seine Herrschaft über ganz China ausdehnen wollte. Chang, der ein treuer Sohn und loyaler Untertan war, schwor, die Ehre seiner Familie und seines Staates zu rächen. Um aber sicherzustellen, daß er lange genug leben würde, um sein Ziel zu erreichen, zog er sich zuerst in die Berge zurück. Während er in der Abgeschiedenheit lebte, begegnete ihm ein alter Mann, der seine Demut prüfte. Der Alte erwies sich als taoistischer Unsterblicher und belohnte Chang mit einem Exemplar von Lushangs seit langem verlorener *Kunst der Kriegführung*. Chang war ein gelehriger Schüler, und als er schließlich aus der Abgeschiedenheit zurückkehrte, half er dem späteren Kaiser Liu Pang, die Ch'in zu stürzen.

Liu Pang, der Begründer der Han-Dynastie, bezeugte Chang gegenüber seine Dankbarkeit, indem er ihm ein Lehen nach freier Wahl anbot, und Chang entschied sich für Liupei an der Südseite der Chungnan-Berge. Dann verkündete Chang seinen Entschluß, sich aus dem Getriebe der Welt zurückzuziehen. Er aß kein Getreide mehr und machte Atemübungen, um sich so leicht zu machen, daß er in den Himmel auffahren könne, was er schließlich im Jahre 187 v. Chr. tat.

Zu der Zeit, als Chang Liang noch in der Verborgenheit war und die Lehren Lushangs studierte, begann die neue Ch'in-Dynastie, Gelehrte aus ganz China zu rekrutieren. Die Ch'in-Verwaltung war jedoch für ihre Strenge bekannt, und vier Freunde, Tung Yuan, Lu Li, Ch'i Li-chi und Hsia Huang weigerten sich, in ihren Dienst zu treten. Diese Vier Würdigen, wie sie genannt wurden, lehnten es ab, ihre Grundsätze aufzugeben, und sie zogen sich auf die sonnige Seite der Chungnan-Berge zurück, wo sie ihren Lebensunterhalt mit dem Sammeln von Arzneipflanzen verdienten. Dem *Hanshu* (Geschichte der Han-Dynastie) zufolge sangen sie oft dieses Lied, um sich zu amüsieren:

Die Vier Würdigen. Gemälde von Hsieh Shih-Ch'en, 16. Jahrhundert. Sammlung des National Palace Museum, Taipeh, Taiwan, Republik China.

Waldige Berge,
gewundene Täler,
tiefrote Pilze,
um den Hunger zu stillen.
Wenn Weise so fern sind,
wohin können wir uns wenden?
Pferde und Kutschen
bringen nichts als Kummer,
Kaufleute und Könige
passen nicht zu den Armen.

Obwohl sie in der Abgeschiedenheit blieben, reichte ihr Ruhm weit. Der Erste Kaiser versuchte, sie aus den Bergen zu locken, und Liu Pang versuchte es ebenfalls. Beide hatten keinen Erfolg. Als Liu Pang später den Kronprinzen durch den Sohn seiner Lieblingskonkubine ersetzen wollte, bat Kaiserin Lu Chang Liang um Hilfe. Mit Hilfe von Changs Rat überzeugte sie die Vier Würdigen davon, daß der Kronprinz ein Mann war, der Weisheit und Demut höher schätzte als Reichtum und Macht. Sie kamen in die Hauptstadt und begleiteten den Kronprinzen zum Palast. Als Kao-tsu sah, daß der Kronprinz die Achtung dieser Männer erworben hatte, machte er seinen Entschluß rückgängig, ihn zu ersetzen, und bat die Vier Würdigen, seinen Sohn in ihre Obhut zu nehmen.

Das zweite, noch berühmtere Beispiel für einen Einsiedler, der seine Zurückgezogenheit aufgab, um in die Dienste eines rechtschaffenen Herrn zu treten, ist Chu-ko Liang, der im Jahre 181 n. Chr. geboren wurde, als im ganzen Land Aufruhr ausbrach. Noch als junger Mann ging er in ein Dorf außerhalb von Chingchou in der heutigen Provinz Hupei, um den unruhigen Zeiten zu entgehen. Hier verbrachte er die nächsten zehn Jahre als Einsiedler und ließ sich von Szu-ma Hui unterweisen, einem weiteren berühmten Eremiten.

Während dieser chaotischen Zeit verloren die Herrscher der Han-Dynastie die zentrale Gewalt an eine Gruppe von Generälen, die von Ts'ao Ts'ao angeführt wurden, und an Provinzfürsten, die ihre eigenen Staaten gründeten. Einer dieser Staaten entstand um Chingchou, wo Ch'u Yuan einst vor seiner Verbannung gedient hatte. Hierhin floh auch Liu Pei im Jahre 201 n. Chr., um Ts'ao

Ts'ao zu entgehen. Liu Pei war ein entfernter Verwandter der kaiserlichen Familie und hatte ein Heer um sich versammelt, um die Dynastie wieder in die Macht einzusetzen. Er brauchte aber noch jemanden, der langfristige Pläne aufstellen konnte.

Als Liu Pei hörte, daß Chu-ko Liang ein solcher Mann sein könnte, beschloß er, sich selbst darum zu kümmern. Wie es manchmal geschieht, wenn Prominente zu Eremiten gehen, mußte Liu Pei dreimal Chu-ko Liangs strohgedeckte Hütte aufsuchen, bevor er empfangen wurde. Als die beiden Männer schließlich zusammentrafen, war Liu Pei so sehr von Chu-ko Liangs strategischem Verständnis beeindruckt, daß er ihn bat, sein Einsiedlerdasein aufzugeben und dem Land zu Hilfe zu kommen. Chu-ko Liang willigte ein.

In den darauffolgenden Jahren demonstrierte Chu-ko Liang nachdrücklich, daß es in China niemals zuvor einen größeren Strategen gegeben hatte. Bei einer Gelegenheit schlug er mit nur zweitausend Mann eine Armee von 200 000 Soldaten in die Flucht. Und welcher Chinese kennt nicht seine Ruhmestaten aus dem *Roman der drei Königreiche*. Chu-ko Liang erlag schließlich im Jahre 234 während eines Feldzugs in den Ausläufern der Chungnan-Berge westlich von Sian einer Krankheit. Am Tage seines Todes ging in der Nähe seines Lagers eine Sternschnuppe nieder, und der Meteorit wurde später in eine der Mauern des Heiligtums eingefügt, das noch heute über dem Tal steht.

Vor seinem Tode vertraute Chu-ko Liang seinem Sohn seinen Rat an, wie man die widersprüchlichen Forderungen der Zurückgezogenheit und eines öffentlichen Amts miteinander verbinden könne:

> Der Edle pflegt seine Person durch Ruhe und seine Tugend durch Aufrichtigkeit. Wenn er nicht gelassen ist, können seine Ideale nicht Wirklichkeit werden. Wenn er nicht ruhig ist, kann sein Einfluß nicht wirksam werden. Lernen erfordert Ruhe, und Können ist nur durch Lernen möglich. Nur wenn er lernt, kann er die Menschen erreichen. Nur wenn er Ideale hat, kann er seine Gelehrsamkeit vollenden. Wenn er zerstreut ist, kann er seinen Geist nicht entzünden. Wenn er jähzornig ist, kann er seine Natur nicht zügeln. Wenn er noch jung ist, spornt er sich an. Solange er noch kann, vollendet er sein Werk. Verfall hat selten die Sympathie der Welt. Was kann er erreichen, wenn er in der Abgeschiedenheit bleibt?

An diesem Punkt werden zwei Hauptrichtungen der Anhänger des Tao deutlich: Dienen oder nicht, sein Licht unter den Scheffel stellen oder es leuchten lassen – sofern zumindest, wie Mathew Arnold es einmal ausdrückte, das «eigene Licht keine Finsternis ist». Der Unterschied war weniger eine Frage der Philosophie als vielmehr eine solche des Temperaments und der Wahrnehmung. Das Ziel war aber immer dasselbe: die Anwendung der Prinzipien des Tao auf die menschlichen Angelegenheiten. Dies galt für K'ung-fu-tzu, für Ch'u Yuan, für Po-yi und Shu-chi, für Chang Liang, die Vier Würdigen und Chu-ko Liang. Auch wenn eine Zeit der relativen Abgeschiedenheit als wichtig galt, damit man diese Prinzipien verstehen konnte, und auch wenn die Abgeschiedenheit manchmal ein ganzes Leben lang dauerte, war doch immer das Ziel die Schaffung und Mehrung von Harmonie in der Welt.

Abgeschiedenheit und öffentliches Wirken wurden mit den hellen und dunklen Phasen des Mondes verglichen, die nicht voneinander zu trennen sind und einander ergänzen. Dieselben Menschen waren oft zu unterschiedlichen Zeiten in ihrem Leben Eremiten und Beamte. Beamte, die niemals die Gelassenheit und Konzentration des Geistes auf der Suche nach anderen Dingen als Ruhm und Reichtum erfuhren, genossen in China keine hohe Wertschätzung. Die Chinesen zählten Eremiten immer zu ihren größten sozialen Wohltätern und haben ihre Suche nach dem Tao immer unterstützt, wie unkonventionell und abgeschieden eine solche Suche auch scheinen mochte. Ob sie aus der Zurückgezogenheit jemals zurückkehrten, um ein öffentliches Amt zu bekleiden, oder nicht – Eremiten haben die gesamte Kultur doch immer als Quellen reinen Denkens und reinen Lebens beeinflußt, das früher oder später seinen Weg in die Stadt findet.

Während Chinas erster großer Dichter sich in einem Fischbauch begrub, als er vom Hofe verbannt wurde, konnte es der zweite große Dichter des Landes nicht erwarten, sein öffentliches Amt niederzulegen und sich auf das Land zurückzuziehen. In einem seiner *Trinklieder* läßt uns Tao Yuan-ming etwas von dem Geist erahnen, der Chinas Anhängern des Tao die Freiheit gab und ihren Geist, wenn nicht ihren Körper, vom Staub der Stadt unberührt ließ:

Ich habe meine Hütte neben einem Weg erbaut,
aber ich höre keinen Karren und kein Pferd.
Du fragst: Wie ist dies möglich?
Ein ferner Geist ist ein abgelegener Ort.
Chrysanthemen am östlichen Zaun pflückend,
verliere ich mich in den südlichen Hügeln.
Die Bergluft, das Licht der Abenddämmerung,
ein Vogelschwarm, der nach Hause zieht,
hierin liegt eine Wahrheit,
die man erfahren, aber nicht aussprechen kann.

Die Eremiten Chinas sind eines der bestgehüteten Geheimnisse dieses Landes und machen einen großen Teil desjenigen aus, was an China so geheimnisvoll ist. Wo sonst in der Welt würde die Weisheit einer Zivilisation auf Gedankenleere zurückgeführt, wie dies in der biographischen Skizze am Anfang des Kaoshihchuan der Fall ist, dem ersten Buch über Chinas Einsiedler:

Kaiser Yaos Lehrer war Hsu-yu, und Hsu-yus Lehrer war Nieh-ch'ueh. Nieh-ch'uehs Lehrer war Wang-ni, und Wang-nis Lehrer war Pi-yi. Nieh-ch'ueh fragte einst Pi-yi nach dem Weg. Pi-yi sagte: «Richte Deinen Körper auf und konzentriere Deinen Blick, und die Harmonie des Himmels wird einziehen. Sammle Deine Gedanken und richte Deinen Geist auf einen Punkt, und die Geister werden herabkommen, Tugend wird Dich schmücken, der Weg wird Dich begleiten. Du wirst die Dinge wie ein neugeborenes Kalb betrachten, ohne nach Gründen zu suchen.» Noch ehe jedoch Pi-yi geendet hatte, war Nieh-ch'ueh eingeschlafen. Pi-yi lachte und ging mit diesem Lied auf den Lippen fort:

Trockene Knochen für einen Körper,
kalte Asche für einen Geist,
seine Weisheit ist einfach wahr.
Er fragt nicht nach Gründen,
leer und gedankenlos,
auch deiner Zeit nicht wert;
sage mir seinen Namen!

Kapitel 4

Auf dem Pfad des Tao

Als die Chinesen begannen, ihr Weltverständnis in Worte zu fassen, war das eine Wort, das sie alle benutzten, *«Tao»* – ein Wort, das eine Straße, einen Weg und im weiteren Sinne eine Lebensform bezeichnete. Zunächst aber war das Tao nicht die Provinz von Reisenden oder Philosophen, sondern von Stammesschamanen, denen es um die Beziehung zwischen den Lebenden und den Toten ging, eine Beziehung, die sich für sie am prägnantesten im Zunehmen und Abnehmen, im Yin und Yang des Mondes ausdrückte.

Nach den linguistischen und textuellen Analysen von Tu Er-wei bezog sich das Wort *tao* ursprünglich auf die Mondphasen. Chinas erste Taoisten waren mondgesichtige Schamanen, Männer und Frauen, die ihre Macht, mit ihrer Seele auf Wanderschaft zu gehen, dazu nutzten, dem Geheimnis der ewigen Erneuerung des Mondes, seiner Unsterblichkeit, nachzuspüren. Für die Schamanen des alten China und ihre taoistischen Nachfolger war die Sonne eine Konstante. In einer Welt des Wandels lagen im Mond alle Geheimnisse beschlossen. Nach den Geheimnissen des Tao zu forschen hieß, nach den Geheimnissen des Mondes zu forschen. Nach den Geheimnissen des Mondes zu suchen hieß, dort zu leben, wo die Macht des Mondes regierte, hinter den Mauern, die gegen den Wandel aufgerichtet wurden.

Vor beinahe fünftausend Jahren begegnete der Gelbe Kaiser eines Tages in den Bergen des nordwestlichen China einem jener frühen Taoisten. Sein Name war Kuang Ch'eng-tzu, und im Verlaufe ihrer Begegnung fragte Huang-ti Kuang nach dem Geheimnis der Unsterblichkeit. Kuangs Antwort wurde zweitausend Jahre später im *Chuang-tzu* aufgezeichnet:

> Dein Geist sei still und lauter. Willst du ewig leben, so erschöpfe deinen Körper und seine Vitalität nicht. Deine Augen sollen nichts sehen. Deine Ohren sollen nichts hören. Dein Geist soll nichts wissen. Dein Geist

nehme deinen Körper in acht, dann wird dein Körper ewig Bestand haben. Konzentriere dich auf das Innere. Ignoriere das Äußere. Wissen kann dir nur schaden.[9]

Von Kuang Ch'eng-tzu und anderen, die am Rande der Zivilisation des alten China lebten, lernte Huang-ti die Geheimnisse der taoistischen Schulung. Während seiner hundertjährigen Regentschaft verbreitete Huang-ti seinerseits taoistische Lehren in ganz Nordchina und legte gleichzeitig die Grundlagen für das gemeinsame kulturelle Erbe Chinas. Anfang April besuchen an dem Tag, an dem man traditionell zu den Gräbern der Vorfahren geht, auch heute noch hohe Regierungsbeamte Huang-tis Grab in Nordwestchina, um dem Mann ihre Reverenz zu erweisen, der als der Begründer der chinesischen Kultur wie auch des Taoismus gilt.

Auch wenn es kaum sinnvoll ist, von einem Begründer einer so amorphen Religion wie dem Taoismus zu sprechen, wurde doch Huang-tis Name benutzt, um sowohl auf das hohe Alter der Religion zu verweisen als auch ihre Entwicklung in Zusammenhang mit einem der ältesten Heroen der Kultur zu bringen. Aber auch wenn der Taoismus im Schoße von Huang-ti empfangen wurde, blieb er doch weitere zweitausend Jahre in embryonaler Gestalt, bis Lao-tzu lange genug in den Chungnan-Bergen weilte, um das Kind Yin Hsi als Amme zu übergeben.

Aber nicht anders als Huang-ti, der legendäre Urahn des Taoismus, gab Lao-tzu zweifellos eine Weisheit weiter, die schon früher von anderen formuliert worden war. So wird zum Beispiel die Grundhaltung Lao-tzus oft in den Worten *wuwei* ausgedrückt, «Nicht-Handeln-Wollen». Aber schon zweitausend Jahre zuvor soll Kaiser Shun, kurz nachdem Huang-ti sich in die Wolken erhob, seine Herrschaft über die Stämme Nordchinas einfach dadurch ausgeübt haben, daß er nach Süden blickte. Dennoch kommt Lao-tzu das Verdienst zu, diese Weisheit in Worte gekleidet zu haben, Worte, die, wie auch Lao-tzu einräumte, das Geheimnis der Geheimnisse nicht ausdrücken konnten, das das Tao war. Natürlich sagen Taoisten, die ihren Stammbaum auf Lao-tzu zurückführen, daß er mehr als Nicht-Handeln-Wollen lehrte. Er lehrte auch die Geheimnisse der Selbstschulung, die seither durch mündliche Unterweisung und Texte, die ohne die Hilfe eines Führers unverständlich bleiben müssen, vom Lehrer an den Schüler weitergegeben wurden.

Seinen ältesten Biographen zufolge wurde Lao-tzu 604 v. Chr. geboren und diente in Loyang, der Hauptstadt der östlichen Chou, als königlicher Archivar. Zu den Bereichen, in denen Lao-tzu besonderes Wissen besaß, gehörte das Gebiet der Rituale – ein naheliegendes Fach für jemanden, dessen spirituelle Vorfahren Schamanen waren. Dem Achtundachtzigjährigen stattete der junge K'ung-fu-tzu einen Besuch ab, der aus dem Staat Lu nach Loyang kam, um sein Wissen über die Zeremonien der Alten zu vermehren. In seinem *Shihchi* hielt Szu-ma Ch'ien Lao-tzus Rat an seinen Besucher fest:

> Die Alten, die du bewunderst, liegen schon lange unter der Erde. Ihre Knochen sind zu Staub geworden. Nur ihre Worte haben Bestand. Die Weisen unter ihnen fuhren in Kutschen, wenn die Zeiten gut waren, und stahlen sich heimlich davon, wenn sie schlecht waren. Ich habe gehört, daß der kluge Kaufmann seinen Reichtum verbirgt, damit sein Lager leer erscheint, und daß der Überlegene sich töricht stellt, damit er keine Aufmerksamkeit auf sich zieht. Ich rate dir, dich von deinem übermäßigen Stolz und Ehrgeiz zu befreien. Sie werden dir nur schaden. Mehr habe ich dir nicht zu sagen.

Außer diesem Bericht über seine Begegnung mit K'ung-fu-tzu und dessen Wiederholung in unterschiedlicher Form im *Chuangtzu* und anderen frühen taoistischen Texten ist von Lao-tzu nur noch die Geschichte über seine Entrückung in den Chungnan-Bergen überliefert.

Die Verlegung der Chou-Hauptstadt von der Ebene des Wei-Flusses nach Osten an den Rand der Ebene des Gelben Flusses markiert für die Historiker den Beginn der Östlichen Chou und den Niedergang der Macht der Dynastie. Gleichzeitig schwand die moralische Integrität der Chou-Herrscher dahin, und zahlreiche Königreiche, denen es ebenfalls an tugendhaften Herrschern mangelte, wetteiferten miteinander um die Errichtung einer neuen Hegemonie. Nicht lange nach seiner Begegnung mit K'ung-fu-tzu beschloß Lao-tzu, seinen eigenen Rat zu befolgen, und er ritt still auf seinem blauen Ochsen davon.

Statue Lao-tzus bei Loukuantai.

Einige Tage später erreichte Lao-tzu den Hanku-Paß, wo ihn Yin Hsi willkommen hieß. Yin Hsi war ebenfalls ein Anhänger des Tao. Er hatte in seinem Observatorium in den Chungnan-Bergen gesehen, wie eine purpurne Wolke von Ost nach West über den Himmel zog, und er hatte aus seiner Kenntnis der Himmelszeichen geschlossen, daß bald ein Weiser durch das Gebiet kommen würde. Daraufhin ließ er sich zum Grenzbeamten des Passes ernennen, den Reisende aus dem Osten üblicherweise benutzten, und er erkannte Lao-tzu als den Weisen, auf den er wartete. Nach Lao-tzus Ankunft legte er sein Amt nieder und lud den Weisen ein, ihn zu seinem Observatorium in Loukuantai zu begleiten. Loukuantai lag 250 Kilometer westlich, aber in der Richtung, in der auch Lao-tzu reiste, und so setzten die beiden Männer ihren Weg gemeinsam fort.

Über ihre Begegnung und ihre Reise ist weiter nichts bekannt außer der Tatsache, daß Lao-tzu an ihrem Ende Yin Hsi das *Tao-te ching* übergab, die älteste Schrift des Taoismus, die in ihrer Darlegung des Tao noch heute unübertroffen ist. Als ich vor zwanzig Jahren klassisches Chinesisch zu studieren begann, war dies einer meiner Lieblingstexte. Als ich las, daß er in den Chungnan-Bergen entstand, beschloß ich, den Spuren seines Verfassers zu folgen.

Wir mieteten einen Wagen mit Fahrer und begannen an dem tief eingeschnittenen Hanku-Paß, der die Löß-Ausläufer zwischen dem Gelben Fluß und den östlichen Vorbergen der Chungnan-Berge bei der Stadt Lingpao durchschneidet. Die Straße war gerade breit genug für einen Ochsenkarren, weshalb wir die neue befestigte Straße einige Kilometer südlich davon benutzen mußten. Vom Hanku-Paß aus folgten wir Lao-tzus Route nach Westen, vorbei an dem steil aufragenden Gipfel des Huashan und den heißen Quellen von Lishan und verließen Sian wie der Weise durch das Westtor. Nach einer Polizeikontrolle bogen wir bei Sanchiaochen nach Südwesten ab.

Die chinesische Polizei scheint einen Freibrief für Wegelagerei zu haben. Eine normale Polizeikontrolle kostet zwischen 20 und 100 RMB Yen, je nachdem, welche Papiere nicht in Ordnung sind und wieviel der Polizist zur Erreichung seines Monatssolls für seinen gehobenen Lebensstil noch braucht. Zum Glück waren alle fünf Papiere unseres Fahrers in Ordnung.

Nach drei weiteren Polizeikontrollen erreichten wir den Ort Mawangchen, wo wir eine Abzweigung nach rechts nahmen. Sie führte durch ein Tor, hinter dem mehrere Königsgräber lagen, die 1955 ausgegraben wurden. Hier lagen einst Feng und Hao, die beiden Hauptstädte der Chou-Dynastie, bis sie im achten Jahrhundert von Eindringlingen zerstört wurden und Loyang an ihre Stelle trat. 200 Jahre später muß dies Lao-tzu, der auf seinem Weg nach Loukuantai hier vorüberkam, an die vergängliche Herrlichkeit der Menschheit erinnert haben. In seinen Notizen zum Tao finden sich die Zeilen:

> Wir können sehen, was uns Begierde kostet,
> den Verlust dessen, was wir uns bewahren möchten.

Auf einem handgeschriebenen Schild am Tor stand zu lesen: «Betreten verboten. Zugang nur mit besonderer Erlaubnis.» Da das Tor nicht geschlossen war, gingen wir hinein. Es war niemand da, aber wir fanden ohne weiteres das Gebäude an der Grube, wo Archäologen zwei Wagen an ihrem Ort belassen hatten. Sie waren eingegraben worden, um der kaiserlichen Familie im Jenseits zu dienen. Die Tür war versperrt, doch konnten wir durch das Fenster die an ihrem Ort belassenen Räder und Rahmen und die Skelette von sechs Pferden sehen. Von den Kutschern war nichts zu entdecken. Durch die Fenster der beiden anderen Gebäude sahen wir nur leere Schaukästen. Ich dachte an die geschmuggelten Stükke Chou-Keramik, die vor einem Jahrzehnt in Taiwan durch die Hände eines Freundes mit guten Verbindungen gingen und an ausländische Sammler verkauft wurden. Einwandfrei erhaltene dreitausend Jahre alte Chou-Keramik kostete ganze einhundert Dollar. Leider war dies meine Zeit im Kloster, und ich hatte keine einhundert Dollar.

Wir ließen die Ruinen von Feng und Hao hinter uns und setzten unseren Weg nach Westen fort. Bei der Stadt Tawangchen bogen wir nach Süden ab, mußten erneut wegen einer Polizeikontrolle anhalten und erreichten schließlich die Bezirkshauptstadt Huhsien. In einer Nebenstraße in der Nähe des Stadtzentrums hielten wir an einer Ausstellungshalle an. 1958 hatte die Zentralregierung die Bauern aufgefordert, sich dem Kunsthandwerk zuzuwenden. Seither zählen die Bauern von Huhsien zu den berühmtesten Malern Chinas. Sooft ihnen die Landarbeit Zeit dazu läßt, fahren sie mit dem Fahrrad in ihr örtliches Zentrum, wo sie Papier, Pinsel, Plakatfarben und ein Minimum an Anleitung bekommen.

Die Zeit der Frühjahrsaussaat war noch nicht gekommen, und wir sprachen mit einem der Künstler in der Halle. Sein Name war Lo Chih-chien, und er zeigte uns seine Arbeiten. Ich war beeindruckt, und ich fragte ihn, ob er jemals die Chungnan-Berge gemalt hätte. Als er dies verneinte, bat ich ihn, es zu versuchen. Vier Monate später machte ein Freund aus Taiwan in Huhsien Halt und nahm das fertige Gemälde mit – ein blauer Fluß, der aus blauen Bergen strömt, die ein blauer Himmel einhüllt.

Nach einer letzten Polizeikontrolle in Huhsien überquerten wir in westlicher Richtung den Lao-Fluß. Zehn Kilometer später zweigten wir von der Hauptstraße in den nahegelegenen Ort Tsuantsun ab, in dem der Chungyang-Tempel liegt, einst eines der berühmtesten taoistischen Zentren Chinas. Er wurde im dreizehnten Jahrhundert zu Ehren von Wang Ch'un-yang errichtet, dem Begründer der Ch'ün-chen-Schule des Taoismus.

Schon bald, nachdem Wang Soldat geworden war, durchschaute er den Trug des Lebens und kam in diese Gegend, um buddhistische Meditation zu praktizieren. Einige Jahre später begegneten ihm bei einer Wanderung in den nahegelegenen Chungnan-Bergen die taoistischen Unsterblichen Lü Tung-pin und Han Chungli, von denen er die geheimen mündlichen Lehren des Taoismus empfing. Nach dieser Initiation verbrachte Wang hier sieben Jahre, von denen er drei in einem Loch hauste, das er «das Grab eines lebenden Leichnams» nannte. In seinen Schriften verband er Elemente des Zen-Buddhismus und Neu-Konfuzianismus mit der traditionellen taoistischen Lehre, die den Nachdruck auf die Pflege der Lebenskraft legt. Vor seinem Tode im Jahre 1170 unterwies er sieben Schüler in der fernen Provinz Shantung in seiner Auffassung des Tao, und vier von ihnen brachten die sterbliche Hülle ihres Meisters an den Ort seines einstigen «Grabes» zurück.

In Fortführung der konfuzianistischen Form, die Eltern zu betrauern, errichteten alle vier Schüler Hütten in der Nähe des Grabes und blieben drei Jahre dort, bevor sie aufbrachen, die Lehren ihres Meisters weiterzutragen. Einer der vier, Ch'iu Ch'ang-ch'un, erreichte schließlich im Jahre 1222 das Lager des Dschingis Khan in Zentralasien und erwirkte von ihm einen Erlaß, der der Schule und ihren Anhängern in jenem Teil des nördlichen Chinas, das unter mongolischer Herrschaft stand, besondere Privilegien einräumte. Seither gilt die Ch'üan-chen-Schule als die vorrangige Wahrerin der taoistischen Flamme in China, die den traditionellen taoistischen Praktiken Alchemie, Yoga und Meditation das Mönchtum hinzufügte.

Schon bald nach seiner Errichtung wurde der Chungyang-Tempel zum vermutlich größten religiösen Komplex, der je in China erbaut wurde. Er war eine Gründung der königlichen mongolischen Familie und beherbergte 10000 taoistische Mönche und Nonnen. Bei unserem Besuch erinnerte nichts als ein halbverfallener Andachtsraum und einige Dutzend Stelen und Steinplatten innerhalb der Nordmauer an den einstigen Glanz des Tempels. Die Stelen stammten aus dem 13. Jahrhundert und enthielten ein Portrait von Wang Ch'un-yang sowie Darstellungen seiner sieben Schüler. Ebenfalls zu sehen war eine Stele mit Wangs kühner und flüssiger Kalligraphie sowie einige andere mit mongolischen Inschriften. Es waren zwar zwei alte taoistische Mönche anwesend, die sich um das Heiligtum kümmerten, doch stand die Anlage wie die meisten religionsgeschichtlich interessanten Stätten in China unter staatlicher Aufsicht. Die diensthabenden Beamten betrachteten unsere Anwesenheit mit Argwohn, weshalb wir den Ort rasch wieder verließen, nachdem wir uns die Stelen angesehen hatten.

Westlich des Tempels fuhren wir längs eines Flusses nach Süden. Frauen wuschen Kleider und Bettlaken auf Felsblöcken am Flußufer. Weit im Süden konnten wir die Quelle des Flusses bei den nahegelegenen Gipfeln der Chungnan-Berge entdecken. Nach einigen Kilometern gelangten wir wieder auf die Hauptstraße und fuhren weiter nach Westen. Nach weiteren 15 Kilometern hielten wir am Tien-Fluß. Jenseits seines breiten Kiesbetts erhob sich die bewaldete Kuppe des Loukuantai, auf dem das *Tao-te ching* entstand.

In alten Zeiten galt für Herrscher eine Kenntnis des «Weges des Himmels» als unerläßlich für das Führen der Staatsgeschäfte.

Schlachten wurden oft vom Wetter entschieden; Dynastien entstanden und fielen mit dem Lauf von Kometen. Bald nach der Gründung der Chou-Dynastie im 11. Jahrhundert v. Chr. soll König K'ang auf diesem Hügel, der einen guten Tagesritt von den Hauptstädten Feng und Hao entfernt lag, ein Observatorium errichtet haben. Im darauffolgenden Jahrhundert besuchte König Mu die Stätte und ließ ein Heiligtum errichten. Der Hügel wurde später als Loukuantai bezeichnet, «Beobachtungsturm», und der berühmteste Beobachter war Yin Hsi, der Lao-tzu nach ihrer Begegnung am Hanku-Paß hierher führte.

Jenseits des Flusses bogen wir ab und fuhren in Richtung des Hügels. Zur Linken lag eine Mauer, die die ehemaligen kaiserlichen Heiligtümer umgab. Im Jahre 219 v. Chr., 800 Jahre, nachdem König Mu das erste Heiligtum errichtet hatte, ließ der erste Kaiser der Ch'in-Dynastie hier ebenfalls ein Heiligtum für Lao-tzu errichten. 800 Jahre später tat es ihm Kaiser Wu aus der Han-Dynastie nach. Auch andere Kaiser ehrten diesen Ort. Keines der früheren Heiligtümer kam jedoch dem Komplex von über fünfzig Bauten gleich, den Kao-tsu errichtete, nachdem er im Jahre 618 n. Chr. die Tang-Dynastie begründet hatte.

Kao-tsu trug wie Lao-tzu den Familiennamen Li, weshalb man seine Abstammung auf diesen Weisen zurückführte. Später wurde der Loukuantai zum Ahnenheiligtum der königlichen Familie, und er erhielt den Namen Tsungshengkung, «Tempel des Alten Weisen». Heute ist hinter der neuen Mauer aus grauen Ziegeln bis auf einige Stelen, die an die frühe Geschichte des Loukuantai erinnern, und einen alten Gingko-Baum, den Lao-tzu selbst gepflanzt haben soll, nichts mehr erhalten geblieben. Gingko-Bäume wachsen außerordentlich langsam, und dieser Baum ist mächtig und kraftvoll, wiewohl sein Inneres durch Feuer zerstört ist.

Nachdem wir Lao-tzus Gingko-Baum besucht hatten, folgten wir der Allee durch ein kleines Dorf und gelangten an einen Torbogen mit der Aufschrift «Loukuantai-Park». Rechts stand ein neu erbautes und schon wieder in schlechtem Zustand befindliches zweistökkiges Hotel. Es war ebenso verlassen wie der Stelenfriedhof, den wir auf der Straße unten hinter uns gelassen hatten. Wir gingen am Hotel vorbei zum Tempeleingang und nahmen in der Tempelherberge ein Zimmer für die Nacht. Das Bett kostete 10 RMB.

Hinter der Herberge lag ein unbefestigter Hof mit einem weiteren alten Gingko-Baum und einem Brunnen, und hinter dem Brunnen ein Saal mit Stelen, die an die periodischen Wiederherstellungen des Loukuantai erinnerten. Wir folgten einem Korridor durch die Halle zu steinernen Stufen, die über den Südhang des Hügels zum Hauptheiligtum auf der Hügelkuppe führten. Hier soll Lao-tzu Yin Hsi die Lehren erteilt haben, die den Inhalt des *Tao-te ching* ausmachten. Innerhalb des Eingangs zum Hauptheiligtum standen zwei Säulen, in die im 13. Jahrhundert der Tao- und der Te-Abschnitt des Textes eingehauen wurden.

Gegenüber dem Tor lag der Andachtsraum, der ihrem Verfasser gewidmet war. Zur Rechten war ein kleineres Heiligtum den späteren taoistischen Philosophen Chuang-tzu und Lieh-tzu gewidmet, zur Linken ein weiteres kleines Heiligtum T'ai-pai, dem Abendstern am westlichen Horizont. Ich blieb stehen und sprach mit einem Mönch, der auf den Stufen saß. Sein Name war Jen Fa-chou, und es stellte sich heraus, daß er der stellvertretende Abt des Loukuantai und zweiter Vorsitzender der taoistischen Vereinigung der Provinz war. Er sagte, daß bei seiner Ankunft im Loukuantai im Jahre 1958 die Zahl der Mönche und Nonnen auf 150 zurückgegangen war. Vor der «Befreiung», wie die Kommunisten ihre Machtübernahme im Jahre 1949 zu nennen lieben, waren es über 500. Nur etwa ein Dutzend überstanden die Kulturrevolution (1965–1976) im Tempel. Jen erzählte, daß die Roten Garden nicht nur die meisten Mönche und Nonnen verjagt, sondern auch sämtliche Gebäude zerstört hatten. Die Bauten, die heute auf dem Hügel stehen, wurden erst vor kurzem neu errichtet.

Hinter Lao-tzus Heiligtum gingen wir einige Treppen den Nordhang des Hügels zu einem benachbarten Heiligtum hinab, das der «Dame des südlichen Großen Wagens» gewidmet ist, die sich um das menschliche Schicksal kümmert und sicherstellt, daß die Menschen die ihnen zugemessene Lebensspanne erreichen. Da mein Sohn Redcloud am Fest ihres Gemahls geboren ist, des «Herrn des nördlichen Großen Wagens», entzündete ich eine Handvoll Räucherwerk. Dessen Duft war freilich kein Vergleich mit dem der Pfirsichblüten draußen.

Hinter dem Heiligtum folgten wir weiteren Treppen abwärts zu einem weiteren Heiligtum, das der «Fürstin der regenbogenfarbigen Wolken» gewidmet war, die den Kindersegen schenkt. Ihr dankte ich für meine Tochter Iris.

Auf dem Weg zurück zum Eingang gingen wir längs der Arkaden der Höfe, die wir zuvor überquert hatten. An den Wänden befanden sich Säulen, an denen Gedichte, Kalligraphien und sogar Zeichnungen berühmter Besucher der Vergangenheit zu sehen waren. Einer der Besucher des neunten Jahrhunderts war der Dichter Pai Chu-yi, der das nachfolgende Gedicht hinterließ. Es beginnt mit einem Zitat, das sich am Ende der fünftausend Worte des *Tao-te ching* findet:

> Wer redet, ist nicht weise,
> der Weise redet nicht,
> so soll Lao-tzu gesagt haben.
> Aber wenn dies bedeuten soll, daß Lao-tzu wußte,
> warum sprach er dann fünftausend Worte?

Als wir wieder im Haupthof angelangt waren, bestellten wir ein Nudelgericht, und ich las die Broschüre, die Besucher am Haupteingang erhalten. Im Jahre 1982 wurden 640 Hektaren um Loukuantai der Forstverwaltung der Provinzregierung unterstellt und mit Bambus, Schwarzrobinien, Walnußbäumen und Kiefern bepflanzt. Mit einer Entfernung von 70 Kilometern, etwa drei Busstunden, lag Loukuantai für die meisten Touristen gerade etwas zu weit von Sian entfernt. Die Regierung wiederum schien das Gebiet in ein forstwissenschaftliches Forschungszentrum verwandeln zu wollen.

Beim Studium der Broschüre fragte ich mich, was sich hinter der Anordnung der Gebäude des Loukuantai verbergen könnte. Es kam mir der Gedanke, daß das Ganze eine Repräsentation der drei inneren spirituellen Zentren oder *tan-t'ien* sein könnte, auf die die Taoisten den Kreislauf ihres inneren Atems konzentrieren. Wenn dies so wäre, dann müßten die ehemaligen kaiserlichen Heiligtümer in der Ebene zwei Kilometer nördlich des Tempels das untere spirituelle Zentrum unterhalb des Nabels repräsentieren; der nahegelegene Hügel, auf dem Lao-tzu seine Reden über das Tao hielt, entspräche dem mittleren Zentrum am Herzen, und das Bergheiligtum zwei Kilometer südlich des Hügels entspräche dem oberen Zentrum im Kopf. Diesem letzteren wandten wir nun unsere Aufmerksamkeit zu.

Vom Hof aus begann der Pfad mit einigen Ziegelstufen und folgte dann der Spur des letzten Regens. Eine Stunde später erreichten wir mit einigen rituellen Stichen von einem Schwarm wachsamer Bienen schließlich Lientanlu, den «Zinnoberkessel», wo Lao-tzu vor seiner Entrückung in das Land der Unsterblichen sein Elixier erschmolzen haben soll.

In dem alleinstehenden Heiligtum war gerade Platz genug für einen Altar und drei Stühle. Auf einem von ihnen saß eine alte taoistische Nonne. Sie sagte, daß sie Tag für Tag hier saß und sich um das Tempelheiligtum kümmerte, wofür sie Mehl und andere Dinge des täglichen Bedarfs bekam. Sie hieß Chang und stammte aus dem Nanyang-Gebiet in der Provinz Hupei. Als sich unsere Augen an die Dunkelheit gewöhnt hatten, konnten wir sehen, daß ihre Füße eingeschnürt worden waren, weshalb sie seit ihrer Kindheit verkrüppelt war. Sie sagte, daß sie nur einmal oder zweimal im Jahr bei besonderen Anlässen in das Tal hinabstieg. Sie war 97 und seit über fünfzig Jahren Nonne. Die letzten zwanzig Jahre hatte sie als Eremitin zuerst auf dem Taipaishan im Westen, dann auf dem Berg über Loukuantai gelebt. Sie sagte, daß sie am liebsten allein lebte, um sich der Meditation zu widmen. Die Winter aber waren streng, und es regnete durch das Dach des Heiligtums. Hundert Meter bergwärts auf dem Pfad lag eine Hütte aus Ziegelsteinen und mit einem Strohdach, die ihr als Unterkunft diente. Sie war vor einigen Jahrzehnten von einem anderen Einsiedler errichtet worden.

Als ich sie nach weiteren Einsiedlern fragte, sagte sie, daß es bei ihrer Ankunft vor zehn Jahren in der Gegend mehrere gegeben hätte, jedoch seien die meisten gestorben, woanders hingegangen oder in den Tempel zurückgekehrt. Sie sagte, daß sie einen alten buddhistischen Mönch kenne, der in einer Hütte hinter drei Hügelkämmen lebte. Ich überlegte mir, daß er dann irgendwo bei den Hängen von Szufangtai leben müsse. Ich sprach sehr gerne mit ihr, doch wünschte ich, ich hätte ihren Hupei-Dialekt besser verstanden. Wir stiegen wieder hinab zum Hof und wandten uns wieder dem Thema der Symmetrie von Loukuantai zu. Neben den drei spirituellen Zentren, die in Nord-Süd-Richtung jeweils zwei Kilo-

Taoistische Nonne am Zinnoberkessel-Heiligtum.

meter voneinander entfernt waren, hatte Loukuantai auch zwei Flügel in ostwestlicher Richtung, die zu beiden Seiten etwa sechs Kilometer entfernt lagen. Die sich abzeichnende Form erinnerte mich an den legendären Vogel am Anfang des *Chuang-tzu*:

> Im Nordmeer lebt ein Tausende von Meilen langer Fisch namens K'un. Er verwandelt sich in einen Tausende von Meilen breiten Vogel namens P'eng. Wenn er sich in die Lüfte schwingt, sehen seine Flügel aus wie ein wolkenerfüllter Himmel. Wenn er das Meer verläßt, fliegt er nach Süden zum Himmelsteich.

P'engs «rechter Flügel» umfaßte einige Bauwerke, die an einem Ort namens West-Loukuantai endeten. Die Fremdenpolizei in Sian erklärte uns, daß West-Loukuantai für Fremde «zu gefährlich» und daher verboten sei. Wir verstanden dies so, daß es in der Nähe eine militärische Anlage geben müsse. Den Mönchen zufolge gab es jedoch in West-Loukuantai nichts weiter zu sehen als einen kleinen Tempel und Lao-tzus Grab.

Ich weiß nicht, wann die Geschichte von Lao-tzus Grab entstand. Als jedenfalls Szu-ma Ch'ien um das Jahr 100 v. Chr. seine Biographie des großen Weisen niederschrieb, sagte er, daß Lao-tzu seine Reise nach Westen fortsetzte und schließlich über den San-kuan-Paß entschwand, zwei Tagesritte von Loukuantai entfernt. Ein taoistischer Mönch im Tempel sagte mir, daß vermutlich beide Berichte wahr seien. Taoisten legen ihm zufolge ihre Knochen ab, wie Schlangen sich häuten, und Lao-tzu könnte ohne weiteres seine sterbliche Hülle in Loukuantai zurückgelassen haben, bevor er entschwand.

Da wir nun den westlichen Flügel von Loukuantai nicht besuchen durften, wandten wir uns dem östlichen Gegenstück zu, das an einem Ort namens Yangtienchih endet, dem «Teich, der zum Himmel blickt». Niemand hatte gesagt, daß der Zugang zu diesem Teich oder dem nahegelegenen Heiligtum verboten sei, und ein Mann, der am Haupttor Nudeln und Räucherwerk verkaufte, erklärte sich bereit, uns zu führen. Wie er sagte, war er seit über zehn Jahren nicht mehr dort gewesen, aber er würde sich noch an den Weg erinnern. Wir stiegen östlich am Hügel ab und wanderten bald durch Felder mit sprießender Hirse.

In einer Entfernung von etwa einem Kilometer vom Hügel kamen wir an einer Säule vorbei, die einsam zwischen der Hirse aufragte. Unser Führer sagte, daß dies alles wäre, was die Roten Garden von einem großen Tempel übriggelassen hätten, der einst hier stand. Nach der Säule überquerten wir den Tien-Fluß, gingen durch ein Dorf mit Lehmhütten und schlugen den Weg in Richtung der Berge ein.

Einige Minuten später erreichten wir einen Hügel, auf dem einst ein Yüan-shih-t'ien, ein dem Gott des Anfangs geweihtes Heiligtum, stand, dessen Inkarnation Lao-tzu war. Unser Führer entzündete Räucherwerk und Kerzen vor einer Stele, die von dem Heiligtum noch übriggeblieben war, und wir gingen weiter.

Auf dem Wege begegneten wir mehreren Holzfällern. Einer von ihnen sagte uns, daß die letzte taoistische Nonne Yang-tienchih im vergangenen Jahr verlassen hatte und auf den Berg Taipaishan gegangen war, wo sie mehr Raum für den Gemüsebau und mehr Einsamkeit hatte.

Eine Stunde später erreichten wir den Sattel und gingen auf

einem Nebenweg zu einem kleinen Heiligtum auf dem Gipfel. Es war ein achteckiger Bau wie die taoistische *pa-kua*-Figur, die die acht Trigramme im *I Ching* repräsentiert, im «Buch der Wandlungen». Der Ort heißt Hsichenting, «Rastplatz der Unsterblichen», und hier soll Lao-tzu während seines Aufenthaltes in Loukuantai meditiert haben. Statuen und Ritualgegenstände, die es hier einmal gegeben haben mochte, waren entfernt worden. Wir kehrten zum Sattel zurück und setzten unseren Weg fort, bis wir in ein nahegelegenes Bergdorf gelangten, dessen sechs Häuser am Nordufer eines binsenbedeckten Teichs verteilt lagen. Dies war Yangtienchih, der «Teich, der zum Himmel blickt».

Wir wurden von einem Bauern in einer blauen Seemannsmütze begrüßt, der so pausbäckig war, daß ich ihn zuerst für einen Holländer hielt. Er führte uns zwischen zwei Bauernhäusern hindurch und öffnete uns das Heiligtum, das die taoistische Nonne vor einem Jahr verlassen hatte. Die Wände im Inneren waren mit Gemälden bedeckt, die den Aufstieg und Niedergang der Chou-Dynastie und Lao-tzus irdische Reise darstellten. Die Hauptstatue war der Jadekaiser, der die Herrschaft über das taoistische Pantheon übernahm, nachdem der Gott des Anfangs die Dinge in Bewegung gesetzt hatte. Zur Rechten stand eine Statue von Lao-tzu. Die aus Ton geformte und mit einem roten Schal bedeckte Statue strahlte etwas aus, wie ich es noch bei keiner anderen Statue des Weisen gesehen hatte. Während mein Führer vor dem Jadekaiser Räucherwerk und Kerzen entzündete, photographierte ich das Lao-tzu-Bildnis.

Bis zur Kulturrevolution gab es in der Gegend um den Teich einen Tempel und eine große Gemeinschaft von Mönchen und Nonnen. Das kleine verlassene Heiligtum war alles, was übriggeblieben war.

Nachdem der Bauer die Tür wieder verschlossen hatte, lud er uns zu sich nach Hause zu heißem Zuckerwasser ein. Nachdem wir unseren Durst gestillt hatten, ging seine Frau daran, frische Nudeln zuzubereiten. Der Bauer begann Kartoffeln zu schälen, und ich ging wieder hinaus und zündete den Rest einer Zigarre an. Rings um das Haus des Bauern krächzten Elstern in ihren Nestern in den Kronen schlanker Birken. Der Teich, der den größten Teil des Dorfgebiets einnahm, war dicht mit trockenen Binsen bewachsen, die im Wind raschelten. Als ich zur anderen Seite hinüberging, sprangen einige Frösche hinein. Die Dorfkinder erzählten mir, daß sie im Teich *wuszu* («fünffarbige») Fische züchteten. Ich fragte mich, ob es sich um eine Art Forellen handelte, aber ich konnte nichts als Binsen sehen.

Südlich des Weihers fiel der Sattel steil ab, und man konnte etwa dreißig Kilometer der Bergkämme hinter Loukuantai sehen. Etwa zwanzig Kilometer weiter im Südwesten konnte ich den 2600 m hohen Gipfel des Szufangtai sehen, und ich suchte das Gebiet mit meinem Fernglas ab. Die Entfernung war jedoch zu groß, als daß ich irgendwelche Anzeichen von Rauch oder ein Strohdach hätte entdecken können. Westlich von Szufangtai lag Tunglaochunling, und irgendwo im Dunst weiterer dreißig Kilometer westlich von Tunglaochunling erhob sich der mächtige weiße Felsen des Taipaishan, mit 3800 m der höchste Gipfel der Chungnan-Berge.

Die Zigarre war schnell zu Ende, und unser Führer drängte nach Hause. Wir taten uns an Nudeln und Kartoffeln gütlich, dankten dem Bauern und seiner Frau für ihre Gastfreundschaft und kehrten zurück nach Loukuantai. Auf halbem Wege ins Tal überraschten wir zwei Rebhühner, und unterwegs blieben wir immer wieder stehen, um weiße Sterne zu pflücken, die aus dem Boden wuchsen. Überall blühten die Pfirsichbäume. Wieder zurück in der Herberge, wuschen wir uns den Schweiß der Wanderung mit einem Eimer kaltem Wasser ab.

Bevor ich mich zur Nachtruhe zurückzog, fragte ich den örtlichen Kulturbeamten nach den Taoisten, die hier einst gelebt hatten. Er sagte, daß eine ausführliche Geschichte verfaßt worden sei, die jedoch noch redigiert werden müsse. Es würde noch etwa zwei Jahre dauern, bis sie erscheinen würde.

Als ich mich nach den derzeitigen Bewohnern von Loukuantai erkundigte, schlug ein alter Mönch mit einem einzigen noch verbliebenen, dafür aber unglaublich langen Zahn ein Gespräch mit dem Abt vor. Er wies auf eine Gebäudegruppe in der Nähe. Es waren ehemalige Kasernen, und die roten Sterne waren noch über den Türen. Der Mönch sagte, daß die Gebäude abgerissen werden würden und ein neues, größeres Kloster die Baracken irgendwann in den nächsten fünf Jahren ersetzen würde.

Wir fanden den Stellvertreter des Abts in der Küche, und er

führte uns in einen Empfangsraum, wo wir dem Abt vorgestellt wurden, Jen Fajung. Meister Jen kam aus der benachbarten Provinz Kansu und hatte einen langen, schwarzen Bart, wie er für Chinesen aus dem nordwestlichen Teil des Landes typisch ist. Er war gleichzeitig Vorsitzender des taoistischen Verbandes von Shensi. Später erfuhr ich von anderen Taoisten, daß er einer der angesehensten Meister Chinas war.

Nachdem wir einander vorgestellt hatten, gab er mir eine Kopie seines Kommentars zum *Tao-te ching* Lao-tzus, des Buchs, das uns nach Loukuantai geführt hatte. Während unserer Ausflüge in die Chungnan-Berge habe ich Meister Jen zweimal besucht, und ich gebe im folgenden Auszüge aus beiden Interviews mit ihm wieder. Weil Meister Jen sich hier zurückhaltender gab als in früheren Artikeln in der Zeitschrift *Chungkuo Taochiao* («Chinesischer Taoismus»), der Zeitschrift des chinesischen taoistischen Verbandes, habe ich nachfolgend einige seiner Antworten sinngemäß aus dem Inhalt seines Artikels ergänzt.[10]

Meister Jen sah nicht sehr alt aus, und ich war überrascht, als er sagte, daß er sechzig sei. Ich fragte ihn, wie lange er schon Mönch sei.

Jen: Ich war neunzehn, als ich von zu Hause wegging. Ich bin seit über vierzig Jahren Mönch. Als ich meinen Eltern meinen Entschluß mitteilte, waren sie zunächst nicht einverstanden. Schließlich aber billigten sie meine Entscheidung doch, und ich ging nach Lungmentung nordwestlich von hier. Dort blieb ich drei Jahre. Es war keine leichte Zeit. Aber wenn man in einem taoistischen Tempel lebt und nicht bereit ist, einige Jahre zu leiden, dann ist niemand bereit, einen zu lehren.

Frage: Waren Sie während der Kulturrevolution hier?

Jen: Ja. Ich bin seit dreißig Jahren hier.

Frage: Was geschah damals?

Jen: Die Roten Garden kamen, zerstörten die Heiligtümer und Statuen und verbrannten unsere Bücher. Und sie schlugen die Mönche zusammen. Sie schikanierten uns zehn Jahre lang. (Laut Jens Bericht im *Chungkuo Taochiao* wurden während der zehn

Jahre der Kulturrevolution fast alle taoistischen Tempel in der Provinz Shensi weitgehend zerstört. Nach 1982 wurden zehn der 72 taoistischen Heiligtümer und Tempel in der Provinz teilweise wiederhergestellt. Hiervon erhielten nur Loukuantai, Huashan und Pahsienkung in Sian Zuschüsse von der Regierung. Im Falle von Loukuantai handelte es sich um einen Betrag von 130000 RMB; Pahsienkung erhielt einen Betrag von 150000 RMB; für Huashan waren keine Zahlen genannt.)

Frage: Wann besserten sich die Bedingungen?

Jen: Im Jahre 1979, nach der dritten Vollversammlung des elften Parteikongresses. Seit dieser Zeit besserten sich die Umstände allmählich. (In seinem Bericht stellt Jen fest, daß in den zehn Jahren seit der Verkündung der neuen religiösen Politik «linkes Denken» die religiöse Entwicklung ständig behindert hat, insbesondere im Hinblick auf die Rückgabe religiöser Stätten. In der Provinz Shensi ist Jen zufolge die Situation in Loukuantai, im Chungyang-Tempel, auf dem Huashan und dem Paiyunshan im nördlichen Shensi besonders schwierig. Jen betonte, daß alle Beteiligten davon profitieren würden, wenn die Verwaltung religiöser Stätten wieder in die Hände von praktizierenden Mönchen gelegt würde, und daß religiöse Gemeinschaften ohne diese Selbstverwaltung die von der Regierung gewünschte Unabhängigkeit kaum erreichen könnten.)

Frage: Gibt der Tempel Mönchen und Nonnen, die hier leben, Geld für ihre persönlichen Ausgaben?

Jen: Ja. Zur Zeit bekommt jeder etwa 20 RMB monatlich von dem Geld, das wir mit dem Verkauf von Eintrittskarten, Räucherwerk und Kunsthandwerk einnehmen. Die Mönche von Loukuantai haben immer religiöse Praxis mit Arbeit verbunden. Wir pflanzen auch Gemüse wie Rüben, Kohl und Kartoffeln, und wir tragen das ganze Jahr über dieselben Kleider. Wir brauchen nur wenig Geld. Wir verwenden das wenige Geld, das wir einnehmen, lieber für die Instandsetzung des Tempels oder den Kauf von Büchern.

Frage: Wie ist dieser Tempel organisiert?

Jen: Er ähnelt sehr einem buddhistischen Tempel. Beide Religionen haben Tempel, und wir haben für verschiedene Funktionen in einem Tempel dieselben Bezeichnungen. Die Verwaltung ist dieselbe. Jede Religion hat eine Organisation. So auch wir. Wir haben Regeln. Die religiöse Praxis aber ist dem einzelnen überlassen. (Der heutige chinesische taoistische Verband hat 1987 Bestimmungen für taoistische Tempel herausgegeben. Jeder Tempel kann sich entsprechend den örtlichen Bedingungen selbst organisieren und seinen Unterhalt in jeglicher Weise sicherstellen, die nicht mit den öffentlichen Interessen kollidiert. Die Zuweisung von Zuständigkeiten und die Verteilung der Einkünfte soll nach demokratischen Grundsätzen erfolgen. Der Verband hat die Devisen «Jeder Tempel soll sich selbst unterhalten» und «Der Tempel soll eine Wohnstätte sein» ausgegeben. In seinem Bericht hält Jen fest, daß die kommunistische Regierung nach 1949 die Ordination neuer Mönche verboten hatte. Diese Haltung wurde 1978 bei der dritten Vollversammlung revidiert, und im selben Jahr wurde der taoistische Bund neu gegründet. Seither wurden die 23 Hauptzentren der Ch'üan-chen-Sekte und weitere zweihundert kleinere Tempel in den Verband aufgenommen. Jen sagte mir später, daß es derzeit in China etwa 10000 taoistische Mönche und Nonnen gäbe. Funktionäre des Verbandes im Hauptsitz am Paiyun-Tempel in Peking sagten mir dagegen, daß deren Zahl eher bei 3000 läge und daß es in China etwa 500 taoistische Tempel gäbe, von denen die meisten zu klein seien, um Mitglied im Verband zu werden.)

Frage: Welche Veränderungen gab es in den letzten Jahrzehnten im Taoismus?

Jen: Der chinesische Taoismus war jahrhundertelang in die Sekten Ch'üan-chen (vollständige Wahrheit) und Cheng-Yi (wahre Einheit) geteilt. Die Ch'üan-chen-Sekte hatte im Norden die meisten Anhänger, während die Cheng-Yi-Sekte im Süden verbreiteter war. Die Cheng-Yi-Sekte ist eine Laiensekte mit Schwerpunkten unter anderem in der Provinz Szechuan, in Shanghai und in Lunghushan in der Provinz Kangsi. Sie wird auch der Weg der himmlischen Lehrer genannt. Die Mitglieder dürfen heiraten, Fleisch essen und Wein trinken. Sie leben zu Hause. Die Ch'üan-chen-Sekte hält sich vom roten Staub fern. Ihre Mitglieder leben in Klöstern. Wir gehören der Ch'üan-chen-Sekte an. In der Vergangenheit war, wie ich gesagt habe, die Ch'üan-chen-Sekte im Norden überwiegend, während heute die Chen-Yi-Sekte verbreiteter ist. Dies ist die größte Veränderung.

Frage: Welche Sekte hat im taoistischen Verband das Übergewicht?

Jen: Keine von beiden. Der Verband umfaßt beide Sekten, Laien und Religiosen. Keine von beiden wird bevorzugt oder benachteiligt, und sie stören einander nicht. Der Verband mischt sich nicht in Angelegenheiten des Glaubens oder der religiösen Übung ein. (Ein Blick in die Veröffentlichungen des chinesischen Verbandes macht deutlich, daß die höheren Funktionäre und Vorsitzenden in der Mehrzahl Mönche und Nonnen der Ch'üan-chen-Sekte sind.)

Frage: Wenn sich jemand von einem bestimmten taoistischen Meister unterweisen lassen will, können dies dann der Schüler und der Meister selbst entscheiden, oder braucht man eine Genehmigung des Verbandes?

Jen: Jeder kann tun, was er will. Der Verband kann sich nicht einmischen. (Anderen taoistischen Mönchen zufolge, mit denen wir sprachen, entscheidet der örtliche Verband, wo Schüler sich unterweisen lassen können und in welchen Tempeln Mönche und Nonnen leben dürfen.)

Frage: Gibt es Nachwuchs für die Tempel?

Jen: Ja. Mehr als zwanzig der fünfzig Mönche, die zur Zeit hier leben, sind jünger als dreißig Jahre. (In seinem Bericht hält Jen fest, daß die Regierung trotz des Nachwuchsmangels in den Tempeln der Provinz junge Menschen, die Mönch oder Nonne werden wollen, nur kurzfristig in einem Tempel bleiben läßt; anderenfalls müssen sie einen Wohnsitzwechsel beantragen, ein umständliches Verfahren, und oft wird der Auftrag abgelehnt. Diese bürokratischen Hemmnisse erschweren es demzufolge den Tempeln, taoistischen Nachwuchs zu bekommen.)

Frage: Halten Sie manchmal Vorträge?

Jen: Ja, manchmal. Aber heute sind nur wenige Menschen am Taoismus interessiert. (In Jens Bericht heißt es, daß während der letzten beiden Jahre zwischen dreißig und vierzig Menschen zu den regelmäßigen Taoismus-Vorträgen kamen, während ein dreiwöchiger Kurs über *ch'i-kung* (Qi-Gong), das taoistische Yoga, über dreihundert Menschen anzog, von denen zweihundert von außerhalb der Provinz kamen.)

Frage: Ist es heute schwierig, die Menschen den Taoismus zu lehren?

Jen: Unser größtes Problem ist es, Menschen zu finden, die wirklich glauben. Der Taoismus lehrt uns, unsere Begierden zu verringern und ein ruhiges Leben zu führen. In unserer modernen Zeit gibt es nur sehr wenige Menschen, die bereit wären, ihre Begierden zu verringern oder Gelassenheit zu pflegen. Dies ist das Zeitalter der Begierde. Die Menschen lernen heute auch viel langsamer. Ihr Denken ist nicht mehr so einfach. Sie sind zu kompliziert geworden.

Frage: Ich habe den Eindruck, daß ein großer Teil der höheren Lehren des Taoismus geheim ist und nur an wenige Schüler weitergegeben wird. Ist dies richtig?

Jen: Ja, in gewissem Umfang. Ein taoistischer Meister, der einen Schüler annimmt, prüft ihn möglicherweise mehrere Jahrzehnte, bevor er ihm sein gesamtes Wissen anvertraut. Nur wenige Schüler bringen dieses Durchhaltevermögen auf.

Frage: Herrscht in China heute Religionsfreiheit?

Jen: Ja. Wir können unsere Religion überall ausüben. Wir können in den Bergen praktizieren, in Städten, in Tempeln oder zu Hause.

Frage: Gibt es noch Taoisten, die alleine in diesen Bergen leben?

Jen: Ja. Es gibt noch einige, aber nicht mehr so viele wie früher. Viele ihrer Hütten wurden während der Kulturrevolution zerstört. Vor einigen Jahren erlangte ein Einsiedler hier in der Nähe im Alter von 96 Jahren Unsterblichkeit. Vor zwei Jahren wurde ein anderer im Alter von 140 Jahren unsterblich. Ich weiß von einigen anderen, die in den Ausläufern des Taipaishan leben, aber ich bekomme sie kaum zu Gesicht.

Frage: Haben Sie selbst jemals als Eremit gelebt?

Jen: Ja. Aber nur knapp drei Jahre. Es war eine gute Erfahrung. Früher oder später müssen alle Taoisten eine gewisse Zeit alleine leben, um sich auf ihre Übungen zu konzentrieren. Um üben zu können, braucht man einen abgeschlossenen Ort, zumindest am Anfang. Wichtig aber ist vor allen Dingen zu lernen, seinen Geist zu beruhigen. Wenn man dies kann, kann man überall leben, auch in einer lauten Stadt.

Frage: Ich habe festgestellt, daß viele religiöse Zentren wie auch dieses hier allmählich Touristen anzuziehen beginnen. Beeinträchtigt dies Ihr mönchisches Leben?

Jen: Ja. Es ist nicht mehr so ruhig. Es ist viel schwieriger, seinen religiösen Übungen nachzugehen. Aber so ist es eben. Wir müssen alle verfügbaren Möglichkeiten ausschöpfen, um unsere Zentren wieder aufzubauen und um neue Mönche und Nonnen heranzuziehen.

Frage: Was ist das Ziel des taoistischen Übungsweges?

Jen: Der Mensch hat dieselbe Natur wie der Himmel. Der Himmel gebiert alle Geschöpfe, und diese gehen in ganz unterschiedliche Richtungen. Früher oder später aber kehren sie zum selben Ort zurück. Das Ziel dieser Welt, ihr höchstes Ziel, ist das Nichts. Nichts bedeutet Wiederkehr. Das Nichts ist der Körper des Tao. Nicht nur der Mensch, sondern auch die Pflanzen und die Tiere und alle Lebewesen sind Teil dieses Körpers, aus diesem Körper geschaffen, aus diesem Körper des Nichts. Alles ist eins mit dem Nichts. Es gibt keine zwei verschiedenen Dinge in dieser Welt. Diese Erkenntnis ist nicht nur das Ziel des Taoismus, sondern auch des Buddhismus. Alles in der Welt verändert sich. Taoisten und Buddhisten sind auf der Suche nach dem Unveränderlichen. Deshalb streben sie nicht nach Ruhm oder Reichtum. Sie suchen nur das Tao, das Nichts, aus dem wir alle geschaffen sind und zu dem wir alle zurückkehren. Unser Ziel ist das Einssein mit diesem natürlichen Prozeß.

Frage: Wie erreicht man dieses Ziel?

Jen Fa-jun, Abt von Loukuantai.

Jen: Man erreicht es in Phasen. Es gibt viele Abstufungen auf dem Weg, und es ist schwierig, das Ziel zu erreichen. Wenn man aber dieses Ziel einmal hat, schreitet man beständig fort, Schritt für Schritt, Stufe um Stufe. Jeder hat andere Fähigkeiten, aber das Ziel ist dasselbe. Das Ziel ist es, unsterblich zu werden, zum Körper des Tao zurückzukehren. Wenn man übt, wird es schließlich gelingen. Im Buddhismus ist die Erleuchtung das Hauptziel. Im Taoismus ist die Erleuchtung zweitrangig. Man muß nach der Erleuchtung weiter üben, bis man allmählich und in ganz natürlicher Weise eins mit dem Tao wird. Wenn dies nicht in diesem Leben gelingt, hat man im nächsten Leben nochmals Gelegenheit dazu. Wer aber nicht übt, bekommt keine weitere Gelegenheit; seine Lebenskraft geht zu Ende. Der taoistische Übungsweg beinhaltet die Schaffung eines unsterblichen Körpers, der sich beim Tode von diesem sterblichen Leib trennt. Sie können Lao-tzus Grab besuchen. Er ließ seine Gebeine dort zurück, als er unsterblich wurde. Wir haben dasselbe Ziel wie er – die Einswerdung mit dem Tao.

Frage: Muß man hierzu Mönch oder Nonne sein?

Jen: Wichtig ist es, ein rechtschaffenes Leben zu führen. Es nützt nichts, Mönch oder Nonne zu sein, wenn man die Gebote nicht hält. Wichtig ist es, die Gebote zu halten. Dies tut aber jeder, der ein rechtschaffenes Leben führt. Dies ist die Grundlage des Übungsweges. Die Gebote sind die Forderungen, die man an sich selbst stellt. Gebote machen ein religiöses Leben möglich. Wenn man keine Forderungen an sich selbst stellt, kommt man auf seinem Weg nicht weiter.

Frage: Hat sich die taoistische Praxis heute geändert?

Jen: Nein, sie ist dieselbe wie zu Lao-tzus Zeit. Die Menschen haben sich nicht geändert; auch das Tao ändert sich nicht. Wie wir leben, wie wir meditieren, wie wir unser Leben pflegen, all dies hat sich nicht geändert.

Frage: Welche Rolle spielt Lao-tzu genau im Taoismus? Für viele ist er ein Philosoph, kein Religionsstifter.

Jen: Das ist die moderne Auffassung. Lao-tzu ist aber nicht von der Religion zu trennen. Die Chinesen haben immer an das Tao geglaubt, und dieser Glaube hat sie veranlaßt, verschiedene Formen religiöser Praxis zu pflegen. Glauben Sie, daß Lao-tzu über das Tao sprach, ohne daran zu glauben oder das Tao zu pflegen? Er wußte, daß alles in der Welt vom Tao kommt und daß es unmöglich ist, sich vom Tao zu trennen. Es gab damals keine organisierte Religion, aber es war dasselbe Tao.

Kapitel 5

Der Schrei des Kranichs

Der historische Taoismus mag, wie die Taoisten behaupten, am westlichen Ende der Chungnan-Berge auf dem Loukuantai entstanden sein. In seiner vorgeschichtlichen Form stand jedoch der Taoismus schon viel früher am anderen Ende der Chungnan-Berge auf dem Huashan in Blüte. Die Bedeutung des Huashan für die Taoisten reicht aber noch hinter die Vorgeschichte bis zum Anfang der Schöpfung zurück.

Am Anfang spaltete sich das Chaos in Yin und Yang. Als sich diese wiederum in höheres und niederes Yin und in höheres und niederes Yang spalteten, entstanden aus der Wechselwirkung dieser vier Kräfte die unzähligen Geschöpfe, deren erstes P'an-ku war. Unmittelbar nach seiner Geburt ergriff P'an-ku einen Hammer und einen Meißel und brachte den Rest seines Lebens damit zu, den Raum zwischen Himmel und Erde zu schaffen, in dem wir alle leben. Er brauchte hierfür aber nicht sieben Tage, sondern 18000 Jahre. Als er sich schließlich zum Sterben niederlegte, entstanden aus seinem Körper die fünf heiligen Berge: Sein Kopf wurde zum östlichen Berg, seine Arme zum nördlichen und südlichen Gebirge, sein Bauch zum zentralen Berg und seine Füße zum westlichen Berg.

Nach einigen Jahrtausenden der Verwitterung begannen P'ankus Füße einer Blüte zu ähneln, die sich aus steinernem Laub erhob, und die alten Chinesen nannten den westlichen Berg Huashan, «Blumenberg». Er blühte im Herzen der frühesten chinesischen Stammes- und Hochkulturen, und die Chinesen bezeichnen sich auch heute noch als Hua-jen, Hua-Menschen, womit sie auf die Bedeutung verweisen, die dieser Berg einst für ihre Vorfahren hatte. Der Huashan zog immer besondere Verehrung an. Seine Gestalt war unter den Bergen einmalig. Ihn zu erklettern, erforderte großen Mut und große Leidenschaft, nicht des Fleisches, sondern des Geistes. Der Huashan ist eines der ältesten spirituellen Zentren Chinas, ein Ort, an den Schamanen kamen, um Visionen zu empfangen. Einer dieser Schamanen war Huang-ti, der Gelbe Kaiser, der mehrmals den Huashan erkletterte, um mit den Göttern zu sprechen. Als Huang-ti um 2600 v. Chr. auf einem Drachen zu den anderen Unsterblichen davonritt, ging seine irdische Macht als Oberherr der Stämme Nordchinas in die Hände des Weißen Kaisers Pai-ti über.

Während Pai-ti seinen Hof ganz im Osten im Überschwemmungsgebiet des Gelben Flusses errichtete, ging ein Zweig seiner Abkömmlinge zum Huashan und begann dort dem hochgeschätzten Vorfahren regelmäßig Opfer darzubringen. In späteren Jahrhunderten besuchten die weisen Kaiser Yao, Shun und Yu der Große den Huashan ebenfalls. Im *Chuang-tzu* ist ein Besuch Yaos um 2400 v. Chr. festgehalten. Während dieses Besuchs tadelte der Vorsteher der Opferstätte den weisen Kaiser, weil er den Segen vieler Söhne, Reichtum und ein langes Leben begehrte:

> Zuerst hielt ich Euch für einen Weisen, aber jetzt sehe ich, daß auch Ihr nur wieder ein Herr seid. Alle Menschen sind vom Himmel geschaffen und empfangen vom Himmel ihr zugewiesenes Los. Was sorgt Ihr Euch, daß nicht auch Eure Söhne ihr Los empfangen hätten? Und Reichtum kann man mit anderen teilen. Warum sollte man sich deshalb Sorgen machen? Der Weise lebt wie eine Wachtel von verstreutem Korn. Wenn er fliegt, hinterläßt er keine Spuren. Wenn das Tao in der Welt herrscht, lebt er in Harmonie mit anderen. Wenn das Tao nicht herrscht, pflegt er seine Tugend in Abgeschiedenheit. Wenn er schließlich nach tausend Jahren der Welt überdrüssig wird, verläßt er sie, um sich mit den Unsterblichen zu vereinigen, und er reitet auf einer Wolke zum Himmel, wo solche Sorgen nicht entstehen und das Unglück keine Stätte hat.[11]

Der Ort, an dem der taoistische Hüter des Huashan Yao diesen Rat gab, heißt Huafeng. Er liegt etwa drei Kilometer östlich der heutigen Bezirkshauptstadt Huayin. Leider wurden die letzten Artefakte der ehemaligen Opferstätte 1958 während Maos «Großem Sprung nach vorn» zerstört, und der Ort ist heute vor allem wegen der jungsteinzeitlichen Funde bekannt, die seither dort entdeckt wurden. Zwei weitere Heiligtümer sind ebenfalls verschwunden. Das eine, das zu Beginn der Chou-Dynastie südlich von Huayin errichtet wurde, wurde zur Oberschule von Huashan. Das andere

Heiligtum, das während der frühen Han-Dynastie am Ausgang des nahegelegenen Huangfu-Tals errichtet wurde, fiel vor Jahrhunderten einer Flut zum Opfer.

Ein viertes und letztes Heiligtum wurde um 160 n. Chr. östlich von Huayin errichtet. Der als Hsiyuehmiao, «Tempel des westlichen Berges», bezeichnete Komplex gehört, wie man mir sagte, bis heute zu den beeindruckendsten Denkmälern chinesischer Handwerkskunst. Der Hauptbau ist natürlich Pai-ti gewidmet, dessen Abkömmlinge vor etwa 4500 Jahren zu Schutzherren des Berges wurden. Neben zahlreichen Gebäuden umfaßt der Komplex einen Zedernhain, der angeblich lange vor dem ursprünglichen Heiligtum angelegt wurde. Die ganze Anlage ist von einer Mauer umgeben und für Ausländer verboten. Sie wurde jahrzehntelang für militärische Zwecke genutzt, und nur deshalb dürfte sie der Zerstörungswut der Roten Garden entgangen sein.

Kein Tempel, wie beeindruckend er auch sein mag, ist indes mit einem Berg wie dem Huashan vergleichbar. Während unserer ersten Chinareise sahen wir in einem Flugmagazin ein Bild des Huashan. Der Berg hatte etwas so Traumhaftes, daß wir uns kaum vorstellen konnten, einmal wirklich an diesem Ort zu sein. Dies war jedoch, bevor wir Eremiten in den Chungnan-Bergen entdeckt und festgestellt hatten, daß der Huashan an deren östlichem Ende lag. Bei unserer zweiten Reise beschlossen Steve und ich, daß es nun an der Zeit sei, P'an-kus Füße zu erklettern.

Es war Mitte August und die Zeit des Sommerregens. Nachdem wir in Sian eine Woche lang auf die Sonne gewartet hatten, wagten wir einen Versuch. Vier Stunden und einhundertzwanzig Autokilometer später blickten wir die einzige schlammige Straße hinauf, die zum Huashan hinaufführte. Wir entdeckten ein Stück blauen Himmels.

Wir ließen unsere Sachen in einem billigen Hotel und gingen auf Erkundung. Nachdem wir die unvermeidlichen Souvenirläden hinter uns gebracht hatten, gingen wir durch das Haupttor des Yuchuanyuan, des Jadequellentempels. Er wurde Mitte des elften Jahrhunderts als Heiligtum für Ch'en T'uan errichtet, der hier ein Jahrhundert davor als Eremit gelebt hatte. Ch'en inspirierte nicht nur die neukonfuzianistischen Denker mit seinem *Wuchit'u* («Diagramm der Unendlichkeit»), sondern pflegte auch die taoistische Meditation und war dafür bekannt, daß er monatelang in einer schlafähnlichen Trance verharren konnte. Seine zurückgelehnt ruhende Gestalt ist noch in einer kleinen Höhle an der Westseite des Geländes zu sehen. Gegen eine geringe Gabe ließ uns eine alte Frau ein, die die Aufsicht über das Heiligtum hatte. Wir ließen unsere Hände über Ch'ens steinerne Gestalt gleiten. Sie war seit ihrer Entstehung im Jahre 1103 von so vielen Händen berührt worden, daß sie wie polierte schwarze Jade aussah und sich auch so anfühlte.

Gleich in der Nähe lag ein Pavillon, den Ch'en auf einem Felsen errichtet hatte. Vor dem Felsen wuchs das einsame Überlebende von vier Reisern, die Ch'en von dem Baum geschnitten hatte, unter dem der Buddha geboren wurde. Nach einer taoistischen Legende soll Lao-tzu, nachdem er zu den Unsterblichen gegangen war, als Shakyamuni wiedergeboren worden sein. Die Roten Garden hatten offenbar geglaubt, den letzten der vier Bäume zerstört zu haben, doch trieben aus dem knorrigen Stumpf wieder neue Reiser aus.

Vor dem Eingang zum Haupttheiligtum fiel uns eine Stele auf, in die eine Darstellung des Huashan eingemeißelt war. Sie war in der Mitte gerissen, doch betrachteten wir sie so gründlich, wie es durch das Schutzgitter und den Staub auf der Oberfläche möglich war. Wenn der Berg auch nur entfernt dem Bild ähnelte, dann würden Steve und ich dort einige Kilo lassen müssen...

Im östlichen Teil des Tempelgeländes blieben wir wiederum vor einem Gedenkstein neben einem weiteren Felsen stehen. Dies war eines der vielen Gräber von Hua T'o, dem genialsten Arzt Chinas, der im Jahre 207 n.Chr. als Sechsundneunzigjähriger starb. Hua lebte jahrelang in einer Höhle auf dem Huashan, wo er Kräuter sammelte, für die der Berg noch heute berühmt ist: besondere Varianten von Salomonssiegel, Ginseng, Haselwurz (Asarum) und Kalmus (Acorus), um nur einige zu nennen. Zu seinen Leistungen zählten der Einsatz der Akupunktur und von Betäubungsmitteln auf Hanfbasis zur Durchführung chirurgischer Eingriffe. Ihm wird auch die Entwicklung von fünf Formen gymnastischer Übungen zugeschrieben, aus denen sich später die grundlegenden Stilrichtungen der chinesischen Kampfkünste entwickelten. Hua lehnte wiederholt Beamtenstellungen ab, doch wurde er gezwungen, die chronischen Kopfschmerzen von Ts'ao Ts'ao zu behandeln, der am Ende der Han-Dynastie den Thron an sich gerissen hatte. Als er sich weigerte, die Behandlungen fortzusetzen, ließ man ihn töten, damit er Ts'ao Ts'aos Gesundheitszustand nicht an seine Feinde verraten konnte, und deren Zahl war groß.

Hinter Hua T'os Grab und der östlichen Mauer des Jadequellentempels lagen zwei kleinere taoistische Klöster. Das erste war der Shihertung-Tempel, in dem die meisten zu Besuch weilenden Mönche untergebracht werden. Wir gingen durch das rostige Metalltor und erreichten nach etwa einhundert Metern den aus Ziegeln und Holz errichteten Eingang des Hsienku-Tempels. Ein chinesischer Freund in Sian hatte uns gesagt, daß hier Meister Hsieh lebte. Wir fanden ihn mit Kissen unterstützt im Bett, wo er seine arthritischen Knie mit einer Wärmelampe behandelte. Er war einst ein berühmter Meister der Kampfkünste, konnte jetzt aber kaum noch gehen. In seinem Raum standen zwei rohe Holzbetten, die aneinander geschoben und mit einem Moskitonetz bedeckt waren, eine Anordnung, wie ich sie auch in den Räumen anderer Mönche gesehen hatte, die in ihren Betten meditierten, studierten und schliefen. Weiterhin gab es zwei Schränke mit Büchern und Kleidern, einen Schreibtisch, zwei Klappstühle, ein neues Farbfernsehgerät (ein Geschenk der Provinzregierung für besondere Leistungen bei der Erhaltung von Kulturgütern) und eine Schriftrolle mit dem chinesischen Zeichen für Geduld. Nachdem wir einander vorgestellt hatten, reichte ich Meister Hsieh eine Zigarre und zündete mir selbst eine an. Wir rauchten, und er erzählte mir von seinem Leben.

Hsiehs Eltern stammten aus der Provinz Shantung, waren jedoch in den letzten Jahren der Ch'ing-Dynastie auf der Suche nach Arbeit in den Süden gezogen. Er wurde in der Provinz Anhui geboren und wurde als noch nicht Zwanzigjähriger Mönch. Nach der üblichen dreijährigen Lehrzeit kam er zum Huashan. Zur Zeit unserer Begegnung hatte er gerade das achtzigste Lebensjahr vollendet; davon hatte er sechzig Jahre am Huashan zugebracht. Von seiner Kniearthrose abgesehen, war er in ungewöhnlich guter körperlicher Verfassung und geistig äußerst rege. Ich unterhielt mich mit ihm über den Taoismus.

Meister Hsieh mit dem Autor auf den Treppen des Hsienku-Tempels.

Hsieh: Lao-tzu hat uns gelehrt, Ruhe und Losgelöstheit zu pflegen. Natürlich zu sein. Natürlich zu sein heißt, nichts zu erzwingen. Wenn man natürlich handelt, bekommt man alles, was man braucht. Um aber zu wissen, was natürlich ist, muß man die Ruhe pflegen. Huashan ist seit jeher als taoistisches Zentrum berühmt, weil es ruhig ist. Früher gab es viele Einsiedler hier. Heute aber hat man den Berg dem Tourismus geöffnet. Es gibt keine Ruhe mehr und daher auch keine Eremiten.

Frage: Wohin sind sie gegangen?

Hsieh: Das ist schwierig zu sagen. Eremiten wollen allein gelassen werden, weshalb sie nicht leicht zu finden sind. Sie lieben die Isolierung. Einige von ihnen sind in die Städte zurückgekehrt. Andere sind tiefer in die Chungnan-Berge gegangen, wo es noch ruhig ist. Aber selbst wenn man sie findet, werden sie wahrscheinlich nicht reden wollen. Sie wollen nicht gestört werden. Sie meditieren lieber. Sie haben kein Interesse am Gespräch. Sie werden vielleicht einige Worte mit Ihnen sprechen, die Tür hinter sich schließen und nicht mehr herauskommen.

Frage: Aber sie müssen doch essen. Früher oder später müssen sie doch wieder herauskommen, nicht wahr?

Hsieh: Das kommt darauf an. Manchmal essen sie einmal am Tag, manchmal alle drei Tage, manchmal einmal die Woche. Solange sie ihre innere Energie pflegen können, geht es ihnen gut, und sie brauchen nichts zu essen. Sie können einen Tag, zwei Tage, eine Woche, ja mehrere Wochen meditieren. Es kann sein, daß Sie sehr lange warten müssen, bis sie wieder herauskommen.

Frage: Sind sie nicht daran interessiert, andere zu lehren?

Hsieh: Doch. Aber bevor man andere lehren kann, muß man an sich selbst arbeiten. Man muß Wissen haben, bevor man lehren kann. Man kann nicht schon deshalb über die innere Kultur sprechen, weil man in Büchern Wörter gelesen hat. Man muß zuerst entdecken, was sie bedeuten.

Frage: Wenn man den Taoismus nicht von Eremiten lernen kann, kann man ihn dann von Mönchen in Tempeln lernen?

Hsieh: Man lernt nicht einfach dadurch, daß man einen Tempel besucht. Man muß dort mindestens drei Jahre leben und bei der täglichen Arbeit mithelfen. Wenn man die Mühen und Entbehrungen erträgt, kann man nach drei Jahren einen der Mönche um Unterweisung bitten. Es ist nicht einfach. Man muß einen klaren Kopf und einen ruhigen Geist haben. Wie ich gesagt habe, braucht man mindestens drei Jahre körperlicher Schulung, bevor der Geist so ruhig ist, daß er das Tao verstehen kann.

Frage: In den letzten zwanzig oder dreißig Jahren herrschten in China schwierige politische Verhältnisse. Wie wirkte sich dies auf den Taoismus aus?

Hsieh: Hierüber möchte ich nicht sprechen.

Frage: Durften taoistische Mönche und Nonnen hier am Huashan ihren Übungen weiter nachgehen?

Hsieh: Bitte, ich möchte hierüber nicht sprechen.

Frage: Als Sie auf dem Berg lebten, haben Sie sicher auch Dinge aus dem Tal gebraucht. Wie haben Sie sich diese Dinge beschafft?

Hsieh: Wir mußten alles auf unserem Rücken hinauftragen. Als ich noch jünger war, habe ich den Weg nicht wenige Male gemacht. Heute geben manche Besucher den Mönchen Geld, und die Mönche bezahlen andere, die Lasten herauftragen, damit sie selbst sich auf ihre geistlichen Übungen konzentrieren können.

Frage: Hat sich die Zahl der hier lebenden Taoisten sehr geändert?

Hsieh: Als ich hierher kam, gab es vierzig oder fünfzig ältere Meister auf dem Berg, über zweihundert Mönche und Nonnen und zahllose Novizen. Heute sind nur noch wenige von uns übrig.

Frage: Was geschah mit ihnen allen?

Hsieh: Einige sind gestorben. Die meisten sind weggegangen. Die meisten sind zu ihren Familien zurückgekehrt.

Frage: Was ist mit den Tempeln?

Hsieh: Sie sind für die Touristen. Es hat sich alles geändert. Heute haben die Tourismusbeamten das Sagen.

Ich fragte Hsieh, ob ich mit Meister Hsing sprechen könnte, dem neunzigjährigen Abt des Tempels von Hsienku. Hsieh wurde plötzlich sehr ernst und sagte, daß dies nicht ratsam sei. Ich spürte den vierzigjährigen Schatten der «Befreiung». Offenbar hatte Hsing ein Problem – und es war nicht seine Gesundheit. Beim Hinausgehen sahen wir Meister Hsing, wie er einen jungen Mann unterwies, der aus der fernen Provinz Chekiang hierher gekommen war, um für den Tempel Drachen und Kraniche zu schnitzen. Steve und ich verneigten uns im Vorbeigehen zum Gruß und gingen hinaus.

Später kam Meister Hsieh zu einer spartanischen Mahlzeit in unser Hotelzimmer. Er entschuldigte sich, daß er im Tempel nicht offen reden konnte: Die Wände dort hätten Ohren. Er sagte, daß sich die Dinge für die Taoisten zum Schlechteren, nicht zum Besseren wenden würden. Die Regierung sei an einer Wiederbelebung des religiösen Lebens nur zum Zwecke einer Belebung des Tourismus interessiert. Er sagte, daß der Taoismus praktisch ausgestorben sei, daß es in ganz China nicht einmal mehr einhundertfünfzig taoistische Mönche und Nonnen gäbe, die den Rang eines Meisters beanspruchen könnten.

Bei Geschichtsschreibern der Han-Dynastie heißt es, daß es während der Herrschaft des Kaisers Ming vor zweitausend Jahren, als die Bevölkerung des Landes etwa 50 Millionen Menschen betrug, dreizehnhundert bedeutende taoistische Meister gab. Mit anderen Worten, als die Bevölkerung ein Zwanzigstel der heutigen Zahl betrug, gab es in China zehnmal so viele taoistische Meister. In der Tat ein trauriger Zustand des Taoismus, der für viele Chinesen noch immer die ursprüngliche chinesische Religion ist.

Auf dem Weg zurück zum Tempel zeigte uns Meister Hsieh den Eingang zum öffentlichen Duschbad des Ortes. Es befand sich in einem Veteranenheim, in dem mehrere hundert Soldaten untergebracht waren, die während des chinesischen Grenzkonflikts mit Vietnam verwundet worden waren. Wir verabschiedeten uns am Eingangstor, und Hsieh humpelte, auf seinen Stock gestützt, langsam zurück zum Hsienku-Tempel.

Als Steve und ich später im hellen Mondschein zu unserem Zimmer zurückgingen, fragte ich mich, ob Hsieh wohl einer der letzten in einer langen Reihe von Taoisten sei, die in den vergangenen fünftausend Jahren zum Huashan gekommen waren, Taoisten wie Mao Meng, der vor über zweitausend Jahren an diesen Ort gekommen war. Nachdem er Unsterblichkeit erlangt und am hellen Tag auf dem Rücken eines Drachen entschwunden war, reisten seine Nachkömmlinge zur östlichen Küstenprovinz Kiangsu, wo sie auf dem Maoshan eines der berühmtesten taoistischen Zentren Chinas errichteten. Die Blume und der Wind sind alte Freunde: Wenn die Samen von Huashan das östliche China erreichen konnten, dann können sie vielleicht auch den Ozean überqueren.

Am nächsten Morgen erwachten Steve und ich erstmals seit über einer Woche wieder bei Sonnenschein. Wir gingen durch den Hof des Jadequellentempels zurück und begannen unsere Wanderung durch die Schlucht, die zum Gipfel hinaufführte. Trotz des einwöchigen Dauerregens war der Bach kristallklar: keine Spur von Schlamm, nur Granitsteine und Granitsand. Im *Shanhaiching*, dem alten Schamanenführer für die Berge, heißt es, daß es auf einem Berg in der Nähe des Huashan eine Gesteinsart gäbe, mit der man den Körper besonders gut reinigen und Hautkrankheiten heilen könnte. Der weiße Sand des Bachlaufs schien durchaus die Fähigkeit zu haben, den roten Staub der Illusion abscheuern zu können.

Es war Hochsommer, und die Morgensonne brannte. Wir waren dankbar für den Schatten der Schlucht, als wir unseren Aufstieg begannen, der acht Stunden dauern sollte. Nach einigen Kilometern öffnete sich die Hauptschlucht bei Shaloping, das nach zwei mächtigen Sal-Bäumen benannt ist, die hier einst standen. Zwischen zweien solcher Bäume ging Shakyamuni (der für manche Taoisten der wiederverkörperte Lao-tzu ist) in das Nirvana ein. Diese Bäume standen einst vor einem Heiligtum über der Westwand der Schlucht. Die Verwalter einer nahegelegenen Herberge sagten uns, daß sie während der Kulturrevolution gefällt worden seien, doch heißt es in örtlichen Aufzeichnungen, daß sie 1884 einem Hochwasser zum Opfer fielen.

Auf der anderen Seite des Wasserlaufs waren in die Ostwand der Schlucht einige Höhlen eingehauen; diese Gegend heißt Hsiaoshangfang, unteres Shangfang. Sie waren jetzt überwuchert und wohl schon seit vielen Jahren verlassen. Während der T'ang-Dynastie lebte die jüngere Schwester von Kaiser Hsüan-tsung in einer der Höhlen weiter oben auf dem Felsen in Chungshangfang (mittleres Shangfang). Noch weiter oben lagen die Höhlen von Tashangfang (oberes Shangfang), irgendwo in den Wolken. Dem buddhistischen Reiseschriftsteller Kao Honien zufolge lebten taoistische Einsiedler bei seinem Besuch im Jahre 1904 auf allen drei Ebenen.

Wir setzten unseren Weg durch die Schlucht fort und legten am Fuß des Maonutung-Gipfels, der nach einer Anhängerin des Taoismus benannt ist, erneut eine Rast ein. Ihr ursprünglicher Name war Yu-chiang, und sie lebte einst in einer Höhle beim Gipfel. Als der erste Kaiser der Ch'in-Dynastie im Jahre 210 v. Chr. starb, wurden einige seiner Konkubinen ausgewählt, um mit ihm die ewige Ruhe zu teilen. Yu-chiang gehörte zu denjenigen, die die himmlische Zither spielen sollten. Am Abend, bevor sie zum Mausoleum des Kaisers bei Lishan gebracht werden sollte, half ihr jedoch ein alter Eunuch, zum Huashan zu fliehen.

Dort begegnete sie später einem taoistischen Meister, der sie lehrte, von Kiefernnadeln und Quellwasser zu leben, wie die sieben Sterne des Großen Wagens, die die Lebenskraft eines Menschen zusammenhalten, in der rechten Weise anzuschauen sind und wie man den Yu-Gang des Schamanen geht. Durch diese Schulung bedeckte sich ihr Körper allmählich mit langem grünem Haar, und die Menschen nannten sie Mao-nu, die langhaarige Jungfrau. Seit dieser Zeit haben Jäger immer wieder berichtet, daß sie in der Nähe des Gipfels, wo sie lebte, den Klang ihrer Zither gehört und einen grünen Blitz wahrgenommen hätten. Ich sah mich um. Neben mir genoß auf einem Felsblock eine Eidechse mit blauem Schwanz die Morgensonne.

Einige hundert Meter nach Maonutung endete die Huashan-Schlucht. Wir hatten Chingkoping erreicht, den Ort des Tungtao-Tempels. Der kleine Tempel hat in neuerer Zeit ein altes Heiligtum ersetzt, das Chiu-t'ien Hsuan-nu geweiht war, der «Dunklen Jungfrau der Neun Himmel». Nach der taoistischen Legende lehrte sie Huang-ti, wie er seine Feinde in der Schlacht besiegen könne. Es gelang ihm daraufhin, Ch'ih Yu in der Schlacht von Cholu zu schlagen, das einhundert Kilometer nordwestlich des Huashan liegt, und er wurde zum ersten Patriarchen der chinesischen Zivilisation.

Chingkoping liegt genau auf halber Strecke zwischen dem Ausgang der Huashan-Schlucht und dem Gipfel. Nach beiden Richtungen sind es 5,5 Kilometer. Die zweite Hälfte ist allerdings die schwierigere. Der Pfad geht mehr oder weniger in direkter Linie nach oben, und stellenweise beträgt die Steigung 90 Prozent. Während, wie es heißt, Schamanen und Taoisten den Huashan schon seit Jahrhunderten, wenn nicht Jahrtausenden bestiegen haben, machte erst König Chao-hsiang des Staates Ch'in im dritten Jahrhundert v. Chr. den Berg für gewöhnliche Sterbliche zugänglich. Um eine alte Kiefer vom Gipfel zu holen, aus der ein großes Schachbrett gemacht werden sollte, ließ er seine Arbeiter an verschiedenen Stellen Eisenketten und -leitern anbringen.

Die Aussicht von Chingkoping bestätigt, daß der Verfasser des *Shanhaiching* nicht übertrieb, als er den Huashan als «steil an allen Seiten, wie mit einem Messer geschnitten, fünftausend Faden hoch» beschrieb. Nachdem wir den «Felsen der Umkehr» passiert hatten, begannen wir den Aufstieg. Wir fragten uns, wie irgendjemand ohne die Ketten den Gipfel erreicht haben konnte. Ich ging voraus und sah Steve erst zwei Stunden später wieder, als ich zum Drachenrückgrat des Tsanglung-Kamms hinunterblickte.

Als der konfuzianistische Gelehrte und Dichter Han Yü während der T'ang-Zeit den Huashan besuchte, gelangte er bis zur Mitte dieses Kamms, als ihn die Furcht überwältigte. Wie alle Gelehrten hatte er stets sein Schreibgerät dabei. In Verzweiflung schrieb er einen Abschiedsbrief und warf ihn über die Felskante. Schließlich kam Hilfe, und er wurde den Berg hinabgetragen. Seither wurde der Gratweg verbreitert und mit Ketten gesichert. Und doch erschreckte mich, als ich zu Steve hinunterrufen wollte, der Gedanke, daß meine Stimme in den Abgrund fallen und mich mitreißen könnte, und ich unterließ es.

Durch das Fernglas sah ich, wie Steve einigen Wanderern einen Schrecken einjagte, als er über die Ketten kletterte, um den Nordgipfel des Huashan besser vor das Objektiv zu bekommen, dessen steiler Felszacken zwischen Nebelfetzen aufragte. Neben mir bewunderten drei Maler aus Canton dieselbe Aussicht; zwei von ihnen malten in Öl, der dritte mit Pastellfarben. Tusche benutzte keiner von ihnen.

Wenige Minuten später erreichte ich den Chinsuokuan-Torbogen, den traditionellen Einstieg zum Gipfel und den Ort, an dem sich der Weg endgültig teilt. Meister Hsieh hatte uns geraten, in der Hütte am Ostgipfel zu übernachten, weshalb ich den linken Pfad nahm. Wenige Minuten später machte ich Rast, um mit einem Lastenträger eine kleine Wassermelone zu teilen. Das Gewicht der Lasten lag meist zwischen vierzig und fünfzig Kilogramm, wie er sagte, und er bekam für einen Gang 10 RMB. Ich versuchte seine Last zu heben. Sie erschien mir tonnenschwer.

Hier begannen auch die Eichen und Kiefern. Ich streckte mich in ihrem Schatten aus und sah den Wolken zu, die aus dem Nirgendwo auftauchten und im Nichts verschwanden. Ich lauschte dem Wind in den Bäumen und dachte an Po Ya und Chung Tzu-ch'i. Wenn Po Ya die Zither spielte, wußte Chung Tzu-ch'i immer, was in Po Yas Herz war: Manchmal waren es hohe Berge, manchmal fließendes Wasser. Als Chung Tzu-ch'i starb, zertrümmerte Po Ya seine Zither und spielte nie wieder. Ich stellte mir vor, daß der Wind an hohe Berge dachte.

Schließlich stand ich auf und stieg das letzte Steilstück zum Mittleren Gipfel hinauf. Wie der Nördliche Gipfel war dies mehr eine Felsnase als ein Gipfel. Der Huashan hat eigentlich nur drei Gipfel, doch werden diese beiden aus numerologischen Gründen oft dazugezählt. Die Taoisten wenden gerne überall den Gedanken der fünf Elemente an: Wasser, Feuer, Holz, Metall und Erde; Schwarz, Rot, Grün, Weiß und Gelb; Nord, Süd, Ost, West und Mitte.

Der Mittlere Gipfel wird nach der Tochter des Herzogs Min aus dem Staat Ch'in auch der Jademädchengipfel genannt. Die Tochter des Herzogs kam vor 2600 Jahren mit ihrem Gemahl, dem Flötenmeister Hsiao Shih, zum Huashan. Nachdem sie mehrere Jahrzehnte auf dem Berg gelebt hatte, trank sie mit ihrem Mann ein Elixier aus flüssiger Jade und flog mit ihm zu den Unsterblichen davon. Der Herzog errichtete zu Ehren seiner Tochter hier ein Heiligtum. Es wurde mehrmals wiederaufgebaut, zuletzt im Jahre 1983.

Vom mittleren Gipfel aus führt der Hauptpfad über eine lange Treppe zum Ostgipfel und weiter über die östliche Kante der Innenseite des Gipfels wieder hinauf zum Hauptgipfel. Es gibt jedoch eine Abkürzung, und ich brauchte eine Abkürzung. Ich ging

Der Schachpavillon des Ostgipfels.

ein Stück des Weges zurück und schlug einen Nebenweg zum Yinfeng-Pavillon ein, wo die Tochter des Herzogs oft die Panflöte und ihr Gemahl die Flöte spielte, und der Wind trug ihre Musik bis hin zum Palast ihres Vaters in der Ebene.

Vom Pavillon aus konnte ich im Süden am Ostgipfel den Handabdruck des Riesen sehen, der den Huashan und den Shouyangshan auseinandergeschoben hatte, damit der Gelbe Fluß sich nach Osten wenden und in das Meer einmünden konnte. Ich suchte das tief eingeschnittene Tal mit meinem Fernglas ab und entdeckte eine Hütte in einem Bambushain. Ich beschloß, diese Hütte später aufzusuchen.

Ich zog mich an den letzten Ketten nach oben und langte am rückwärtigen Eingang des Tempels unter dem Ostgipfel an, der heute als Unterkunft dient. Bei der Anmeldung fragte ich den Wirt nach der Hütte, die ich vorher tief unten in der Huangfu-Schlucht gesehen hatte. Er sagte, daß sie einem Bauern gehörte. Ich war enttäuscht und zugleich erleichtert, daß ich vorläufig keine weitere Schlucht durchsteigen mußte. Ich setzte mich draußen vor den Vordereingang und trank ein Bier, das neben anderen Dingen des täglichen Lebens auf den Schultern örtlicher Träger hier heraufgelangt war. Steve kam während der zweiten Flasche an und leistete mir bei einer dritten Gesellschaft.

Wir saßen an der Stelle, an der das Bild in der Zeitschrift der Fluggesellschaft aufgenommen worden war. Es war wie ein Wunder: Es gab diese Landschaft, und wir saßen wirklich hier. Direkt unter uns thronte derselbe märchenhafte Pavillon auf demselben märchenhaften Felsvorsprung. Der Pavillon, die Stühle und der Schachtisch waren in jüngster Zeit aus weißem Granit neu geschaffen worden. Um den Pavillon zu erreichen, muß man an Ketten abwärts klettern, wobei man an einer Stelle waagrecht über einem mehrere hundert Meter tiefen Abgrund hängt. Vor über zweitausend Jahren spielte während der Herrschaft von Kaiser Wu ein Taoist namens Wei Shu-ch'ing auf diesem Felssporn mit einigen Unsterblichen Schach. Tausend Jahre später spielte Ch'en T'uan hier mit Kaiser T'ai-tsu. Ch'en T'uan gewann, und der Kaiser überließ ihm daraufhin angeblich den ganzen Huashan.

Steve und ich genossen das Schauspiel, wie die untergehende Sonne den Pavillon erstrahlen ließ, und verfolgten die Bahn des

Mondes am Himmel. Wir hinterließen dem Träger, der am nächsten Tag absteigen mußte, einiges an Leergut, und zogen uns in unser Zimmer zurück.

Der Ostgipfel wird auch als Sonnenaufgangsgipfel bezeichnet, und wir schlossen uns einhundert anderen Besuchern an, die vor der Dämmerung draußen fröstelten. Die meisten von ihnen hatten den Berg während der Nacht mit Taschenlampen erstiegen. Sie unternahmen eine Zweitagestour: Abreise in Sian am Morgen, Besuch der «Terrakotta-Armee» des ersten Kaisers in Lishan, nächtliche Ersteigung des Huashan, Rückkehr nach Sian am nächsten Abend.

Die Sonne ging auf, und einhundert Kameras klickten. Sie erhob sich hinter einem Berg, wo, wie der *Shanhaiching* sagt, ein schwarzer Fasan lebt, mit dessen Hilfe man Beulen heilen kann. Im Bergführer des Schamanen heißt es auch: «Auf dem Huashan gibt es keine Vögel und keine vierbeinigen Tiere, nur eine Schlange namens *fei-yi*, die sechs Beine und vier Flügel hat und bei ihrem Erscheinen stets eine große Dürre auslöst»; wir sahen sie nicht. Was wir sahen, war eine Maus, die an einem Blatt knabberte, Hummeln, die Disteln besuchten, orangegelbe Sonnenblumen, Lilien, die gelber waren als die Sonne, und eine Falkenfamilie, die ihren Tag über dem Gipfel begann.

Nach einem Nudelfrühstück brachen Steve und ich auf, um den Rest der blütengestaltigen Gipfelkrone des Huashan zu besuchen. Auf dem Weg zum Südgipfel kamen wir durch das Tor eines kleinen Tempels bei Nantienmen und gelangten auf die Südseite der Spitze. Den Fuß des Huashan umschlingen hier die Huangfu- und die Hsienyu-Schlucht, und die Felswand muß hier an die tausend Meter senkrecht abfallen. Jenseits der Hsienyu-Schlucht liegen im Süden die Gipfel Sankungshan und Sanfengshan. An der Steilwand führen Ketten und Bohlen nach unten und hinüber zur Holao-Höhle, einer von mehreren Einsiedeleien, die der Taoist Ho Yuanhsi im dreizehnten Jahrhundert in die Felswand eingehauen hat.

Wie er an diesen Ort gelangte, ist ein Rätsel. Ein noch größeres Rätsel ist, wie die Schriftzeichen über seiner Höhle entstanden. Sie besagen, daß dies der Ch'üan-chen-Felsen ist, der zu Ehren der Ch'üan-chen-Schule des Taoismus so benannt wurde. Der

Überquerung der Ch'üan-chen-Steilwand am Südgipfel.

fünfzehn Zentimeter breite Felsabsatz, der zur Höhle führt, gilt als die gefährlichste Stelle des Berges. Ein Hüttenwirt sagte mir, daß fast jeden Monat jemand abstürzt, nicht ohne hinzuzufügen, daß das Bewußtsein für die Gefahr ein gutes Mittel ist, um alle seine Fähigkeiten anzuspannen. Ich verzichtete auf den Nervenkitzel, während Steve all seinen Mut zusammennahm und sich zentimeterweise ein Stück nach unten schob, um einige Fotos zu machen. Als er vom Abgrund zurückkehrte, brachen wir zum Südgipfel auf.

Der Südgipfel wird auch «Landeplatz der Wildgänse» genannt. Dieser Gipfel bildet ein steinernes Becken, in dem sich Regenwasser sammelt, das die Gänse vermutlich anzieht. Er ist mit knapp 2200 m auch die höchste Stelle des Huashan. Hier sagte im achten Jahrhundert der Dichter Li Pai: «Von diesem höchsten Ort aus reicht mein Atem bis zum Himmelsthron. Es betrübt mich, daß ich die tiefen Gedichte Hsieh Tiaos nicht mitgenommen habe. Ich hatte einige Fragen an den blauen Himmel.»

Vom Südgipfel aus windet sich der Pfad über einen weiteren Drachenrücken hinüber zum Westgipfel. Der Westgipfel heißt wegen eines Felsens, der einem Lotosblatt ähneln soll, und einer Lotosblume mit tausend Blütenblättern, die einst in einem Teich nahe des Gipfels wuchs, auch Lotosgipfel. Dieser Gipfel fällt wiederum eintausend Meter tief in das Hsienyu-Tal ab.

Wir spähten über den Abgrund und wandten uns zurück zum Tsuiyun-Tempel, der sich an der Innenseite des Drachenrückens duckt.

Im Saal des Haupttheiligtums traf ich Meister Hsueh T'ai-lai. Er war siebzig Jahre alt und lebte seit fünfundvierzig Jahren am Gipfel, seit er als Zweiundzwanzigjähriger Mönch geworden war. Wie Meister Hsieh litt auch Hsueh an einer Kniearthritis, doch erhob er sich scheinbar mühelos, als er mir eine Tasse Tee anbot. Ich fragte ihn, ob noch andere Mönche oder Nonnen am Gipfel lebten.

Hsueh: Es gab noch einen anderen Mönch, Meister Su. Er lebte auf dem Südgipfel. Vor zwei Monaten jedoch zog er sich aus dem taoistischen Verband zurück und ging mit einem Schüler in Richtung der Huashan-Schlucht. Ich bin jetzt der einzige Mönch hier.

Frage: Wenn jemand hier bei Ihnen leben und lernen möchte, könnte er dies tun?

Hsueh: Man muß zuerst zum taoistischen Verband am Jadequellentempel gehen und um Erlaubnis bitten. Der Verband beschließt, wohin man geschickt wird. Ich kann nicht von mir aus Schüler annehmen.

Frage: Werden Sie von der Regierung unterstützt?

Hsueh: Nein. Wir sind auf Spenden angewiesen. Die Regierung gibt manchmal Mittel für Renovierungen. Aber wir müssen hierfür einen Antrag stellen, und das dauert lange. Immerhin hat die Regierung ihre Restriktionen gegenüber der Religionsausübung gelockert. Es gab sehr schlimme Zeiten.

Frage: Haben Sie immer hier auf dem Westgipfel gelebt?

Hsueh: Nein. Als ich 1943 hierher kam, lebte ich am Nantienmen am Südgipfel. Ich habe auch viele Jahre in Höhlen zugebracht. Deshalb habe ich jetzt Gehbeschwerden. Seit der Befreiung wurde ich fast an jeden Tempel auf dem Huashan geschickt. Wir müssen dorthin gehen, wohin der Verband uns schickt.

Frage: Ist dies ein guter Ort für das Mönchsleben?

Hsueh: Nein, nicht mehr. Nicht auf dem Huashan. Die Mönche, die hier leben, müssen sich um Besucher kümmern. Wir können uns nicht auf unsere Übungen konzentrieren. So kommen wir nicht weiter. Wer als Mönch leben will, muß tiefer in die Berge gehen. Natürlich wird dies weder von der Regierung noch vom Verband gebilligt, aber manche tun es doch. Tashangfang, wohin Meister Su und sein Schüler gegangen sind, ist sehr abgelegen. Dort oben gibt es einige Höhlen.

Frage: Wie ist es mit Loukuantai?

Hsueh: Dort gibt es nicht so viele Besucher wie auf dem Huashan, doch leben dort zu viele Menschen. Das ist auch nicht gut. Sie leben dort zu bequem. Wenn man einen Ort für das Mönchsleben finden will, muß man in die Berge gehen. Wenn man aber einen geeigneten Ort hat, sind die Ernährung und die Kleidung ein Pro-

Meister Hsueh: 45 Jahre auf dem Huashan.

blem. Entweder muß man aus den Bergen herauskommen, um etwas einzukaufen, oder man muß sich auf andere verlassen. Dies ist das Problem. Aber wer in den Bergen lebt, kommt damit schon irgendwie zurecht. Man ißt kein Getreide und trägt keine Kleider. Vielleicht trägt man einige Lumpen. Man praktiziert Yoga, damit man nicht hungert oder friert. Die meisten Menschen ertragen aber das Leben in den Bergen nicht. Es ist nicht einfach.

Frage: Wie lernt man dies?

Hsueh: Die Grundlagen kann man überall lernen. Es gibt Bücher. Was die inneren Geheimnisse betrifft, so wird man einem Lehrer begegnen, wenn man mit seinen Übungen ein gewisses Niveau erreicht hat. Man darf aber nicht drängen. Man muß bereit sein, sein ganzes Leben seinen religiösen Übungen zu widmen. Das bedeutet Religion. Es geht nicht darum, daß man Geld ausgibt: Man muß sein Leben hingeben. Nur wenige sind hierzu bereit. Wenn man lernen will, braucht man nicht nach einem Lehrer Ausschau halten. Es wird ein Lehrer zu einem kommen. Der Taoismus ist sehr tief. Es gibt sehr viel zu lernen, und dies geht nicht im Handumdrehen. Das Tao kann man nicht in Worte fassen. Man muß üben, bevor man es verstehen kann. Lao-tzu lehrt uns, natürlich zu sein. Man kann nichts erzwingen, auch das Üben nicht. Verständnis ist etwas, das in natürlicher Weise eintritt. Dies ist für jeden anders. Vor allen Dingen muß man seine Begierden dämpfen und seinen Geist beruhigen. Das Üben dauert sehr lange, und man muß seine Gesundheit erhalten. Wenn man viele Gedanken und Begierden hat, lebt man nicht lange genug, um das Ziel zu erreichen.

Ich mochte Meister Hsueh. Er war in einer sehr freundlichen Art freimütig, und ich hätte mich noch Stunden mit ihm unterhalten können. Es war jedoch schon Mittag, und es waren noch weitere Besucher gekommen. Später las ich in der Zeitschrift des taoistischen Verbandes, daß Hsueh vor kurzem das gesamte Geld, das er in den vergangenen vierzig Jahren aus Spenden erspart hatte, etwa zweitausend RMB, dem Verband für den Bau neuer Tempel geschenkt hatte.

Als Steve und ich uns zum Gehen erhoben, ging Meister Hsueh in seinen Schlafraum. Er kam mit einem Beutel Kiefernsamen zurück, die er von den am Gipfel wachsenden Bäumen gesammelt hatte. Die Huashan-Kiefern sind eine spezielle Art, die auf den höheren Gipfeln der Chungnan-Berge beheimatet ist. Sie sind bei den Baumzüchtern in ganz China, Korea und Japan berühmt, und die berühmtesten sind diejenigen, die auf dem Westgipfel des Huashan wachsen. Die Samen, Pollen und sogar die Nadeln waren Hauptnahrungsmittel der Taoisten, die früher auf dem Huashan lebten. In alten Texten heißt es, daß sich das Harz der Huashan-Kiefer nach tausend Jahren in Bernstein verwandelt und daß dessen Genuß den Menschen in einen Unsterblichen verwandeln kann. Meister Hsueh sagte uns, daß wir die Samen entweder essen oder aussäen könnten. Ich sagte ihm, daß ich ein alter Freund der Kiefernfamilie wäre und lieber Bäume pflanzen würde.

Wir hielten uns nicht mehr auf. Zwei Stunden später legte ich am Chunhsien-Tempel eine Pause ein und wartete auf Steve. Meister Hsieh war Abt dieses Tempels gewesen, bis seine Arthritisbeschwerden auftraten. Den Tempel hatte Hsiehs Meister im Jahre 1919 erbaut, und es lebte dort nur noch ein junger taoistischer Mönch, der einer Gruppe von Besuchern ein Mittagessen servierte. Als ich auf der Treppe rastete, kam der Mönch heraus, und wir unterhielten uns miteinander. Er sagte, daß die jungen Taoisten große Probleme hätten. Sie kümmerten sich nur noch um die Touristen. Er sagte, daß die meisten Meister in ihrem Leben die inneren Geheimnisse nur einem einzigen Schüler weitergeben würden und daß die großen Meister sich tiefer in die Berge zurückgezogen hätten und sich weigerten, in diesem materiellen Zeitalter noch zu lehren. Die Unterweisung in den Tempeln wäre oberflächlich. Er seufzte und ging wieder hinein, um das restliche Mittagessen zu servieren.

Nachdem Steve angekommen war, stiegen wir gemeinsam weiter ab. Unterwegs kamen wir an einem Felsen vorbei, in den die Worte *ho-chih-sheng* («der Schrei des Kranichs») eingehauen und rot ausgemalt waren. Der Kranich ist das taoistische Symbol für Transformation und Transzendenz, für Loslösung und Reinheit, für ein langes Leben. Er war das vollkommene Symbol für den Huashan, doch war der Kranich offenbar weggeflogen.

Als der buddhistische Reiseschriftsteller Kao Ho-nien im Jahre 1904 den Berg besuchte, fragte er sich, wie die Taoisten auf dem

Huashan sich mit so wenigem durchschlagen konnten. Er vermerkte auch die Schönheit des Huashan und den Willen der dort lebenden Mönche zur Abgeschiedenheit. Er sagt, daß dies auf anderen taoistischen Bergen nicht so war – und er hatte sie alle besucht. Als ich nun am Ende des zwanzigsten Jahrhunderts den Huashan besuchte, mußte ich mir eher die Frage stellen, warum überhaupt noch Taoisten auf diesem Berg leben wollten. Die beeindruckende Schönheit der Landschaft konnte kein ausreichender Ersatz für die ersehnte Einsamkeit sein.

Auf dem Weg ins Tal machten wir wieder in Shaloping Rast. Ich dachte daran, was Meister Hsueh über Meister Su gesagt hatte, der mit einem Schüler in eine Höhle am Gipfel des Tashangfang gegangen war. Tashangfang war irgendwo oben in den Wolken. Ich blickte auf den Felshang jenseits der Schlucht und fragte mich laut, wie weit es hinauf zu Meister Sus Höhle wäre. Ein Mann, der Wassermelonen in Scheiben schnitt, sagte, daß er Meister Su kennen würde. Tashangfang wäre nicht weit, und er bot sich uns als Führer an.

Wir nahmen sein Angebot an und folgten ihm über den Wasserlauf. Auf der gegenüberliegenden Seite zeigte er uns die Stelle, an der der Pfad begann. Wir trauten unseren Augen nicht: An der Felswand hing eine etwa dreißig Meter lange Eisenkette. Unser Führer zog sich hinauf und winkte uns, ihm zu folgen. Steve und ich blickten einander bestürzt an, aber wie hätten wir uns ehrenhaft aus der Affäre ziehen können? Wir folgten ihm also. Der nächste Abschnitt war noch schlimmer: mit Finger- und Zehenspitzen einen siebzig Grad steilen Hang hinauf, der durch heraussickerndes Quellwasser rutschig geworden war. Und diesmal keine Kette. Wir wagten es nicht, nach unten zu blicken, und kletterten einfach weiter, damit wir nicht an den Abgrund denken mußten.

Nach etwa einhundert Metern erreichten wir die Ruinen einer alten Einsiedelei und stiegen in eine noch steilere Felswand ein. Nachdem wir diese mit vor Erschöpfung und Angst zitternden Knien zur Hälfte bezwungen hatten, fragte ich unseren Führer, wie weit es noch wäre. Er sagte, es wären noch zwei Stunden, und er wies nach oben auf eine Felswand unterhalb der Wolken. Als er uns gesagt hatte, daß Meister Sus Höhle «nicht weit» sei, hatte ich vergessen, ihn zu fragen, was er damit meinte. Jetzt aber war mir klar, daß wir es unmöglich schaffen konnten. Wir hatten keine zwei Stunden Tageslicht mehr und waren praktisch jetzt schon am Ende unserer Kräfte. Wir beschlossen, Meister Su ein anderes Mal zu besuchen und stiegen langsam zum Hauptpfad ab.

Das Gefühl, wieder ebenen Boden unter den Füßen zu haben, machte Steve so übermütig, daß er auf dem Weg zu hüpfen begann. Als wir eine Gruppe von Menschen überholten, die ebenfalls auf dem Weg nach unten waren, begannen auch sie zu hüpfen. Bald konnte man ein Dutzend Chinesen einem Fremden hinterherhopsen sehen, der wie eine Kopie von Rip van Winkle[12] aussah. An diesem Abend hatte ich Seitenstechen vor Lachen. Eine Woche später taten mir endlich auch meine Beine nicht mehr weh.

Damit sollte dieses Kapitel eigentlich enden, doch besuchte ich den Huashan sieben Monate später noch einmal. Es war Ende März, und alles hatte sich geändert. Es war fast kein Wasser im Bach, und die Wände der Schlucht waren bis auf einige blühende wilde Pfirsichbäume kahl. Als ich Shaloping erreichte, ging ich wieder zu unserem damaligen Führer. Er sagte, daß Meister Su und sein Schüler für einige Tage von Tashangfang heruntergekommen seien und am Chaoyuantung-Tempel am Ende der Schlucht weilten. Ich dankte ihm lächelnd, froh, nicht mehr diese Felswand hinaufsteigen zu müssen, und kehrte zum Jadequellentempel zurück.

Im Hof sah ich eine Nonne von außergewöhnlicher Ausstrahlung. Ich fragte sie nach dem Weg zum Chaoyuantung. Sie führte mich zu einem Tor an der Westmauer und zeigte auf einen entlegenen Bambushain. Ich ließ das Tor hinter mir und ging den Weg ans Ende der Schlucht zurück, überquerte den Bach und ging an einem Bewässerungsgraben entlang. Nach etwa zweihundert Metern kam ich zu dem Bambushain, der Chaoyuantung den Blicken entzog. Hier lebte Ho Yuan-hsi, als er im dreizehnten Jahrhundert zum Huashan kam und bevor er seine Höhle am Südgipfel aushieb.

Der Tempel bestand aus mehreren alten, strohgedeckten Gebäuden aus Lehmziegeln. Ich tätschelte die beiden Steinlöwen am Eingang und ging hinein. Trotz des verfallenen Zustands drängten sich im Inneren viele Mönche und Laien. Ich wandte mich an einen älteren Mönch, und es stellte sich heraus, daß er der Abt war.

Ich sagte ihm, daß ich auf der Suche nach Meister Su sei, und fragte ihn, was hier im Gange sei. Er sagte, daß Meister Su und sein Schüler in Shihertung auf der anderen Seite des Jadequellentempels weilten und daß Mönche und Nonnen aus der ganzen Provinz zum Huashan gekommen seien, um an den dreitägigen Feierlichkeiten zum dritten Jahrestag des Todes der Mutter von Meisterin Ts'ao teilzunehmen. Meisterin Ts'ao war Vorsteherin des taoistischen Verbandes von Huashan. Sie war, wie ich später erfuhr, die Nonne, die mir den Weg zum Chaoyuantung gewiesen hatte.

Ich kehrte zum Jadequellentempel zurück und schlug den Weg in Richtung Shihertung ein. Unterwegs traf ich den alten Meister Hsueh. Auf dem Westgipfel lebte er alleine. Hier am Fuß des Berges umgab ihn ein Dutzend junger Schüler. Wir begrüßten einander, und er sagte mir, daß er gerade aus Peking zurückgekehrt sei, wo er an den ersten formellen Feierlichkeiten seit 1949 zur Weihe neuer taoistischer Mönche und Nonnen teilgenommen habe. Er fragte mich, ob ich die Kiefernsamen eingepflanzt habe. Ich sagte ihm, daß ich sie Freunden der Wälder von Taiwan, Japan und Amerika gegeben hatte. Als ich ihn nach Meister Su fragte, verschwand er in einer Art provisorischem Gottesdienstzelt und kehrte mit einem großgewachsenen Mönch zurück, der etwa vierzig Jahre alt zu sein schien.

Hsueh stellte mir den Mönch als Sus Schüler vor. Sein Name war Chou. Als ich ihm sagte, daß ich im vergangenen Herbst versucht hatte, ihn und seinen Meister zu besuchen, sagte er mir, daß ich einen weniger beschwerlichen Aufstieg gehabt hätte, wenn ich noch ein oder zwei Jahre gewartet hätte. Der Tien-Ti-Verband von Taiwan hatte finanzielle Hilfe für den Bau eines ungefährlicheren Weges angeboten. Es war offensichtlich, daß er über dieses Angebot nicht erfreut war. In diesem Augenblick trat ein weiterer Mönch aus dem Zelt. Chou sagte, daß dies Meister Su sei. Ich verneigte mich und stellte mich vor. Ohne einen Augenblick abzuwarten, sagte Su, daß er nicht der Gesuchte sei, daß er Hua hieße, wie in Huashan. Dann enteilte er mit langen wehenden Ärmeln, wie wenn er davonfliegen wollte.

Kapitel 6

Der Pfad des Himmels

Als der Buddhismus vor zweitausend Jahren nach China kam, war er bereits zur Hälfte chinesisch. Bis dahin ruhten alle größeren Denk- und Übungssysteme in China, die als religiös einzustufen waren, auf taoistischen Grundlagen. Weil das Tao so fruchtbar war, daß es die ganze Schöpfung hervorbrachte, bereitete der Gedanke keine Schwierigkeiten, daß noch ein weiteres System aus seinem Schoß hervorgegangen sein könnte. Noch mindestens einhundert Jahre nach seinem Erscheinen in China bereitete der Buddhismus den Chinesen kaum begriffliche Probleme.

Die ersten Begegnungen Chinas mit dem Dharma, der buddhistischen Auffassung der Realität, datieren bereits aus dem ersten Jahrhundert v. Chr., als die Han-Dynastie ihren Einfluß längs einer Kette von Oasen bis zu den Königreichen des nordwestlichen Indien ausdehnte, wo sich um diese Zeit der Mahayana-Buddhismus auszuprägen begann. Die ersten Kontakte waren diplomatischer Art. Über diplomatische Kontakte hätte jedoch der Buddhismus niemals eindringen können, höchstens als Kuriosität. Erst der Handel brachte den Dharma mit den Karawanen der Händler, die Räucherwerk, Edelsteine und buntes Glas gegen chinesische Seide tauschten, nach China. Zentralasiatische Händler lebten schon im ersten Jahrhundert v. Chr. in ständigen Gemeinschaften vor den Mauern der politischen Zentren Chinas, und unter ihnen lebten auch buddhistische Mönche aus Indien.

Einzelheiten über die Einführung des Buddhismus in China dürften wohl kaum jemals bekannt werden. Urkunden und Artefakte belegen lediglich, daß es nicht lange dauerte, bis der Buddha als ein weiterer Gott in der wachsenden taoistischen Religion akzeptiert wurde, die inzwischen auch so utopistische Bewegungen wie die Gelben Turbane umfaßte. Im zweiten Jahrhundert wurde der Buddha nicht mehr nur neben Lao-tzu verehrt, sondern er war bei manchen Taoisten schon so sehr im Ansehen gestiegen, daß sie ihn als Lao-tzu selbst betrachteten. Immerhin soll ja Lao-tzu nach Westen aufgebrochen sein, nachdem er Loukuantai verließ, und im zweiten Jahrhundert erschien ein Buch, das über das Verschwinden des Weisen aus China und dessen Wiederauftauchen in Indien als der Buddha berichtet. Henry Maspero erklärt in seinem *Essay on Taoism in the First Centuries A.D.*, warum die Taoisten solchen Erzählungen gerne Glauben schenkten und den Erleuchteten in China willkommen hießen:

> Der Buddhismus galt als besondere taoistische Sekte, die strengste von ihnen, als harmonischer und vernünftiger als die Gelben Turbane. Darüber hinaus hatte er den Vorzug, daß er keine alchimistischen Praktiken kannte und ein rein ethisches und kontemplatives Verfahren zur Erlangung der Unsterblichkeit war. Dadurch wurde er herausgehoben und bekam einen Glanz, den er angesichts der kleinen Zahl der Anhänger und seiner Fremdartigkeit kaum hätte erhoffen können. Diese neue Sekte knüpfte an die Tradition der alten mystischen Meister des Taoismus, Lao-tzu und Chuang-tzu, an, denen sie in gewisser Weise näher stand als der Taoismus jener Zeit.[13]

Dieses harmonische Verhältnis war jedoch nicht von Dauer. Das zunehmende Interesse an diesem Taoismus aus den «Westlichen Regionen», wie es die Chinesen nannten, führte bald zur Übersetzung buddhistischer Texte, die gegen Ende des zweiten Jahrhunderts grundlegende Unterschiede in Lehre und Praxis offenbarten. Während die Taoisten danach strebten, den Leib unsterblich zu machen, strebten die Buddhisten nach einer Befreiung von allen Verkörperungen. Es zeigte sich, daß das Nirvana nicht dasselbe war wie das taoistische Ziel der Unsterblichkeit. Auch die Meditationspraktiken unterschieden sich. Die Taoisten verringerten die Atmung auf ein absolutes Mindestmaß und konzentrierten sich auf den Kreislauf und die Transformation des inneren Atems des Körpers, während die Buddhisten den Nachdruck auf eine geregelte Atmung und eine Loslösung von den Körperfunktionen legten. Weiterhin akzeptierten die Buddhisten gemeinsame Regeln oder Gebote, nach denen sie ihr Verhalten ausrichteten, während die Taoisten sich größtenteils allgemein dem Weg der Tugend verpflichteten und im übrigen einander keine Vorschriften machten. Im dritten Jahrhundert hatte sich der Buddhismus als eigenständige Richtung etabliert, und die Taoisten konvertierten entweder oder lehnten den jetzt als fremde Religion empfundenen Buddhismus ab.

In den darauffolgenden Jahrhunderten reifte und entwickelte sich der Buddhismus in seinem neuen Verbreitungsgebiet. Es entstanden neue Schulen des Denkens und der Praxis, durch die er für die Chinesen weiter an Zugkraft gewann. Wie beim Taoismus bildeten die Chungnan-Berge den physischen Hintergrund für das Auftauchen und die Entwicklung dieser neuen religiösen Tradition. Sieben der acht bedeutenden buddhistischen Schulen, die in China zur Blüte gelangten, keimten in den oder in der Nähe der Chungnan-Berge. Es handelt sich um die Schulen «Drei Abhandlungen», «Nur Geist», «Disziplin», «Reines Land», «Huayen», «Tantra und Zen». Die letztere nahm angeblich auf dem Sungshan ihren Ausgang, einem östlichen Sporn der Chungnan-Berge. Die achte bedeutende Schule war die T'ien-t'ai-Schule, die auf dem Hengshan im südlichen und im Tientaishan im östlichen China begann.

Von diesen acht Betrachtungsweisen des Dharma war die der Reines-Land-Schule hinsichtlich des Einflusses und der Zahl der Anhänger die bedeutendste. Diese Schule rückte von der Lehre ab, daß die Befreiung allein vom eigenen Bemühen des Menschen abhängt und lehrte statt dessen das Vertrauen in die Macht des Amitabha Buddha, Gläubige in sein Paradies zu bringen, wo die Befreiung leichter zu erlangen sei als in dieser Welt der Unreinheit. Zu den Mitteln, mit denen sich diese Glaubensrichtung die Macht dieses Buddhas verfügbar machte, zählten das Rezitieren des Namens des Amitabha, die Visualisierung seines Paradieses und das Gelöbnis, dort wiedergeboren zu werden.

Die Entwicklung dieser Lehre in China und die Verbreitung dieser Praktiken werden Shan-tao zugeschrieben, dessen Namen ich erstmals hörte, als ich vor fast zwanzig Jahren in Taiwan ankam. Die Mönche in dem buddhistischen Tempel, in dem ich mein erstes Jahr auf der Insel zubrachte, baten mich, ein buddhistisches Sutra zu übersetzen, eine Rede des Buddha. Die Sprache der Sutras war mir zwar noch fremd, doch war ich den Mönchen dankbar dafür, daß sie mir freie Kost und Logis gewährten, und ich wollte mich ihnen erkenntlich zeigen.

Aus Neugierde nahm ich eine der Hauptschriften der Reines-Land-Schule zur Hand: das Sutra, in dem der Buddha Königin Vaidehi in einer Serie von sechzehn Visualisierungen unterweist. Diese beginnen mit der am westlichen Horizont untergehenden Sonne, schreiten fort zu einer großen Wasserfläche, die sich in eine aquamarinfarbene Ebene verwandelt und auf der dann eine Landschaft mit Gärten, Palästen und Pavillons erscheint, die mit bunten Lichtern und Juwelen geschmückt sind. Alle Lautäußerungen in diesem Land einschließlich derjenigen der Vögel, der Bäume und des Wassers geben die Worte *Leiden, Leerheit, Unbeständigkeit* und *Nicht-Selbstheit* wieder. Dies ist das Westliche Paradies, Sukhavati, das Reine Land, das Land des Amitabha Buddha, des Buddhas des unendlichen Lichts und des unendlichen Lebens, vor dem sich Vaidehi schließlich aus einer Lotosblüte wiedererscheinen sieht. Der Buddha sagt Vaidehi, daß jeder, der fähig ist, dieses Land und seinen Buddha zu visualisieren, ein weißer Lotos unter der Menschheit und dazu bestimmt ist, in diesem Paradies wiedergeboren zu werden.

Shan-tao las dieses Sutra, kurz nachdem er im Jahre 631 n. Chr. Mönch geworden war, und er war davon so überwältigt, daß er in das östliche China in die Chungnan-Berge ging und diese Visualisierungen mehrere Jahre lang praktizierte. Trotz seines religiösen Eifers regten sich in ihm aber immer noch Zweifel bezüglich der Grundlage für diese Übungen. Im Jahre 641 reiste er nach Norden zum Hsuanchung-Tempel in der Nähe von Taiyuan, um bei Tao-ch'o zu lernen. Als geistiger Erbe von T'anluan, einem früheren Abt des Tempels, hatte Tao-ch'o sich bereits einen Ruf als Lehrer der Reines-Land-Praxis erworben. Er überzeugte Shan-tao davon, wie wichtig es sei, den Namen des Amitabha-Buddha zu rezitieren; diese Übung würde für sich schon genügen, die Wiedergeburt im Reinen Land zu gewährleisten.

Nach Tao-ch'os Tod im Jahre 645 kehrte Shan-tao auf die Chungnan-Berge und zum Heiligtum des Wuchen-Tempels zurück. Der Tempel war etwa fünfzig Jahre zuvor erbaut worden und umfaßte zwei Gebäudekomplexe, einen am Ausgang des Wuchen-Tals und einen zwei Kilometer innerhalb des Tals. Als der Beamte und Dichter Pai Chu-yi 811 hierher kam, um hier die dreijährige Zeit der Trauer um seine Mutter zu verbringen, schrieb er ein zweihundertsechzig Zeilen langes Gedicht mit dem Titel *Besuch im Wuchen-Tempel.* Das Gedicht rühmt die Großartigkeit der umliegenden Berge und die Pracht der Gebäude, die über eintausend Mönche und Nonnen beherbergten.

Steve und ich wollten wissen, was von der Pracht noch übriggeblieben sei, und mieteten einen Wagen mit Fahrer. Von Sian aus fuhren wir in das fünfzig Kilometer südöstlich gelegene Lantien. Weitere fünf Kilometer östlich der Stadt fuhren wir auf einer unbefestigten Straße mit tiefen Spurrillen in Richtung Süden und langten bald an der neuen grauen Mauer an, die den Shuilu-Konvent umgibt. Dieser Konvent entstand ein bis zwei Jahrhunderte vor dem Wuchen-Tempel und wurde später in den Tempelkomplex einbezogen. Wie der Name sagt, waren dort einst Nonnen untergebracht. Die Fremdenpolizei in Sian sagte uns, daß der Wuchen-Tempel verboten sei, während wir bezüglich des Shuilu-Konvents keine klare Auskunft erhalten konnten.

Wir stellten bald fest, daß die Stätte unter der Leitung von Kaderfunktionären stand. Zunächst bestanden sie darauf, daß Ausländer keinen Zutritt hätten. Nach vielem Zureden seitens des Mönchs, der uns begleitet hatte, erlaubte man es uns schließlich, uns im Inneren kurz umzusehen. Im Saal befanden sich mehrere tausend Tonfiguren, die überwiegend aus dem Anfang des fünfzehnten Jahrhunderts stammten. Diese Sammlung zählt zu den beeindruckendsten, die ich jemals in China gesehen habe. Nach einigen Minuten wurden jedoch die Verantwortlichen nervös und drängten uns zum Haupttor.

Während Steve seine Ausrüstung verstaute, sprach ich mit zwei alten Frauen am Tempeleingang. Sie verkauften *ling-chih*, eine Pilzart, die im Schatten von Bäumen und Felsen wächst. Die Taoisten verwenden sie für die meisten ihrer Unsterblichkeitsrezepte. Weil *ling-chih* mit Unsterblichen zusammenhing und weil Unsterbliche mit Eremiten zusammenhingen, fragte ich die alten Frauen, ob es irgendwo in der Gegend Anhänger des *Weges* gäbe. Ohne einen Augenblick nachzudenken, sagte eine von ihnen, daß über siebzig Einsiedler eine Tageswanderung vom Wangshunshan entfernt lebten, dessen 2300 m hoher Gipfel zehn Kilometer südöstlich am Ende des Tals aufragte. Obwohl sie mir nicht mehr die jüngsten zu sein schienen, sagten die Frauen, daß sie mehrmals in der Woche zum Wangshunshan und zu anderen nahegelegenen Bergen wanderten, um dort Kräuter zu sammeln.

Ich wollte mich gerade nach den Eremiten und den Pfaden um den Wangshunshan erkundigen, als der Tempelaufseher uns nachdrücklich zum Gehen aufforderte. Als wir wegfuhren, bat uns unser Fahrer, uns unsichtbar zu machen. Es stellte sich heraus, daß Fremde hier keinen Zugang hatten, weil es am Ausgang des Tals eine Urangrube gab. Offensichtlich hatten die Verwalter des Tempels den Eindruck, daß Steve bei einigen Landschaftsaufnahmen auch die Urangrube im Hintergrund photographiert hatte. Wir kauerten uns auf den Boden des Wagens und tauchten erst wieder auf, als wir nach Lantien hineinfuhren. Wir mußten lachen. Früher war das Gebiet von Lantien für die Jade berühmt, ein Mineral, das die Taoisten bei ihrem Streben nach Unsterblichkeit einsetzten. Jetzt war es das Uran. Zwei unterschiedliche Minerale, zwei Endpunkte auf der Straße zum Himmel.

Nachdem Shan-tao fünf Jahre lang dem Wuchen-Fluß gelauscht hatte, der den Dharma rezitierte, verließ er die Gegend von Lantien und begab sich in die nahegelegenen Randgebiete von Ch'ang-an, wo er den größten Teil seiner restlichen Lebensjahre predigte und Bilder des Reinen Landes malte.

Im Jahre 681 ging er selbst in das Reine Land ein, und seine Schüler bauten südlich von Ch'ang-an eine Pagode für seine sterblichen Überreste. Bald entstand hier eine mönchische Gemeinschaft, die zum ersten Zentrum der Reines-Land-Schule wurde. Es nannte sich Hsiangchi-Tempel. In Japan, wo die Reines-Land-Sekte über 50 Millionen Mitglieder zählt, lernen Kinder noch heute ein Gedicht, das Wang Wei im achten Jahrhundert verfaßte:

Nicht an den Hsiangchi-Tempel denkend,
Wandere ich Meilen in den Wolken,
Alte Bäume, ein leerer Pfad,
Irgendwo in den Hügeln eine Glocke,
Bachgeräusch, murmelnde Felsen,
Sonnenschein, kühle, grüne Kiefern,
Dämmerlicht, ein stiller Teich,
Zen zur Bezähmung der Schlange.

Ein halbes Jahr, nachdem Steve und ich von Shan-taos einstiger Klause verjagt worden waren, kehrte ich im März alleine nach Sian zurück und nahm meine Reise wieder auf. Die Straße führte mich siebzehn Kilometer weit südlich von Sian, durch den Sitz der Bezirksregierung von Ch'ang-an, durch zwei Polizeikontrollen, über das Shenho-Plateau, durch das Dorf Chialitsun, dann nach Westen auf eine Seitenstraße zu den Ziegelsteinmauern des Hsiangchi-Tempels, der heute von Ackerland umgeben ist.

Im Tempel begegnete ich Hsu-tung, dem sechsundachtzigjährigen Abt. Er zeigte mir den Tempel und sprach über dessen jüngste Geschichte. Als er im Jahre 1960 hierher kam, standen nur noch ein Andachtsraum und drei Pagoden mit den sterblichen Überresten von Shan-tao und zwei späteren Meistern des Reinen Landes. Es gab damals nur noch einen alten Mönch, und sie lebten zu zweit in einer kleinen strohgedeckten Hütte neben dem Heiligtum. 1963 gab es bereits neunzehn Mönche. Ende der sechziger Jahre erschienen die Roten Garden, legten eine der Pagoden in Trümmer und zwangen die Mönche, an lokalen Arbeitseinsätzen teilzunehmen. Irgendwie gelang es Hsu-tung, das Heiligtum und die beiden restlichen Pagoden zu retten.

Trotz dieser schwierigen Anfänge hat Hsu-tung heute die Restaurierungsarbeiten zumindest in Anfängen abgeschlossen. Wenn die Hauptschule, die zur Zeit den vorderen Hof einnimmt, umgezogen sein wird, wird das Tempelgelände beinahe zwei Hektar groß sein, immerhin ein Fünftel der ehemaligen Größe. Neue Unterkünfte für die Mönche befinden sich ebenfalls im Bau. Obwohl die Regierung die Zahl der Mönche, die sich im Tempel einschreiben dürfen, auf fünfzehn beschränkt hat, lebten dort während meines Besuchs an die dreißig Mönche.

Hsu-tung führte mich zur zweiunddreißig Meter hohen Pagode Shan-taos, und ich entzündete in dem kleinen Andachtsraum im unteren Stockwerk etwas Räucherwerk. Ich hätte gerne die Aussicht vom obersten Stockwerk genossen, doch waren die Treppen zu baufällig und mit einem Gitter abgesperrt.

Als nächstes führte mich Hsu-tung durch die Gemüsegärten des Tempels. Es war Ende März, und die Mönche begannen gerade, Kohl, Auberginen, Paprika und Kartoffeln zu pflanzen. Hsu-tung sagte mir, daß der Tempel sich selbst mit Lebensmitteln versorgte.

Die Wege waren mit Rosenbüschen gesäumt. Für mich war die Rose immer eine Blume des Westens, und ich war immer wieder erstaunt, sie in China zu sehen. Ein Botaniker in Sian versicherte mir jedoch, daß die Rose erstmals vor zweitausend Jahren in Ch'ang-an aus einer wilden Sorte gezüchtet wurde, die in den Chungnan-Bergen heimisch ist. Wie das Marihuana Jahrtausende zuvor gelangte es schließlich über die Seidenstraße nach Indien, in den Mittelmeerraum und von hier aus in die übrige Welt.

Neben dem Hauptheiligtum standen mehrere Bananenstauden, die hier ebenfalls fremdartig anmuteten. Als ich Hsu-tung gegenüber äußerte, daß sie in diesem Klima sicher keine Früchte tragen würden, sagte er, daß er sie nur zum Vergnügen gepflanzt hätte. Ich nickte zustimmend: Ich selbst hatte vor meinem Fenster auf Taiwan eine Bananenstaude gepflanzt, nur um das Geräusch des Sommerregens auf dem Laub zu hören. Ich entzündete weiteres Räucherwerk in den beiden renovierten Andachtsräumen des Tempels und begab mich dann mit Hsu-tung auf eine Tasse Tee in dessen Raum. Es fiel mir auf, daß ihm die Spitze eines Fingers fehlte. Ich fragte mich, ob er sie als Opfer an den Amitabha-Buddha verbrannt habe, früher eine nicht seltene Praxis – einer der berühmtesten Dichter der Ch'ing-Dynastie war ein Mönch, der den Namen Achtfinger trug.

Bevor Hsu-tung an den berühmtesten Reines-Land-Tempel Chinas ging, war er Abt der Einsiedelei Tamaopeng, des berühmtesten Zen-Tempels in den Chungnan-Bergen. Ich fragte ihn nach den Unterschieden zwischen Zen und den Übungen des Reinen Landes.

Hsu-tung: Beim Zen stellt man sich stets die Frage, *wer* den Namen des Buddha rezitiert. Man denkt über nichts anderes als darüber nach, von woher der Name des Buddha ertönt. Man stellt sich immer wieder diese Frage, bis man herausfindet, wer man war, bevor man geboren wurde. Das ist Zen. Man sitzt mit seinem Bewußtsein. Und wenn das Bewußtsein irgendwohin abschweift, folgt man ihm überall hin, bis das Bewußtsein schließlich ruhig wird, bis Zen kein Zen mehr hat, bis die Fragen keine Fragen mehr haben, bis man eine Stufe erreicht, auf der man frägt, ohne zu fragen, und ohne zu fragen, stellt man weitere Fragen. Man stellt

Abt Hsu-tung. Im Hintergrund Shan-taos Pagode.

weitere Fragen, bis man schließlich eine Antwort findet, bis die Täuschungen aufhören, bis man die Welt verschlucken kann, alle ihre Flüsse und Berge, alles, aber die Welt einen selbst nicht verschlucken kann, bis man auf dem Tiger reiten kann, aber der Tiger einen selbst nicht reiten kann, bis man herausfindet, wer man wirklich ist. Das ist Zen.

Bei den Übungen des Reinen Landes rezitiert man nur den Namen des Buddha, sonst nichts. Man rezitiert mit dem Bewußtsein. Man rezitiert, ohne ein Geräusch zu erzeugen, und doch ist das Geräusch vollkommen klar. Und wenn man das Geräusch vernimmt, beginnt das Rezitieren von neuem. So geht es immer weiter. Das Rezitieren hört nicht auf, und das Bewußtsein bewegt sich nicht. Das Geräusch entsteht, man hört das Geräusch, aber unser Bewußtsein bewegt sich nicht. Und wenn sich unser Bewußtsein nicht bewegt, verschwinden die Täuschungen. Wenn sie verschwunden sind, rezitiert das eine Bewußtsein. Das Ergebnis ist dasselbe wie beim Zen. Zen ist nichts anderes. Es ist so, daß die Übungen des Reinen Landes Zen einschließen und die Zen-Übungen die Übungen des Reinen Landes. Wenn man nicht beides praktiziert, wird man einseitig.

Frage: Sind die Übungen des Reinen Landes für unser Zeitalter geeigneter?

Hsu-tung: Alle Übungen sind geeignet. Es gibt keinen «richtigen» oder «falschen» Dharma. Es ist eine Frage der Eignung, der Verbindungen aus früheren Leben. Viele, die mit Übungen beginnen, halten andere Arten von Übungen für falsch. Aber es sind alle Übungen richtig. Es kommt nur auf den einzelnen an, welche Übung geeigneter ist.

Alle Übungen stehen in einem Zusammenhang. Sie schließen einander ein. Sie führen zum selben Ziel. Zu den Übungen des Reinen Landes gehören zum Beispiel die Gebote. Man kann den Namen des Buddha nicht rezitieren, ohne ein ehrenwertes Leben zu führen. Die Praxis des Reinen Landes schließt Zen ein. Man kann den Namen des Buddha nur rezitieren, wenn man bewußt rezitiert. Das ist dasselbe wie Zen. Das Ziel ist dasselbe. Mit den Übungen ist es wie mit Pralinen: Man möchte verschiedene Arten. Aber es sind nur Pralinen. Der Dharma ist leer.

Frage: Was ist das Besondere an den Chungnan-Bergen? Warum kommen so viele Menschen hierher, um Mönch zu werden?

Hsu-tung: Die Chungnan-Berge reichen bis nach Indien. Als die ersten Mönche nach China kamen, ließen sie sich in diesen Bergen nieder. Die meisten der großen Mönche und Nonnen Chinas haben hier gelebt. Aber das war früher. Der Grund, warum noch heute so viele Mönche und Nonnen in diese Berge kommen, ist, daß man hier noch gut einen abgeschiedenen Ort finden kann. Außerdem gibt es in dieser Gegend noch viele Laien, die bereit sind, die Mönche zu unterstützen.

Frage: Wie viele Eremiten leben zur Zeit in diesen Bergen?

Hsu-tung: Ich würde sagen, etwa fünfzig im Bezirk Ch'ang-an und zweihundert in den Bergen zwischen Lantien und Paochi. Ich war aber schon länger nicht mehr in den Bergen, weshalb es auch mehr sein können. Mönche und Nonnen, die in den Bergen leben, müssen sich bei niemandem eintragen lassen, weshalb man es nicht genau wissen kann.

Wenn man es also genau wissen wollte, müßte man in die Berge gehen. Ich verabschiedete mich von Hsu-tung und ging auf meinem Weg zurück zum Parkplatz hinunter zu der Stelle, wo sich etwa zweihundert Meter südwestlich des Tempels der Hao und der Chueh zum Chiao vereinigen. Männer aus dem Dorf schaufelten Kies vom Flußufer in Eselkarren. Frauen schlugen Wäsche auf Felsen. Der Sommerregen hatte noch nicht eingesetzt, und beide Flüsse waren nur etwa zwanzig Meter breit. Einige Menschen hatten ihre Schuhe ausgezogen und wateten zum anderen Ufer. Vor zweitausend Jahren war die Ebene südlich davon ein kaiserlicher Forst, der mit Kastanien- und Birnbäumen bepflanzt war. In der Ferne konnte ich Obstgärten sehen. Auf den Feldern in der Nähe saßen Bauern auf kleinen Stühlen und jäteten Hirsefelder.

Wieder auf der Hauptstraße angelangt, setzten wir unseren Weg nach Süden fort. Die Straße war befestigt, doch herrschte kaum Verkehr. Unterwegs kamen wir an einer alten Frau vorbei, die mitten auf der Straße saß und sich in aller Ruhe eine Hose nähte. Acht Kilometer später endete die Straße an dem Dorf Tzuwu und dem

Eingang zu dem alten Pfad, auf dem einst Armeen die Berge überquerten. Wir bogen nach Westen ab.

Nach zehn Kilometern erreichten wir den Ort Fengyukou am Anfang der Straße, die den Tzuwu-Pfad ersetzt hat und Sian mit der Südseite der Chinling-Kette verbindet. Eine Polizeikontrolle erwischte meinen Fahrer mit einer ungültigen Versicherung. Eine Autoversicherung kostet etwa 800 RMB pro Jahr – die Verwarnung kostet 20 RMB. Wir folgten der Straße nach Westen, die um die Berge herumführte. Nach acht Kilometern bogen wir bei der Munitionsfabrik an der Kaokuan-Schlucht nach Norden ab und langten wenig später am Tsaotang-Tempel an. Hier war ich mit Steve im Mai 1980 während meiner ersten Reise in die Chungnan-Berge am Geburtstag des Buddha gewesen.

Im Hof hieß mich Abt Hung-lin wieder willkommen und öffnete die Tür zum Stupa Kumarajivas, damit ich vor ihm wieder meine Andacht verrichten konnte. Kumarajiva vor allen Dingen hatte mich hierher geführt. Sein Heiligtum war ein schlichter Ziegelpavillon, in dessen Innerem sich nichts außer drei Meter sehr schön behauener Marmor befanden. Ich stellte mir vor, daß er im Inneren saß und an der Übersetzung eines buddhistischen Sutras arbeitete. Wie überliefert wird, blieb bei seiner Einäscherung im Jahre 413 n. Chr. seine Zunge unversehrt.

Kumarajiva wurde im Jahre 344 in dem Seidenstraßen-Königreich Kucha geboren. Als Dreißigjähriger unterwies er Herrscher in diesem Gebiet im Dharma, und Reisende auf der Seidenstraße trugen die Kunde von ihm nach Ch'ang-an. Um die chinesische Herrschaft weiter in die westlichen Regionen auszudehnen, sandte Kaiser Fu Chien im Jahre 382 seinen General Lu Kuang mit siebzigtausend Mann aus, um Kucha zu unterwerfen und Kumarajiva in die Hauptstadt zu bringen. Nachdem Lu Kuang den ersten Teil seiner Mission ausgeführt hatte, erfuhr er aus der Heimat, daß es einen Dynastiewechsel gegeben hatte. Statt nach Ch'ang-an zurückzukehren, blieb er im Kansu-Korridor. Er errichtete in Liangchou sein eigenes Königreich und hielt dort Kumarajiva siebzehn Jahre fest, bis er selbst von Kaiser Yao Hsing geschlagen wurde.

Als Kumarajiva schließlich im Jahre 401 in Ch'ang-an ankam, lud ihn Yao Hsing ein, im Hsiaoyao-Park zwischen der Nordmauer des Palastes und dem Fluß Wu seinen Aufenthalt zu nehmen. Der Kaiser schätzte Kumarajivas Fähigkeiten so hoch, daß er ihm den Ehrentitel «Lehrer der Nation» verlieh und ihm dreitausend Mönche und Gelehrte für seine Übersetzungsarbeiten zur Verfügung stellte. Auch der Kaiser selbst beteiligte sich vielfach an der Arbeit, weil er im Besitz älterer Übersetzungen war, die Kumarajiva zum Vergleich heranziehen konnte. Das Leben in unmittelbarer Nähe der Hauptstadt lenkte jedoch Kumarajiva ab. Ebenso ablenkend war eine Forderung des Kaisers, derzufolge der Mönch seine Nächte mit zehn Hofdamen teilen mußte, damit sein Genius in künftigen Generationen weiterleben solle. Es scheint, daß Kumarajiva sich in dieses eugenische Experiment fügte. Er pflegte seine Reden mit der Mahnung einzuleiten, daß man nur die Lotosblume nehmen und nicht den Schlamm berühren solle, auf dem sie wachse.

Nach vier Jahren begab sich Kumarajiva in die relative Stille des Tsaotang-Tempels, wo er weitgehend den Rest seines Lebens verbrachte. Der ursprüngliche Tempel war im Jahrhundert davor als Familienheiligtum erbaut worden und hieß Ta-shih-Tempel. Nach Kumarajivas Ankunft wurde er für sein Gefolge von Mitarbeitern ausgebaut und in Tsaotang umbenannt, «strohgedeckte Halle». Dies war offensichtlich eine irreführende Bezeichnung, doch erschien sie angemessen, da der Tempel im Schatten der Chungnan-Berge lag.

Überall, wo Kumarajiva arbeitete, schuf er Übersetzungen, die noch sechzehnhundert Jahre später stilistisch unübertroffen sind. Sein *Vimalakirti-Sutra* zählt zu den Perlen der chinesischen Literatur, und sein *Diamanten-Sutra* und sein *Herz-Sutra* dürften in China die meistzitierten buddhistischen Texte sein. Seine Übersetzungen sind auch musikalischer als die anderer Übersetzer. Bis heute ist eine buddhistische Zeremonie irgendwo im Orient ohne Kumarajiva undenkbar. Sein *Amitabha-Sutra* zählt zu den grundlegenden Texten der Reines-Land-Schule; sein *Lotos-Sutra* inspirierte die Gründung der T'ien-t'ai-Schule, und seine Übersetzungen der Werke von Nagarjuna und Aryadeva wurden zu den grundlegenden Texten der Drei-Abhandlungen-Schule, die seine eigenen Schüler gründeten.

Abt Hung-lin verschloß den Pavillon wieder, der Kumarajivas

Stupa barg, und führte mich an einem Bambushain vorbei zu einem der acht Wunder der Provinz, einer Quelle, aus der im Herbst Dampf aufsteigen und bis nach Sian wehen soll. Der Herbst war jedoch noch sechs Monate entfernt, und mir fiel nichts weiter auf als Hung-lins schüchternes Lächeln. In der Nähe zeigte mir Hung-lin außerdem einen großen, leeren Teich mit neuen Steinmauern, einer neuen Steinbrücke und einem Pavillon. Er sagte, daß jedes Jahr im April aus einer unterirdischen Quelle Wasser in den Teich sickerte, so daß dort Wassergemüse angebaut werden konnte. Offenbar gibt es eine Verbindung zwischen der Quelle und dem Teich.

Auf dem Weg zurück zum Parkplatz blieben wir im Hof stehen. Der Boden war mit Zedernwedeln bedeckt, die in der Sonne zum Trocknen lagen. Hung-lin sagte, daß die Mönche ihr Räucherwerk selbst herstellten und es an Pilger verkauften, die es im Heiligtum entzündeten. Das Dutzend Mönche, das im Tempel lebte, verwendete das Geld zum Kauf von Baumaterialien und der wenigen Dinge, die sie selbst nicht herstellen konnten. Mit Lebensmitteln versorgten sie sich selbst. Die Mauern umschlossen zwei Hektar gutes Ackerland.

Hung-lin erinnerte sich noch, daß ich Einsiedler besuchen wollte, und er wies auf den markanten, pyramidenförmigen Gipfel des Kueifeng einige Kilometer südwestlich am Ausgang der Taiping-Schlucht. Er sagte, daß er selbst einige Jahre auf dem Kueifeng in einer Hütte gelebt hatte. Er war dreiundsiebzig Jahre alt und seit seinem achtzehnten Lebensjahr Mönch. Er fragte mich, ob ich mit einem vierundneunzig Jahre alten Mönch zusammentreffen wolle, der in seiner ehemaligen Hütte unter dem Gipfel lebte. Ich wollte sein Angebot annehmen, aber als er hinzufügte, daß der Mönch nicht mehr sprechen konnte und daß man erst beim Kommandeur der Garnison am Fuße des Berges eine Erlaubnis einholen müsse, sah ich davon ab.

Der Name Kueifeng war mir jedoch bekannt. Es war der posthume Name von Tsung-mi, der im neunten Jahrhundert als Abt im Tsaotang-Tempel diente und Patriarch der Hua-yen-Schule wie auch eines Zweiges der Zen-Schule war. Als wir aus dem Hof hinausgingen, blieb Hung-lin stehen und sperrte die Tür zum Trommelturm auf. Im Inneren befand sich die Grabstele von Tsung-mi.

Die Inschrift war verfaßt und geschrieben von Pei Hsiu, dem Ersten Minister des neunten Jahrhunderts, der die Reden mehrerer berühmter Zen-Meister, unter anderem diejenigen von Huang-po aufgezeichnet hatte. Ich dankte Hung-lin für seine Hilfe und sagte ihm, daß ich lieber in den Bergen sei. Er lächelte schüchtern, und wir verabschiedeten uns.

Auf dem Weg zurück nach Fengyukou hielt ich unweit des Tsaotang-Tempels neben einem Rebgarten. Mit Hilfe eines Bauern fand ich, was ich westlich der Straße suchte: den ehemaligen Hsingfu-Stupa-Friedhof. Der Friedhof enthielt einst Tsung-mis blauen Lotos-Stupa und die Stupas von über fünfzig weiteren hervorragenden Mönchen. Die Stein- und Ziegelbauten waren während der Kulturrevolution zerstört worden, und die Anlage bildete jetzt eine große Vertiefung in einem großen Rebgarten. Wie ich gehört hatte, wollten Beamte aus der Gegend hier nach Resten graben, um hiermit eine Touristenattraktion zu schaffen. Der Bauer sagte mir, daß er dies auch gehört habe, aber er kümmerte sich nach wie vor gut um seine Reben.

Wenige Minuten später war ich wieder in dem Ort Fengyukou. Auf der Ostseite des Eingangs zur Schlucht des Feng-Flusses kletterte ich durch einen laublosen Wald, in dem wilde Pfirsichbäume leuchteten, zum Fuß des Houanshan hinauf. Bald erreichte ich ein kleines Plateau, das von den roten Mauern und den mit grauen Ziegeln gedeckten Dächern des neuen Fengte-Tempels beherrscht wurde. Dieser Tempel steht neben mehreren anderen in einem Zusammenhang mit Tao-hsuan, der Mitte des siebzehnten Jahrhunderts auf diesem Berg lebte.

Der Tempel hatte trotz seiner neuen Wände schon bessere Tage gesehen. Aber das Leben geht weiter. Im Inneren hörte ich das Geräusch einer Nähmaschine mit Tretantrieb, und ich sah mehrere Iris und einen blühenden Kirschbaum. Im Kloster lebten jetzt Nonnen. Draußen traf ich die Äbtissin Miao-chueh. Sie war sechzig Jahre alt und stammte aus der Provinz Heilungkiang im Nordosten. Sie war gerade damit beschäftigt, in der Nähe des ehemaligen Friedhofs, auf dem noch drei schiefe steinerne Stupas standen, Gemüse zu ernten. Sie unterbrach ihre Arbeit, um mir zu erzählen, daß jetzt über dreißig Nonnen im Tempel lebten, aber sie wußte nicht, wie lange er schon ein Nonnenkloster war. Im neunten Jahrhundert war er noch ein Mönchskloster, als Tsung-mi hier lebte und seine klassische Abhandlung über die verschiedenen Formen des Zen schrieb.

Ich kehrte in das Dorf zurück und fuhr in das Tal hinein. Zu beiden Seiten eines sich schlängelnden, klaren Flusses ragten hohe Felsen auf, und an der Ostseite führte eine befestigte Straße hinein. Nach knapp zwei Kilometern hielt ich an einem Ort namens Liulinping. Bei meinem ersten Besuch war Steve mit dabeigewesen. Steve war aber jetzt wieder in Amerika, und ich ging alleine die Steintreppen zum Berg hinauf. Oben auf dem Gipfel des Houanshan konnte ich Tao-hsüans Stupa sehen, der uns im Jahr zuvor am Geburtstag des Buddha hierher geführt hatte.

Auf halbem Wege hielt ich beim Chingyeh-Tempel an. Über dem Haupttor des Tempels sah ich die Worte, die mich begrüßten, als ich zum ersten Mal hier war: «Benutze den Dharma, um den Dharma zu schützen.» Im Inneren bellte ein Hund. Einer der Mönche kam heraus und führte mich hinein. Er sagte mir, daß man den Hund angeschafft habe, weil vor einigen Monaten in einer regnerischen Nacht jemand über die Mauern eingedrungen war, während er schlief. Der Eindringling schlug die Rinde von zwei *tu-chung*-Bäumen *(Eucommia ulmoides)* ab, um sie wegen ihres offizinellen Werts zu verkaufen. Die Bäume waren jetzt abgestorben. Tao-hsüan hatte sie vor über dreizehnhundert Jahren in dem kleinen Tempelhof gepflanzt.

Tao-hsüan war der Begründer der Schule der Disziplin, und der Chingyeh-Tempel war das Zentrum dieser Schule. Als Tao-hsüan im Jahre 621 als Fünfundzwanzigjähriger hierher kam, lebte er in einer Hütte weiter oben auf dem Berg. Später ging er hinab in den Tempel, der fünfzig Jahre vor seiner Ankunft erbaut worden war. Als die Zahl seiner Jünger zunahm, benutzte er den Tempel als Unterweisungszentrum und Versorgungsbasis für diejenigen, die in den nahegelegenen Hütten auf dem Berg lebten. Tao-hsüan erstellte nicht nur Biographien früher buddhistischer Mönche in China, sondern standardisierte auch die Regeln, nach denen Mönche und Nonnen ihr Leben einrichteten, und diese Regeln oder Gebote bildeten die Grundlage seiner religiösen Unterweisung. Diese Schule spielte zwar nie eine bedeutende Rolle, aber sie hat noch heute Anhänger, und Mönche und Nonnen anderer Schulen

Tao-hsüans Stupa.

beherzigen deren Aussage, daß ohne ein ehrenhaftes Leben nichts erreicht werden kann.

Als Steve und ich den Chingyeh-Tempel im August des vorigen Jahres besucht hatten, waren wir K'uan-ming begegnet, einem achtundzwanzigjährigen Mönch, in dessen Hände man die Aufsicht über die Wiederherstellung des Tempels gelegt hatte. Während dieses Besuches fragte ich ihn, ob es noch Meister der Schule der Disziplin in China gäbe.

K'uan-ming: Am Ende der Ch'ing-Dynastie gab es En-yeh und Hung-yi. Heute gibt es noch Meng-san in der Stadt der zehntausend Buddhas in Amerika, Yuan-chou im Kuanghua-Tempel in Putien (Fukien), Miao-tsan in Nanputuo in Hsiamen (Fukien) und die Nonne Tung-nien in Chienhsien (100 Kilometer nordwestlich von Fengyukou). Dies sind die einzigen Meister der Schule der Disziplin, die ich kenne. Sie alle haben geholfen, die Wiederherstellung des Chingyeh-Tempels zu finanzieren. Sie alle sagen, daß es an der Zeit ist, daß in den Chungnan-Bergen wieder große Mönche und Nonnen herangezogen werden.

Frage: Wie sind Sie hierher gekommen?

K'uan-ming: Mönche und Nonnen sind die freiesten Menschen in China. Wir können überall hingehen, wo wir wollen. Vor der Kulturrevolution mußten wir einen festen Wohnsitz haben. Heute müssen sich nur diejenigen anmelden, die längere Zeit in einem Tempel leben. Wir ziehen immer von einem Ort zum anderen, um zu praktizieren und zu lernen. Nach dem Studium an der buddhistischen Akademie in Hsiamen kam ich hierher, um als Mönch zu leben. Dies war vor drei Jahren. Als ich aus dem Bus ausstieg, besaß ich 120 RMB. Mit diesem Geld baute ich mir auf dem Kuanyinshan eine Hütte. Einen Monat später kam ich hierher, um meine Aufwartung zu machen, und ich begegnete zwei alten Mönchen. Wir müssen wohl eine Beziehung aus einem früheren Leben gehabt haben, und ich blieb. Als ich später wieder zum Hsiamen zurückkehrte, um Meister Meng zu besuchen, erklärte er sich bereit, die Wiederherstellung des Tempels zu finanzieren, damit dort ein Ort der geistlichen Übung entstehen könne.

Frage: Wie viele Mönche und Nonnen leben in diesen Bergen?

K'uan-ming: Seit meiner Ankunft bin ich hier viel umhergewandert. Im Bezirk Ch'ang-an alleine muß es über fünfhundert von ihnen geben. Es gibt jedoch zwei Arten. Die meisten kommen in die Berge, um dort geistliche Übungen durchzuführen. Es gibt jedoch einige, die – wie soll ich sagen – sich um Heiligtümer und Tempel kümmern, um ihren Lebensunterhalt zu bestreiten.

Frage: Wie lange möchten Sie hier noch leben?

K'uan-ming: Noch zwei bis drei Jahre, bis der Tempel wieder hergestellt ist. Dann möchte ich ihn jemand anderem übergeben, der das Tao versteht und der die Praxis der Schule der Disziplin wiederbeleben kann. Danach möchte ich einige Jahre bei Meister Meng oder Meister Miao lernen. Meister Meng möchte, daß ich zu ihm nach Amerika komme.

Frage: Können Sie mir mehr über Meister Meng erzählen?

K'uan-ming: Er stammt wie ich aus der Provinz Heilungkiang. Er war schon als Dreißigjähriger sehr bekannt, und er hielt in Burma, in Thailand und in Hongkong Vorträge. Als er zurückkehrte, wurde er als Spion in das Gefängnis gesteckt. Es hieß, daß er zu viele Reisen unternommen hätte. Er brachte über dreißig Jahre im Gefängnis zu und wurde 1980 schließlich freigelassen. Er ist jetzt achtundsiebzig. Als ich ihm an der buddhistischen Akademie in Hsiamen zum ersten Mal begegnete, kamen Hunderte gewöhnlicher Menschen, nicht nur Mönche und Nonnen, um seine Vorträgen zu hören. Er ist ein beeindruckender Redner, und seine Worte sind sehr tief. Vor kurzem ist er nach Amerika gereist, um dort vor einem chinesischen Publikum zu sprechen, und man bat ihn zu bleiben. Von ihm habe ich viel gelernt. Dasselbe gilt für Meister Miao. Meister Miao sagt nicht viel, aber was er sagt, ist sehr tief. Er war einst Abt des berühmtesten Zen-Tempels in China, des Kaoming-Tempels in Yangchou. Beide sind erleuchtete Meister.

Frage: Kann man zur Erleuchtung gelangen, ohne die Gebote zu beachten?

K'uan-ming: Nein. Wenn man keine Gebote einhält, gleichgültig, ob es ein Gebot oder zweihundertfünfzig Gebote sind (die Anzahl, die Mönche einhalten), dann hat man in seinem Leben keinen

Frieden. Wenn man Gebote einhält, befreit man sich von Behinderungen und Bindungen. Nur dann aber wird die Meditation tiefer. Und nur durch Meditation erlangt man Erleuchtung. Dies ist der Gedanke der Schule der Disziplin.

Frage: Wie schätzen Sie die Möglichkeiten einer Wiederbelebung des Buddhismus in China ein?

K'uan-ming: In den letzten zehn Jahren hat sich sehr viel geändert. In der Provinz Shensi gibt es kaum ein Dorf, in dem nicht irgendein Tempel oder ein Heiligtum für die Gläubigen steht. Und die Gläubigen stammen aus allen Lebensbereichen, auch aus der Regierung und der Partei. Was wir jetzt brauchen, sind einige große Meister. Im Augenblick aber sind wir hauptsächlich damit beschäftigt, die Menschen wieder mit dem Buddhismus vertraut zu machen. Natürlich sind viele Tempel zu Zoos geworden. Die Mönche werden begafft, und die Menschen machen viel Lärm. Wir glauben aber, daß sich dies ändern wird, und die Tempel werden wieder Orte der Verehrung und der geistlichen Übung sein. Dies wird allerdings seine Zeit dauern. Dann werden die alten Mönche nicht mehr sein. Die Zukunft hängt also von uns ab. Wir müssen viel üben. Deshalb verkaufen wir hier keine Eintrittskarten. Wir sind kein Zoo. Wir lassen niemanden herein, der nicht als Gläubiger hier ist. Aber wir brauchen nach wie vor Geld für den Bau des Tempels, weshalb wir damit begonnen haben, Achat-Rosenkränze herzustellen. Ich glaube, daß wir damit letztlich unseren Lebensunterhalt bestreiten können.

Frage: Wie ist es mit den anderen Tempeln?

K'uan-ming: Dort ist es genauso. Wenn man keine Möglichkeit findet, den Unterhalt durch eigene Anstrengungen oder durch Spenden zu verdienen, bleibt nichts anderes übrig, als Eintrittskarten an Besucher zu verkaufen. Wir wissen sehr wohl, was dies bedeutet. Die großen Meister sind schon sehr alt und durften bis vor kurzer Zeit nicht lehren. Wenn sich die neue Generation der Mönche und Nonnen nicht sehr anstrengt, wird von dieser Religion nichts übrigbleiben. Wir haben zwar jetzt Religionsfreiheit, aber es wird alles jedes Jahr schlechter. Die Bedingungen waren vor zehn Jahren besser, als das Verbot der Religionsausübung aufgehoben wurde. Inzwischen ist klargeworden, daß die Regierung aus den Tempeln touristische Attraktionen machen möchte.

Es war ein halbes Jahr später, und K'uan-ming war nach Hsiamen in der Provinz Fukien zurückgekehrt. Er bereitete sich offenbar darauf vor, zu Meng-san nach Amerika zu gehen. Sein Nachfolger war K'ai-lung, ebenfalls ein junger Mönch und Absolvent des Fachbereichs Chinesisch an der Universität Peking. Von den acht oder neun Mönchen, die im Tempel lebten, waren drei Absolventen des Fachbereichs Chinesisch an der Universität. Auch in anderen buddhistischen Tempeln überraschte mich der hohe Bildungsstand der jungen Mönche und Nonnen. In Peking erfuhr ich, daß der buddhistische Verband von allen neueintretenden Mönchen und Nonnen mindestens einen Oberschulabschluß verlangt. Eine solche Bestimmung gab es im taoistischen Verband nicht.

K'ai-lung führte mich in eine der drei Höhlen, die hinter dem Hauptheiligtum ausgehauen waren. Sie diente als Speiseraum, und ich kam gerade rechtzeitig zum Abendessen: Maisgrießbrei, ein Wildgemüse und gebackene Kartoffeln. Danach gab mir K'ailung ein Zimmer für die Nacht. Das nächste, woran ich mich erinnere, ist das Geräusch des Blasebalgs am Küchenherd, das Klopfen eines Spechts und das Zwitschern der Vögel, das mich weckte. Dann schlug jemand das geschlitzte Holzscheit neben der Küche. Das Frühstück war dasselbe wie das Abendessen, nur ersetzten frische süße Brötchen die gebackenen Kartoffeln.

Während meines vorigen Besuchs war ich weiter oben im Tal auf dem Kuanyinshan einer Nonne namens Yuan-chao begegnet. Als ich K'ai-lung sagte, daß ich mich nochmals mit ihr unterhalten wolle, sagte er, daß sie auf die andere Seite des Berges gegangen war und der Weg dorthin schwierig sei. Nach dem Frühstück sprach er mit einem jungen Mönch, der vor einer Woche vergeblich versucht hatte, sie zu besuchen. Es war zwar bereits Mitte März gewesen, doch konnte er nicht durch den Schnee hindurchgelangen. Inzwischen hatte jedoch die ganze Woche die Sonne geschienen, und er willigte ein, es nochmals zu versuchen.

Wir gingen zur befestigten Straße hinab und begannen, das Tal hinaufzuwandern. Mehrere Busse fuhren an uns vorbei. Der junge Mönch sagte, daß Busse normalerweise nur anhielten, um jemanden aussteigen zu lassen, weil sie sonst kaum wieder in Fahrt kämen. Nach einigen Minuten nahm uns ein Lastwagen mit, und vierzehn Kilometer später wanderten wir den Osthang des Kuanyinshan hinauf.

Einhundert Meter oberhalb der Straße führte der Pfad an einigen Bauernhäusern vorbei, bog bei einem Schweinestall nach links ab und wand sich dann einen steilen Hang hinauf, den wir unmöglich hätten erklimmen können, wenn er naß oder vereist gewesen wäre. Auch jetzt, da der Pfad trocken war, war der Aufstieg mühsam, und ich mußte immer wieder stehenbleiben, um Atem zu schöpfen. Mein Begleiter muß sich gefragt haben, was ich eigentlich in diesen Bergen wollte. Das fragte ich mich auch. Nach eineinhalb Stunden wurde der Pfad schließlich wieder eben, und wir erreichten die Shuilien-Höhle. Hier hatte Yuan-chao gelebt, als ich ihr vor einem halben Jahr begegnet war. Die neue Bewohnerin der Höhle war nicht da, und wir entzündeten etwas Räucherwerk im Andachtsraum der Höhle und gingen weiter. Zwanzig Minuten später kündigte an einer Abzweigung nach links ein steinerner Torbogen den Nanya-Tempel an.

Als ich im vergangenen Herbst mit Steve und K'uan-ming auf den Kuanyinshan gegangen war, blieben wir auf dem Hauptweg und erreichten zehn Minuten später den Gipfel: eine Allee mit mächtigen Kiefern und vier oder fünf Heiligtümer, die sich auf dem Gipfel drängten. In einem der Heiligtümer begegneten wir einem siebzigjährigen buddhistischen Mönch, der vor einem Jahr ordiniert worden war und möglicherweise zu K'uanmings Kategorie der Broteremiten zählte. In einem anderen Heiligtum sahen wir eine Gruppe von Laienjüngern, die von einem jungen Taoisten in Yoga unterwiesen wurden. Aber wir blieben draußen. K'uanming sagte, daß ganz besonderes Wetter herrsche, und wir mußten ihm zustimmen. Das Panorama der Gipfel und Kiefern und Wolken änderte sich von Sekunde zu Sekunde. Ich rauchte eine ganze Zigarre, während ich nur dasaß, schaute und meinem Lieblingslied lauschte, dem Wind in den Kiefern.

Dieses Mal beschloß ich, den Gipfel zu umgehen, und wir schlugen statt dessen den Weg zum Nanya-Tempel ein. Einige Minuten später begrüßte uns Ch'ang-chao, der Abt des Tempels und zugleich der einzige Mönch. Er war einundsiebzig und lebte seit neun Jahren im Tempel. Zwei Laien wohnten bei ihm. Während der eine von ihnen uns heißes Zuckerwasser einschenkte, zeigte uns der Abt eine kleine Glocke, die der Kaiser vor dreihundert Jahren zu Beginn der Ch'ing-Dynastie dem Tempel geschenkt hatte. Sie war ziemlich kunstlos und machte eher den Eindruck, daß der Nanya-Tempel beim Kaiser nicht unbedingt in allerhöchstem Ansehen stand. Draußen zeigte uns Ch'ang-chao ein neues Heiligtum, das kurz vor der Fertigstellung stand, und er wies auf den zweitausend Meter hohen Gipfel des Wanhuashan, der genau gegenüber dem Kuanyinshan auf der Ostseite des Feng-Tales lag. Wie er sagte, hatten einige Mönche vor kurzem auf dem Wanhuashan Hütten errichtet, und weitere Mönche wollten sich ihnen anschließen. Der Abt sagte, daß dieser Berg viel abgelegener sei als der Kuanyinshan. Ich notierte mir dies.

Es war Mittagszeit, doch lud uns der Abt nicht zum Essen ein. Offenbar waren die Essensvorräte des Tempels zu knapp. Wir verabschiedeten uns und gingen auf der anderen Seite des Kuanyinshan zu Tal. Hier lag zwar noch Schnee, jedoch nach dem warmen Wetter der letzten Woche nur noch stellenweise. Zehn Minuten später hatten wir das kleine Heiligtum des Hsiching-Tempels erreicht. Eine Nonne kam heraus und begrüßte uns. Sie war eine Schülerin von Yuan-chao und lebte dort allein. Sie lud uns zu gebackenem Reis ein, der vom Mittagessen übriggeblieben war. Sie muß aus dem Süden Chinas gestammt haben; im Norden ißt man üblicherweise Brot und Nudeln. Während sie den Reis aufwärmte, sah ich mich um und bemerkte, daß es im Hsiching- wie im Nanya-Tempel auch ein kleines, getrenntes Heiligtum für taoistische Gottheiten gab. Jedem das Seine...

Nach dem Mittagessen setzten wir unsere Wanderung fort. Unterwegs störten wir ein Kaninchen auf, das so groß war wie ein Hund. Der Berghang war mit dem Laub des letzten Herbsts bedeckt, und der Lärm des Kaninchens, das den Hang hinabpolterte, erschreckte uns nicht weniger, als wir es erschreckt hatten. Zwanzig Minuten später kamen wir am Chinchan-Tempel vorbei. Es war niemand da. Wenige Minuten später gelangten wir an eine Hütte. In der Sonne hingen Nonnenkleider zum Trocknen. Auch hier war niemand da. Fünf Minuten später erreichten wir die Sohle einer Schlucht, überquerten eine Holzbrücke und stiegen auf der anderen Seite nach oben. Wieder einige Minuten später kamen wir am Lungwang-Tempel an. Es war ein altes Nonnenkloster, das auf die Ming-Dynastie zurückreichte. Etwa einhundert Meter südöstlich davon lag die Stelle, an der der Kuanyin-Tempel entstehen sollte. Ein Blick zurück auf den Kuanyinshan zeigte mir, daß wir schätzungsweise zwei Kilometer südwestlich des Gipfels waren.

Eine der Nonnen des Lungwang-Tempels erzählte uns, daß Yuan-chao in einer Ziegelsteinhütte auf einem kleinen Plateau lebte, das für das künftige Heiligtum des Kuanyin-Tempels nivelliert wurde. Wir folgten der Nonne den Hang hinauf zu Yuan-chaos Hütte. Sie saß im Schneidersitz auf ihrem *k'ang*, einer Bettstatt aus Ziegelsteinen mit eingebautem Ofen, wie man sie in ganz Nordchina findet.

Als ich eintrat, sagte sie: «Sie sind wieder da. Gut. Jetzt können wir sprechen. Beim letzten Mal war ich mir nicht sicher. Jetzt weiß ich, daß Sie wegen des Dharmas gekommen sind.» Ich war froh, daß ich mir die Mühe gemacht hatte, sie nochmals zu besuchen. Sie war achtundachtzig, aber ich habe selten mit jemandem mit so wachem Geist gesprochen. Sie war in der Provinz Chilin im nordöstlichen China geboren und entstammte einer Familie, in der es seit sechs Generationen Ärzte gab. Ihr Großvater war buddhistischer Mönch, und ihr Vater wurde ebenfalls Mönch. Sie wurde mit sechzehn Novizin und absolvierte die Buddhistische Akademie in Peking. Anschließend kehrte sie in den Nordosten zurück, wo sie vier buddhistische Akademien gründete. Ich fragte sie, warum sie Nordostchina verlassen hatte und in die Chungnan-Berge gekommen war.

Yuan-chao: Ich wurde ausgetrickst. Es war Chih-chen, der Abt des Wolung-Tempels in Sian, der Mann, der dreißigmal am Tag das *Diamanten-Sutra* rezitiert. Er besuchte mich im Jahre 1953, und als ich mich von ihm am Bahnhof verabschieden wollte, drückte er mir eine Fahrkarte in die Hand und nahm mich mit in den Zug. Ich kam völlig mittellos in Sian an und hatte nicht einmal Kleider zum Wechseln. Er wollte, daß ich zu arbeiten aufhören und statt dessen geistliche Übungen durchführen sollte. Später übernahm ich das Amt der Äbtissin des Tsaotang-Tempels. Als die Roten Garden kamen, schickte ich sie weg. Ich ließ sie nicht herein. Wenn ich es getan hätte, hätten sie Kumarajivas Stupa zerstört. Ich war bereit zu sterben. Aber das ist lange her. Schließlich wurde mir das Tempelleben zuviel, und ich ging zum Kuanyinshan. Das war vor zehn Jahren. Ich glaubte, daß dies ein guter Ort zum Sterben sei. Voriges Jahr wurde mir die Vorderseite des Kuanyinshan zu unruhig, zu viele Menschen, die zum Gipfel wanderten, weshalb ich zur Rückseite ging. Aber ich bekomme immer noch Besuch. Vor zwei Wochen kamen einige Studenten zu mir herauf und studierten mit mir eine Woche das *Avatamsaka-Sutra*.

Frage: Sie praktizieren den tantrischen Buddhismus?

Yuan-chao: Ja, aber es gibt nicht mehr viele von uns. Nur sehr wenige Menschen praktizieren noch Tantra. Ich habe zunächst in Peking bei der sechzigsten Inkarnation des Gung-ga-Buddha studiert, dem Oberhaupt der Roten Sekte. Dies ist nicht dasselbe wie die Gelbe Sekte des Dalai Lama und des Panchen Lama. Der tantrische Weg ist kürzer und schneller. Ich hatte es eilig zu sterben, weshalb ich den tantrischen Weg studierte. Ich warte immer noch darauf zu sterben, ich warte immer noch auf das Feuer.

Frage: Ähnelt die tantrische Praxis der Praxis des Reinen Landes?

Yuan-chao: Die tantrische Praxis steht dem Zen näher. Sie ist der Gipfelpunkt des Zen. Sie ist aber nichts für gewöhnliche Menschen. Es ist, wie wenn man ein Flugzeug steuert. Es ist gefährlich. Die Praxis des Reinen Landes ist so, wie wenn man einen Ochsenkarren lenkt. Es ist ungefährlich. Dies kann jeder tun. Aber es dauert länger.

Yuan-chao hatte so viele Jahre so viele Schüler den Buddhismus gelehrt, daß sie ihre Vorträge wohl auswendig konnte oder zumindest ihre Zitate, die sie rezitierte. Ich nahm ein Blatt Kalligraphiepapier aus meinem Beutel und fragte sie, ob sie für mich die Essenz der buddhistischen Praxis niederschreiben wolle. Sie legte das Papier zur Seite, und ich erwähnte das Thema nicht mehr. Zwei Monate später erhielt ich in Taiwan mit der Post den Bogen Papier mit vier Worten: Guter Wille, Mitleid, Freude, Losgelöstheit. Ihre Kalligraphie war so kraftvoll und klar wie ihr Geist.

Yuan-chao auf ihrem k'ang, auf das Feuer wartend.

Nach dem Abendessen streckten mein Begleiter und ich uns unter einer Decke in einer Ziegelsteinhütte auf der anderen Seite des künftigen Tempelhofs aus. Mitten in der Nacht rumorte es am Himmel, es gab einen gewaltigen Donnerschlag, und dann regnete es bis zur Morgendämmerung.

Als ich am nächsten Morgen hinausging, war es kaum möglich zu gehen. Klebriger Lehm blieb kiloschwer bei jedem Schritt an meinen Schuhen haften. Nachdem wir unsere Frühstücksmahlzeit aus Maisschleim und gebackenen Kartoffeln beendet hatten, kam Yuan-chao zu unserer Hütte herüber. Sie wollte uns eine Abkürzung zur Erleuchtung lehren, die wir anwenden könnten, wenn wir jemals dem Tode nahe seien. Wenn wir es anwandten und nicht bereit seien zu sterben, würden wir, wie sie sagte, schreckliche Kopfschmerzen bekommen und trotzdem sterben. Sie kicherte, als wir zu dritt unter die Decken auf unserem *k'ang* kletterten, und sie lehrte uns ein Mantra, eine Reihe von Sanskrit-Silben, die, wie sie sagte, der Menschheit zuerst von Wesen aus dem Weltraum gelehrt wurden. Sie lehrte uns auch ein weiteres Mantra, das ihr zufolge eine Art Gegengift war, falls der Tod an uns vorübergehen sollte oder wir an ihm.

Dann gingen wir hinaus. Es hing noch ein wenig Nebel in der Luft, aber es hatte aufgehört zu regnen. Wir beschlossen zu gehen, solange es noch möglich war. Yuan-chao sagte, daß der Pfad über den Kuanyinshan unpassierbar sei, und nannte uns einen viel einfacheren und kürzeren Weg, der nordwestlich längs einer Schlucht hinunter zum Feng-Fluß führte. Der Pfad sei laubbedeckt und fiele sanft ab. Sie sagte uns, daß die Bezirksregierung erwogen habe, eine Straße die Schlucht hinauf zu bauen, um das Gebiet touristisch zu erschließen, doch habe man die Pläne zurückgestellt, bis sich die wirtschaftliche Lage bessern würde. Wir seufzten bei dem Gedanken, winkten zum Abschied und gingen den Pfad hinab, wobei wir unterwegs unsere neuen Mantras übten.

Eine Stunde später erreichten wir den Ort Weitzuping, überquerten eine Brücke über den Feng-Fluß, der über Nacht stark angeschwollen war, und gingen die Straße talwärts. Wir kamen an Bambushainen vorbei, und hinter dem Nebel leuchteten wilde Pfirsichbäume. Nach einer Stunde kamen wir in die Ortschaft

Liyuanping. Eine weitere Brücke brachte uns wieder auf die andere Seite des Flusses.

Wir folgten einem Weg durch Felder, der an einem großen Teich am südlichen Ende des Tals vorbeiführte. Orangefarbene und goldene Fische flitzten durch das Wasser. Mein Begleiter sagte, daß sie aus Vietnam stammten. Hinter dem Teich führte der Pfad zum westlichen Kuanyin-Tempel direkt einen steilen Hang hinauf, und der Boden war rutschig. Zum Glück gab es genügend Zweige und Felsen, an denen wir uns festklammern konnten. Eine Stunde später überquerten wir den Sattel und gingen auf der anderen Bergflanke hinunter. Dann wurde der Pfad wieder eben. Ein Specht mit gelbem Kamm und schwarzweiß gestreiften Flügeln ließ sich von uns nicht stören und bearbeitete weiter einen Baumstumpf. Irgendwo im Nebel erreichten wir den Tempel. Wir gingen auf den unbefestigten Hof und riefen den Namen des Buddha. Vier junge Mönche und Abt Sheng-lin erschienen unter der Tür. Mein Begleiter eilte zu den anderen Mönchen, um sich mit ihnen zu unterhalten, und der Abt lud mich ein, zu ihm in die Küche zu kommen. Er sagte, daß wir uns unterhalten könnten, während er Anmachholz hackte. Er war vierundsiebzig und seit über dreißig Jahren Mönch. Die letzten vierzehn Jahre hatte er am westlichen Kuanyin-Tempel verbracht. Er hatte sein Amt von Ching-t'ien übernommen, der nach Sheng-tu in die südlich gelegene Provinz Szechuan gegangen war. Als ich Sheng-lin nach seinen geistlichen Übungen fragte, sagte er, daß er zu töricht sei, um Zen zu praktizieren; er würde nur den Namen des Buddha rezitieren. Er lachte, aber es war ihm ernst.

Sheng-lin: Zen paßt nicht mehr. Um Zen praktizieren zu können, braucht man tiefe Wurzeln. Es gibt heute kaum noch Menschen mit tiefen Wurzeln. Dies war früher nicht so. Früher konnte jeder Zen praktizieren. Jetzt nicht mehr. Dies ist nicht nur meine Meinung. Es war auch Yin-kuangs Meinung. (Yin-kuang war der Mönch, der Anfang des zwanzigsten Jahrhunderts in China die Reines-Land-Praxis wieder einführte.) Heute ist die Reines-Land-Praxis die einzige Praxis, die für jeden geeignet ist. Der Unterschied liegt darin, daß die Reines-Land-Praxis von der Macht des Buddha abhängt. Man braucht keine tiefen Wurzeln. Die Zen-Praxis hängt vollständig von einem selbst ab. Dies ist viel schwieriger, vor allem heute.

Früher gab es viele erleuchtete Mönche. Aber wie viele sind heute noch erleuchtet? Ich kenne keinen. Manche Mönche halten sich vielleicht für erleuchtet, aber sie sind es nicht. Sie halten Täuschung für Erleuchtung. Deshalb sagte Yin-kuang, daß es besser ist, den Namen des Buddha zu rezitieren, sich auf den Buddha zu verlassen. Wer ist mächtiger, man selbst oder der Buddha? Die Reines-Land-Praxis bringt sicherere Ergebnisse. Wenn man keine tiefen Wurzeln hat und Zen praktiziert, kann man sein ganzes Leben lang üben, ohne irgend etwas zu erreichen. Aber auch die Reines-Land-Praxis ist nicht einfach. Man muß den festen Entschluß haben, im Reinen Land wiedergeboren zu werden; andernfalls nützt es gar nichts, den Namen des Buddha zu rezitieren – es ist nur ein Aberglaube. Die Reines-Land-Praxis übersteigt den Verstand, es ist eine Sache des Glaubens. Der Glaube aber ist stärker als der Verstand. Man kann das Reine Land nicht sehen. Nur Buddhas können das reine Land sehen. Augen nützen nichts. Man muß sich auf den Buddha verlassen.

Sheng-lin sagte mir, daß er auf einen großen Mönch warte, der den Tempel übernehmen würde – er sei nur ein Verwalter. Der Tempel machte eher den Eindruck eines Bauernhauses, aber Sheng-lin sagte, daß er einer der besten Orte in den Chungnan-Bergen für die geistliche Praxis sei. In diesen Teil der Berge kämen nicht einmal Bauern, und es gäbe viel Sonnenschein, Wasser und guten Boden. Bevor wir am Tempel angekommen waren, hatte ich durch den Nebel einen Teil des Gemüsegartens und einige Obstbäume gesehen; er sagte, daß es in ihrem Obstgarten Birnbäume, Apfelbäume und Persimonenbäume gäbe. Dann lachte er und erzählte, wie im vergangenen Herbst ein Bär ihn und die übrigen Mönche in das Haus jagte und sich dann an der Persimonenernte des Tempels gütlich tat, die draußen zum Trocknen lag. Sheng-lin lachte gerne über sich selbst. Er sagte in einem Atemzug die Namen der ersten dreizehn Patriarchen der Reines-Land-Schule her und lachte dann, daß er sich noch an ihre Namen erinnerte.

Während ich noch mit Sheng-lin sprach, kam mein junger Begleiter herein und sagte, daß es Zeit zum Gehen sei. Es war spät am Nachmittag, und die einzige Mahlzeit, die in Sicht war, war diejenige im Chingyeh-Tempel, und wir würden sie verpassen, wenn wir nicht sofort gehen würden.

Auf dem Weg zurück erzählte mir mein Führer, daß er und einer der jungen Mönche im westlichen Kuanyin-Tempel im Shaolin-Tempel beisammen gewesen waren. (Shaolin war der Tempel in der Provinz Honan, wo Bodhidharma die Chinesen im Zen und, wie manche sagen, auch in den Kampfkünsten unterwies.) Er sagte, daß der Ruf der Shaolin-Mönche so schlecht sei, daß diejenigen, die weggehen, kaum in anderen Tempeln unterkämen. Er sei glücklich, daß er im Chingyeh akzeptiert worden sei. Seine Freunde seien abgelehnt worden. Das Problem sei, daß Shaolin durch den Tourismus zu einem Erholungsheim geworden sei, und jeder, der dort lebte, setzte sich dem Verdacht aus, mehr an Behaglichkeit und Ruhm als am Dharma interessiert zu sein.

Wir arbeiteten uns durch den Nebel zurück, gingen über den Kamm, überquerten die Brücke und gelangten wieder auf die Straße. Eine Stunde später kamen wir wieder an einigen Häusern vorbei. Dies war Ertaochiao. *Ch'iao* bedeutet «Brücke», aber eine Brücke war nirgendwo zu entdecken.

Als Steve und ich im August hier waren, durchwateten wir den Fluß. Hinter einigen Bauernhäusern am anderen Ufer fanden wir am Ausgang eines Seitentals die Hütte von Ch'uan-fu.

Sie war siebenunddreißig. Mit siebzehn war sie taoistische Nonne geworden. Drei Jahre später wandte sie sich dem Buddhismus zu und verbrachte fünf Jahre in den Tempeln von Fengte und Tsaotang. Danach versuchte sie, auf dem Kuanyin-shan zu leben, aber wäre beinahe verhungert. In der Hütte, in der wir ihr begegneten, lebte sie seit drei Jahren. Sie sagte, daß sie alles, was sie brauchte, von dem Geld kaufen konnte, das sie mit dem Sammeln von Kräutern verdiente. Ich glaube, daß außer den Bauern des Ortes sie niemals zuvor jemand besucht hatte. Als wir über ihr Leben und ihre geistlichen Übungen sprachen, war sie den Tränen nahe. Sie war einsam. Und ihr Dach war undicht. Sie sagte: «Man kann nicht in den Bergen leben, wenn man noch verhaftet ist, wenn man noch nicht hinter den roten Staub geblickt hat. Das Leben in den Bergen ist hart. Aber wenn man einmal die Täuschungen dieser Welt durchschaut hat, spielen Strapazen keine Rolle mehr. Das einzige, was zählt, ist die geistliche Übung. Wenn man nicht übt, wird man sich nie vom Staub der Täuschung befreien.» Als ich sie fragte, ob Steve sie photographieren dürfe, ging sie in die Hütte und kam mit ihrem Festgewand zurück, das sie nur zu besonderen Anlässen anzog. Danach verabschiedeten wir uns, und Steve und ich drangen weiter in das Tal vor. Der Pfad führte um den Hang herum und dann im Zickzack über den Bach. Nach einer knappen Stunde hörten wir das Geräusch von Holzhämmern, und wir erreichten bald eine kleine Lichtung, die zur Hälfte von einer großen Hütte eingenommen wurde.

Hier wohnte Ch'e-hui. Die Hütte war in gutem Zustand und im Gegensatz zu Ch'uan-fus strohgedeckter Hütte mit Ziegeln gedeckt. Einige Bauern befreiten mit den Hämmern Walnüsse von den grünen Schalen. Ch'e-hui stand draußen. Als sie uns kommen sah, ging sie hinein und brachte Stühle heraus. Wir begrüßten einander und setzten uns. Zwei weitere Frauen kamen heraus. Die eine von ihnen war Ch'e-huis Schwester, die andere ihre Schülerin. Während ihre Schülerin Wasser holen ging, um Tee zuzubereiten, erzählte uns Ch'e-hui, daß sie aus der Provinz Chilin stammte und in den fünfziger Jahren mit ihrer Familie in diese Gegend gekommen war. Sie waren hierher gekommen, um am Bau der Autobahn mitzuarbeiten, die zwischen Tienshui und dem im Westen gelegenen Lanchou gebaut wurde, und blieben schließlich hier. 1957 verkündete sie ihren Entschluß, Nonne zu werden. Ihre Eltern und Brüder waren dagegen, aber sie ließ sich nicht umstimmen. Nachdem sie fünf Jahre in einem Tempel den Buddhismus studiert hatte, ging sie das Tal des Feng-Flusses hinauf und baute eine Hütte in der Nähe des westlichen Kuanyin-Tempels. Sieben Jahre später zog sie erneut um und erbaute ihre heutige Hütte, wo sie nunmehr seit zwanzig Jahren lebte. Sie war vierundsiebzig Jahre alt. Ich glaube, daß ich Ch'uan-fu noch in meinem Hinterkopf hatte. Ich fragte sie, ob sie jemals einsam sei.

Ch'e-hui: Nein, ich lebe gerne allein. Ich kann diesen Berg nicht verlassen. Sooft ich weggehe, zieht es mich sofort wieder zurück. Außerdem habe ich eine Schülerin, so daß ich mich nicht einsam zu fühlen brauche.

Frage: Wie oft gehen Sie ins Tal?

Ch'e-hui: Ich gehe etwa einmal im Monat in das Dorf hinunter, um Dinge wie Mehl und Salz, Öl zum Kochen und Petroleum zu kaufen. Wenn ich nichts brauche, gehe ich nicht hinunter. Ich pflanze alles Gemüse an, das ich brauche, und die Kartoffeln halten sich den ganzen Winter. Im Sommer arbeite ich jeden Tag im Garten. Meist gibt es etwas zu essen. Wenn nicht, dann mache ich mir deshalb auch keine Sorgen.

Frage: Helfen Ihnen andere Mönche und Nonnen in der Gegend?

Ch'e-hui: Nein, wir bleiben unabhängig. Wenn ich Geld brauche, versucht meine Familie, mir zu helfen. Gerade jetzt besucht mich meine Schwester. Wir haben uns seit fast dreißig Jahren nicht mehr gesehen. Sie hat sechsunddreißig Jahre für einen Handelsbetrieb in Shenyang gearbeitet und ist dieses Jahr in den Ruhestand getreten. Sie ist jetzt krank und wollte mich sehen, bevor sie stirbt. Sie ist seit einem Monat hier. Wir brauchen nicht viel. Wir geben im Monat nicht mehr als 10 bis 20 RMB aus. Wir leben sehr einfach. So brauchen wir zum Beispiel im Monat nur einen Liter Öl zum Kochen. Außerdem habe ich vier Walnußbäume. In manchen Jahren bekomme ich über 100 RMB für meine Walnüsse. In den letzten beiden Tagen haben mir Bauern bei der Ernte geholfen.

Frage: Üben Sie sehr viel?

Ch'e-hui: Ich meditiere jeden Abend, bevor ich zu Bett gehe. Jeden Morgen und jeden Abend rezitiere ich das *Titsang-Sutra* und das *Diamant-Sutra*. Ich habe nur den ersten Grad erreicht, aber ich habe gelernt, die Zeichen in den Sutras zu lesen. Ich kann Ihnen aus meiner eigenen Erfahrung sagen, daß man etwas erreicht, wenn man übt. Wenn man nicht übt, erreicht man nichts.

Frage: Waren Sie von der Kulturrevolution betroffen?

Ch'e-hui: Nicht sehr. Sie kamen und nahmen mir mein Räucherwerk und mein Weihrauchfaß. Meine Buddha-Statue aber versteckte ich. Sie haben mich nicht eingesperrt, und sie kamen nie wieder. Ich habe genauso weiter geübt wie vorher. Andere Mönche

Ch'uan-fu im Festgewand vor ihrer Hütte.

und Nonnen aber mußten viel leiden, insbesondere diejenigen, die in Tempeln lebten. Viele wurden gezwungen, ihre Tempel zu verlassen und in die Welt des roten Staubs zurückzukehren. Einem Mönch, den man zwang, zu seiner Familie zurückzukehren, gehörte dieser Berg. Er hatte sonst nichts und wollte ihn mir verkaufen. Meine Familie konnte schließlich 300 RMB aufbringen, und er überschrieb mir den Berg. Als die Roten Garden kamen, nahmen sie mir die Urkunde weg. Sie konnten nicht lesen und hielten es für religiöse Propaganda. Als ich versuchte, sie zurückzubekommen, sagten sie, daß ich eine Konterrevolutionärin sei, und sie verbrannten sie. Ich habe versucht, von der Regierung eine neue Urkunde zu bekommen, aber sie hören nicht auf eine alte Nonne wie mich.

Frage: Kommen jemals Besucher zu Ihnen?

Ch'e-hui: Nein, niemand. Schon gar keine Ausländer.

Ein feines Nieseln setzte ein, und wir verabschiedeten uns. Auf dem Rückweg kam uns am Fluß Ch'uan-fu mit einem großen Sack Walnüsse entgegen. Es waren bestimmt zwanzig Kilogramm. Ich hatte ihr Geld gegeben, damit sie ihr Dach reparieren könne, und sie bestand nun darauf, daß wir die Walnüsse annahmen. Sie sagte, daß sie sonst nichts hätte. Wir dankten ihr und kamen mit den Walnüssen irgendwie über den Fluß und zurück nach Sian.

Das war im August, als der Fluß leicht zu durchwaten war. Jetzt war Ende März, und der nächtliche Dauerregen hatte den Fluß dunkel und gefährlich gemacht, und überall trieben Äste. Diesmal ging ich an Ertaochiao vorbei und war dreißig Minuten später wieder am Chingyeh-Tempel. Ich dankte dem jungen Mönch dafür, daß er mich geführt hatte. Er war jetzt wohl ebenso müde wie ich, und er verschwand in seinem Zimmer. Ich goß in meinem Zimmer den größten Teil einer Thermoskanne heißen Wassers in ein Waschbecken und wusch mich, wobei ich mein Halstuch als Waschlappen und Handtuch benutzte. Nachdem ich die Kleider gewechselt hatte, braute ich mir mit dem restlichen Wasser in der Thermoskanne eine Tasse Schnellkaffee. Ich aß die letzten der selbstgemachten Kekse, die mein Freund Mountain Dave mir in Taiwan gegeben hatte; dann schlief ich ein. Ich verschlief das Abendessen und wachte erst am nächsten Morgen wieder auf.

Nach einem weiteren Frühstück mit Maisgrütze fragte mich K'ai-lung, ob ich noch etwas anderes sehen wolle. Ich war bereits bei Taoh-süans Pagode auf dem Gipfel und bei Pai Chu-yis nahegelegenem Grab gewesen. (Als einer der größten Dichter der T'ang-Dynastie hatte Pai Chu-yi eine gewisse Verantwortung gegenüber der Öffentlichkeit und hatte ein zweites, leichter zugängliches Grab in Loyang.) Ich schlug einen Besuch im Wofo-Tempel auf dem östlich gelegenen Chinghuashan vor, und K'ai-lung war bereit, mir den Weg zu zeigen.

Eine Munitionsfabrik versperrte den Zugang zum Chinghuashan von der Straßenseite aus, weshalb K'ai-lung einen weniger auffälligen Weg längs einem Nebengrat wählte. Auf diesem Weg brauchten wir nur eineinhalb Stunden, um die drei Kilometer von einem Tempel zum anderen zu wandern. Nachdem wir den Gipfel erreicht hatten, hörten wir tief unten das Dröhnen von Geschützfeuer.

Der Tempel war ein Gewirr kleiner Gebäude, die sich um eine Felsspitze drängten. Eines der Gebäude enthielt einen Felsen, aus dem vor knapp zweihundert Jahren ein früherer Abt des Chingyeh-Tempels einen liegenden Buddha gemeißelt hatte. In einem anderen Gebäude begegneten wir fünf Laien, die hier nicht zum Zwecke geistlicher Übungen waren, sondern um die gelegentlichen Pilger und die Wochenendtouristen zu verpflegen. Wir setzten uns mit unseren Gastgebern zu einigen Schüsseln Nudeln, und K'ai-lung brachte das Thema zur Sprache, daß der Wofo-Tempel wieder dem Chingyeh-Tempel unterstellt werden würde. Als erstes wollte er alle die Gebäude entfernen lassen, die rings um den Gipfel entstanden waren. Die einzige Antwort war das schmatzende Einsaugen von Nudeln. Nachdem wir gegessen hatten, verabschiedeten wir uns und brachen zum Rückweg auf.

K'ai-lung war bisher erst einmal auf dem Chinghuashan gewesen, und wir verirrten uns im Nebel. Zum Glück war der Grat kaum zu verfehlen, und wir kamen bald wieder auf den Weg zurück. K'ai-lung war zwar erst fünfundzwanzig Jahre alt, aber er hatte die praktischen Probleme sehr genau erkannt, die die Wiederherstellung der Tempel in der Gegend als Ort der geistlichen Übung mit sich brachten. Sein langfristiger Plan (und ich vermute, auch derjenige von Meister Miao in Hsiamen, der einen großen

Teil des Vorhabens finanzierte) bestand darin, die Tempel Fengte und Wofo mit Chingyeh zu einem religiösen Zentrum zu verbinden, den Tourismus zurückzudrängen und jegliche Hilfe seitens der Regierung einschließlich der Versorgung mit Elektrizität abzulehnen. K'ai-lung sagte, daß die Regierung ein Mitspracherecht beanspruchen würde, wenn man Unterstützung akzeptieren würde. Wie alle Mönche und Nonnen sagten, mit denen ich sprach, war die Regierung nicht daran interessiert, religiöse Betätigung zu fördern, sondern nur am Tourismus.

Etwa zehn Minuten vor der letzten Biegung, hinter der der Chingyeh-Tempel sichtbar wurde, schlug K'ai-lung einen Besuch in einem Gebiet vor, das als Tungkou bezeichnet wird, Östliche Rinne. Hier hatten Tao-hsüans Schüler und ihre Nachfolger achtundvierzig Hütten gebaut, die von einem Mönch an den anderen weitergegeben wurden, bis sie während der Kulturrevolution zerstört oder aufgegeben wurden. K'ai-lung sagte, daß die Hütten jetzt wiederaufgebaut würden.

Ein Pfad am Südhang des Grats führte uns bald zur ersten Hütte. Sie stand direkt über dem Bach, der durch die Schlucht verlief, und war ringsum von mehreren kleinen Beeten umgeben, die für den Gemüsebau vorbereitet waren. Die Hütte war am Tag zuvor fertiggestellt worden. Sie war aus Ziegelsteinen hergestellt, und man hatte die Ziegel nicht in der Sonne getrocknet, sondern nach der Formung sofort verlegt. Sie waren noch feucht, und die beiden Mönche, die einziehen wollten, hatten die in die beiden Ziegelsteinbetten eingebauten Öfen eingeheizt, um die Räume zu trocknen. Das Dach war mit Ziegeln gedeckt, und die Fenster hatten Rahmen, die den Eindruck machten, als wenn man eines Tages Glas einsetzen wollte. Einer der beiden Absolventen der Universität von Peking, die hier leben wollten, sagte, daß die Hütte von sechs Arbeitern in zwei Wochen erbaut wurde und fünfhundert RMB kostete. Sie machte den Eindruck, als ob sie ein Leben lang halten würde.

Kapitel 7

Wolkenmenschen

Ch'ang-an war das Zentrum Chinas, die Hauptstadt von elf Dynastien, der Nabel eines Reichs, das sich von Korea bis Vietnam und vom Pazifik bis Persien erstreckte, bis es seinen Rang an Städte wie Loyang, Kaifeng, Hangchou und Peking abtreten mußte. Während seiner Blütezeit im siebten und achten Jahrhundert war Ch'ang-an die größte und menschenreichste Stadt der Alten Welt. Sie war das Meer, in dem sich alle kulturellen und wirtschaftlichen Ströme Chinas vereinigten, und der größte Marktplatz des Landes. Die am östlichen Ende der Seidenstraße gelegene Stadt war auch Chinas erste kosmopolitische Stadt. Seit ihrer Gründung im Jahre 200 v. Chr. war Ch'ang-an eine Stadt der Reisenden.

Mein nachhaltigster Eindruck von Ch'ang-ans moderner Inkarnation als Sian sind die Tausende von Menschen geblieben, die weiße Kappen tragen und wie Wolken am Himmel durch die Straßen treiben. Ein großer Teil der Bevölkerung der Stadt stammt aus Zentralasien, und die weißen Kappen sind eine spezielle Version der in allen islamischen Kulturen verbreiteten Kopfbedekkung. Weiterhin gibt es große Gemeinden von Mandschuren, Mongolen und Tibetern. In einer Broschüre für Touristen sind achtunddreißig Minderheiten aufgeführt. Im Jahre 1990 zählte die Stadt drei Millionen Menschen. Vor sechzig Jahren waren es noch knapp zweihunderttausend.

Ch'ang-an ist nach wie vor eine Stadt der Reisenden, und ihr Symbol ist passenderweise die Wildgans, ein Vermächtnis von Hsüan-tsang, dem berühmtesten Reisenden der Stadt. Hsüan-tsang brach im Jahre 629 von hier aus nach Indien auf, um seine Zweifel bezüglich der Lehre des Buddha auszuräumen, daß diese Welt nichts als Geist sei. Als er zwei Jahre später Indien erreichte, begann er bei den letzten großen Lehrern der Yogacara-Schule die Nur-Geist-Lehre zu studieren. Fünfzehn Jahre später hieß ihn im Jahre 645 Kaiser T'ai-tsung wieder in Ch'ang-an mit einem Pomp willkommen, der ansonsten siegreichen Generälen vorbehalten ist.

T'ai-tsung wollte alles wissen, was Hsüan-tsang auf seiner Reise gehört und erlebt hatte, und dem Mönch blieb nichts anderes übrig, als die Neugierde des Kaisers zu befriedigen. Hieraus entstand Hsüan-tsangs *Bericht über die westlichen Regionen* und eine große Freundschaft. Im Laufe der Zeit wurde aus Hsüan-tsangs Bericht die *Reise in den Westen*, eine der bekanntesten und beliebtesten Geschichten Chinas. Hsüan-tsang war aber nicht daran interessiert, Erzählungen oder Reiseführer zu schreiben. Er wollte mit der Übersetzung der Sutras beginnen, die er aus Indien mitgebracht hatte. Im Jahre 648 lud ihn der Kronprinz ein, in der Hauptstadt am Tzuen-Tempel ein Übersetzungszentrum zu schaffen, den er als Denkmal für seine Mutter errichtet hatte.

Bald nachdem Hsüan-tsang eingezogen war, regten sich bei ihm Befürchtungen, daß ein Brand oder ein Sturm die unschätzbar wertvollen Schriften zerstören könnte, die er in so langer Zeit gesammelt hatte. Er bat T'ai-tsung um die Erlaubnis, für ihre Lagerung eine Pagode errichten zu dürfen, und der Kaiser stimmte zu. Die Frauen des Palastes gaben ihren Schmuck, um den Bau zu bezahlen, der schließlich im Jahre 652 vollendet wurde.

Bald nach der Fertigstellung begannen Absolventen der kaiserlichen Prüfungen, ihre Namen an die Torbögen zu schreiben, die sich in den oberen Stockwerken in die vier Windrichtungen öffneten. Diese Namenslisten erinnerten die Menschen an ziehende Gänse, und sie nannten den Bau Tayenta, Große Gänsepagode. Am Ende eines Gedichts zur Erinnerung an die Unterschrift seiner eigenen Gruppe im Jahre 752 schrieb Tu Fu:

Das Gänschen bricht zur Reise auf.
Es ruft nach einem Ort, um sich niederzulassen.
Siehe, die Wildgänse folgen der Sonne,
Sie alle suchen nach Getreide.

Der Name setzte sich durch, und seither heißt der Bau Große Gänsepagode. Sie steht heute noch im Südosten der Stadt – in der vollen Höhe von vierundsechzig Metern. Die ziehenden Wildgänse sind jedoch nicht mehr da. Die einzigen Namen, die ich entdecken konnte, reichten ganze zweihundert Jahre zurück: Graffiti der Ch'ing-Dynastie. Draußen las ich die Einleitungen zu Hsüan-tsangs Übersetzungen auf zwei Stelen zu beiden Seiten des Eingangs. Sie waren von Kaiser T'ai-tsung und dem Kronprinzen verfaßt und von Chu Suiliang geschrieben, einem der größten Kalligraphen Chinas. Jahrelang dienten sie mir als Vorlagen für meine eigenen kalligraphischen Bemühungen. Es war, wie wenn man einem alten Lehrer begegnet. Während der T'ang-Dynastie war der Tempel auch wegen seiner Pfingstrosen berühmt, die von April bis Mai blühten. Einige Dutzend Büsche säumten den Weg unterhalb des Hauptheiligtums, und ein Mönch sagte mir, daß sie in den Wochen ihrer Blütenpracht nach wie vor große Menschenmengen anziehen. Das Tempelgelände ist jedoch auf ein Zehntel der ursprünglichen Größe geschrumpft, und die dreißig Mönche, die dort leben, schienen nur noch Wahrer einer Erinnerung zu sein. Als mir einer von ihnen sagte, daß Hsüan-tsangs sterbliche Hülle sich in einem anderen Tempel in der Nähe der Chungnan-Berge befand, mietete ich einen Wagen mit Fahrer und brach in die Berge auf.

Wir fuhren auf der Straße, die nördlich des Tempels beginnt, in südöstlicher Richtung. Nach einem Kilometer Fahrt kamen wir durch einen Ort, der den Namen der einstmals berühmtesten Sommerfrische der Stadt trug, der Chuchiang-Wasserstraße.

Ursprünglich gab es hier während der Ch'in- und Han-Dynastien nur einen Teich, der von einer natürlichen Quelle gespeist und ringsum mit Bäumen und Blumen bepflanzt war. Spätere Dynastien erweiterten den Teich ganz erheblich, und im siebten und achten Jahrhundert entstand hier ein Labyrinth von Wasserfällen, Bachläufen und Teichen, das sich zwei Kilometer von Osten nach Westen und vier Kilometer von Norden nach Süden erstreckte. Es wurde ein Kanal bis in die Chungnan-Berge gegraben, um die Wasserversorgung sicherzustellen. Am Wasser standen Pavillons und Landhäuser. Im Frühjahr versammelte sich hier der kaiserliche Hof, um sich an den Aprikosenblüten am westlichen Ufer zu erfreuen. Im Sommer genoß man den Anblick der Lotosblumen am Ostufer.

Hier entstand auch ein Trinkspiel, bei dem man sich die Launen von Wind und Wasser zunutze machte. Das Spiel begann damit, daß man einen Krug Wein auf ein Holzfloß setzte und dieses auf dem Wasser treiben ließ, bis es zu einem der Teilnehmer gelangte. Dieser goß sich eine Schale Wein ein, schrieb eilig auf einer dabei liegenden Schriftrolle eine Gedichtzeile nieder und übergab das Floß wieder dem Wasser. Das Spiel war aus, wenn alle zu betrunken waren, um noch etwas schreiben zu können, oder wenn der Wein ausgetrunken war. Es war endgültig zu Ende, als das Wasser versiegte. Reisende, die Ch'ang-an im zehnten Jahrhundert besuchten, berichteten, daß die Pavillons in Trümmern lagen und der ehemalige Wasserlauf mit Mais bepflanzt war. Erinnerungen aber sind langlebig, und der Ort wird noch heute als eines der acht Wunder der Provinz bezeichnet.

Hinter dem Dorf bogen wir auf einen Feldweg ab, der eine Minute später an einem Ort namens Hanyao endete, einer Schlucht, die mehrere hundert Meter tief in das Lößplateau führte. An dieser Stelle wartete Wang Pao-ch'uan achtzehn Jahre auf ihren Gemahl.

Wang Pao-ch'uan war die jüngste Tochter eines Ersten Ministers der T'ang-Dynastie, der eine politische Ehe arrangieren wollte. Als sie sich weigerte, einen der von ihrem Vater vorgeschlagenen Männer zu heiraten, wurde sie gezwungen, auf die Große Gänsepagode zu klettern, einen Seidenball hinabzuwerfen und denjenigen zu heiraten, der ihn zufällig auffangen würde. Als sie einen armen Reisenden entdeckte, dem sie am Vorabend begegnet war, warf sie den Ball in seine Richtung, und er fing ihn auf. Sein Name war Hsueh P'ing-kuei. Pao-ch'uans Vater aber weigerte sich, Hsueh zu akzeptieren, und schickte ihn weg. Als Pao-ch'uan die Entscheidung ihres Vaters nicht akzeptierte, wurde sie ebenfalls weggeschickt. Das junge Paar wußte nicht, wo es leben sollte, weshalb es in einen ehemaligen Brennofen zog, der in die Lößwände des Hanyao eingehauen war.

Wenig später brach ein Krieg mit den nomadischen Tanguten im Norden aus, und P'ing-kuei meldete sich zum Kriegsdienst. Die Armee stand aber unter dem Befehl eines Schwiegersohns des Ersten Ministers, der P'ing-kuei in eine Falle lockte, so daß er in Gefangenschaft geriet.

Obwohl man Pao-ch'uan den Tod ihres Gatten gemeldet hatte, wartete sie treu in Hanyao auf seine Rückkehr. Achtzehn Jahre später wurde wieder Frieden mit den Tanguten geschlossen, und

P'ing-kuei wurde freigelassen. Als er zum Ch'ang-an zurückkehrte, traf er seine Frau vor ihrer Höhle beim Sammeln eines Wildgemüses namens *chi-ts'ai*, des Hirtentäschels. Hiervon hatte sie sich in all den Jahren der Trennung ernährt.

Nachdem wir ihre Höhle besucht hatten, machten wir an einer Essensbude am Eingang zur Schlucht Halt und nahmen ein frühes Mittagessen in Form von *chiao-tzu* (Teigwaren) zu uns. Sie waren mit frisch gesammeltem Hirtentäschel gefüllt. Der Geschmack war leicht stechend, und ich dachte mir, daß Wang Pao-ch'uans Kost wenigstens nicht fade war.

Wir kehrten zur Hauptstraße zurück und fuhren ein Stück in Richtung Südosten. Nach einer Minute bogen wir rechts auf eine unbefestigte Straße ab, die durch Hirse- und Maisfelder an zwei Ziegelöfen vorbei den Hang zum Fenghsi-Plateau hinauf zu Hu-hais kleinem, mit Brombeersträuchern bedeckten Grabhügel führte.

Hu-hai war der Sohn des ersten Kaisers der Ch'in-Dynastie, der im Jahre 210 v. Chr. starb. Hu-hai regierte drei Jahre lang als zweiter Kaiser, jedoch war er völlig in der Hand des Eunuchen Chao Kao. Chao brachte einmal dem jungen Kaiser ein Reh und behauptete, daß es ein Pferd sei. Niemand wagte es, dem Eunuchen zu widersprechen, und der Kaiser glaubte, daß er eine Halluzination habe. Zwei Wochen später organisierte Chao eine weitere «Halluzination», indem er als Banditen verkleidete Soldaten den Palast «angreifen» ließ. Der Kaiser beging prompt Selbstmord und wurde durch eine andere Marionette ersetzt.

Zwar dürften auch an Hu-hais Grabhügel Grabräuber am Werk gewesen sein, doch wurde er bisher nicht freigelegt, und er wird selten von Touristen besucht. Er liegt am Südende des Beckens, das einst die Chuchiang-Wasserstraße war. Ich konnte noch den Felsvorsprung unterhalb des Grabhügels sehen, wo der Kaiser erfolgreiche Prüflinge im «Pavillon der Purpurnen Wolke» bewirtete. Nach dem Bankett wanderten sie längs des Ufers zur Großen Gänsepagode, schrieben ihre Namen ein und wurden zu Gänsen.

Wieder auf der Hauptstraße, fuhren wir längs des alten Laufs des Huangchu-Kanals weiter nach Süden. Er versorgte einst den Wasserlauf und wird dies vermutlich in nächster Zeit wieder tun. Einer der Verwalter an Hu-hais Grab sagte mir, daß die Regierung Pläne habe, den Wasserlauf wieder herzustellen und einen großen Park zu schaffen. Wie er sagte, wurde zu diesem Zweck am Ausgang des Tayu-Tals in den Chungnan-Bergen bereits ein Damm gebaut.

Vier Kilometer nach Hu-hais Grab machten wir vor dem Ort Tungwu erneut Halt. Zu unserer Linken befanden sich auf dem Tuling-Plateau mehrere Grabhügel. Einer von ihnen lag kaum zweihundert Meter von der Straße entfernt, und wir gingen durch Felder mit knöchelhohen Hirseschößlingen, um die Anlage zu untersuchen. Sie umfaßte einen zentralen Hügel, der von zwei kleineren Hügeln flankiert war, und einen «Geisterweg» mit zwölf steinernen Statuen von Pferden und Beamten, die Besucher willkommen hießen. Sie waren alle aus Granitfindlingen gemeißelt und in bemerkenswert gutem Zustand. Nicht weniger bemerkenswert war, daß die Stätte der Obhut der Dorfbewohner überlassen war. Ich nahm einen Dachziegel auf und zeigte ihn einem Bauern. Er sagte, daß Historiker die Stätte besucht hätten, aber nicht feststellen konnten, wessen Grab es war. Auf einer alten Karte, die ich später fand, war sie als das Grab von Hsien-ti eingetragen, des letzten Kaisers der Han-Dynastie, der 220 n. Chr. starb.

Eine kurze Fußstrecke östlich von Hsien-tis Grab lag ein weitaus größerer Hügel, der sich mindestens einhundert Meter über das Plateau erhob. Der Bauer sagte in Übereinstimmung mit der alten Landkarte, daß dies das Grab von Kaiser Hsuan-ti sei, der 49 v. Chr. starb. Ich suchte das ganze Plateau mit dem Feldstecher ab. Überall waren Grabhügel.

Wir gingen zum Auto zurück und fuhren fünfzehn Kilometer in südöstlicher Richtung zu dem Marktflecken Yinchen. Von hier aus führte die Straße wie auch der alte Huangchu-Kanal weitere sechs Kilometer nach Süden zu dem neuen Damm am Ausgang des Tayu-Tals. Hinter dem Tayu-Tal lag der Chiawutai, ein bei den Buddhisten seit der T'ang-Dynastie wegen des steilen Gipfels und der dort möglichen Ungestörtheit berühmter Berg. Ich war bereits zweimal mit Steve auf dem Chiawutai gewesen, und ich hatte vor, ihn ein weiteres Mal zu besteigen.

Zuerst jedoch wollte ich am Hsingchiao-Tempel acht Kilometer östlich von Yinchen Halt machen. Wenige Minuten später waren wir vor den langgestreckten roten Mauern des Tempels am Ostrand des Shaoling-Plateaus. Hinter der Mauer ragte die dreiundzwanzig Meter hohe Pagode Hsüan-tsangs wie der Stamm einer riesigen Zeder über dem Tempel auf. Nach Hsüan-tsangs Tod im Jahre 664 wurden seine Reliquien in eine Pagode nahe der Hauptstadt auf dem Plateau des Weißen Hirsches verbracht. Der beständige Anblick von Hsüan-tsangs Pagode betrübte jedoch den Kaiser so sehr, daß sie 669 hierher verlegt wurde. Hier steht sie heute noch, zwanzig Kilometer südlich der Hauptstadt und in Sichtweite der Chungnan-Berge, die Hsüan-tsang einst als den «Großvater aller Berge» beschrieb.

Hsüan-tsangs Pagode war wesentlich kleiner als ihr Vorbild, die Große Gänsepagode, überragte aber doch zwei in der Nähe befindliche dreistöckige Pagoden, die die Reliquien von Hsüan-tsangs berühmtesten Schülern K'uei-chi und Yuan-tse bargen. Die Pagoden dieser drei Begründer der Nur-Geist-Schule des chinesischen Buddhismus hatten alle Kriege und Naturkatastrophen überdauert. Die Heiligtümer dagegen waren mehrmals zerstört und wiederaufgebaut worden, zuletzt im Jahre 1939 von Chiang Kai-shek zum Gedächtnis seiner Mutter. Die Hauptgebäude waren dank Chou En-lai, der den Schutz des Tempels auch während der Kulturrevolution angeordnet hatte, noch in recht gutem Zustand.

Über dem Eingang zum Hauptheiligtum hing eine Tafel mit den Worten «Hsingchiao-Tempel», die der Dichter und Philosoph K'ang Yu-wei geschrieben hatte. Im Jahre 1898 beauftragte Kaiser Kuang-hsu K'ang mit der Reformierung des Reichs nach modernen Grundsätzen, doch hintertrieben die Kaiserinwitwe Tzu-hsi und ihre Clique seine Bemühungen, und K'ang mußte nach Japan fliehen. Er kehrte schließlich wieder zurück, doch beendete er sein Leben in Einsamkeit, von den Begründern der Republik weitgehend vergessen. Seine Kalligraphie auf der Tafel trug das Datum 1923; vier Jahre später starb er als Sechsundneunzigjähriger.

Der Saal des Hauptheiligtums war wenig bemerkenswert, jedoch enthielt der hintere Saal einige beeindruckende Schätze. Neben einigen Gemälden buddhistischer Gottheiten aus der Ming-Dynastie gab es drei Bronzestatuen der Kuan-yin, des Bodhisattvas des Mitleids, aus der T'ang-Dynastie. Wenn Hsüan-tsang auf Reisen in Not geriet, rief er stets den Namen der Kuan-yin an. Ich entzündete etwas Räucherwerk und fragte den Aufseher, ob ich den Abt sprechen könne.

Nach wenigen Minuten kam der Aufseher zurück und führte mich in den Schlafraum des Abts, der ihm auch als Büro diente. Er saß hinter einem großen Schreibtisch. Die Schreibtischplatte war ein mächtiger Quader aus gelbem Onyx, ein Geschenk von Chiang Kai-shek an den Tempel. Der Abt hieß Ch'ang-ming. Ich stellte mich vor und erklärte ihm, daß ich Eremiten in dieser Gegend besuchte.

Im Laufe unseres Gesprächs sagte Ch'ang-ming, daß er vierundsiebzig Jahre alt sei und aus Hsienyang westlich von Sian stammte. Er wurde 1937 Mönch und ging dann in die Chungnan-Berge, wo er in Tzuchulin, der «Einsiedelei des Purpurbambus» auf dem Nanwutai lebte. Dort blieb er beinahe zwanzig Jahre bei seinem Meister Fo-ch'en, bis die Behörden die Mönche aus den Bergen zu vertreiben begannen. 1956 reiste er nach Peking, um an der buddhistischen Akademie der Hauptstadt zu studieren, und er kehrte zwei Jahre später wieder zu Fo-ch'en zurück, der zum Abt des Hsingchiao-Tempels ernannt worden war. Als Fo-ch'en 1981 starb, übernahm Ch'ang-ming dieses Amt; daneben war er stellvertretender Leiter des buddhistischen Verbandes von Shensi. Ich fragte ihn, warum er am Anfang seines Mönchtums gerade in die Chungnan-Berge gegangen sei.

Ch'ang-ming: Seit der Buddhismus nach China kam, gingen die Mönche in die Chungnan-Berge, um dort ihren geistlichen Übungen zu obliegen. Sie blieben dort drei bis fünf Jahre und gingen dann in den Süden zurück, um dort ihre eigenen geistlichen Zentren zu errichten. Hierher kommen Mönche und Nonnen, die um des Dharmas willen ihre Heimat verlassen. Geistliche Übungen kann man nicht in wenigen Tagen erledigen. Es dauert Jahre, bis man wirklich etwas erreicht. Es ist nicht einfach. Die Menschen, die hierher kommen, scheuen jedoch keine Strapazen. Deshalb kommen sie auch hierher. Viele von ihnen haben in diesen Bergen die Erleuchtung empfangen, und viele sind große Meister geworden. In neuerer Zeit lebten Hsu-yun und Yin-fa auf dem Chiawutai; Yin-kuang und Lai-kuo lebten auf dem Nanwutai. Hier haben sie die Erleuchtung empfangen. Jeder weiß, daß sich diese Berge gut für geistliche Übungen eignen. Deshalb habe auch ich mich für sie entschieden.

Ch'ang-ming war wenig gesprächig, aber durchaus hilfsbereit. Er zeigte mir die Sutra-Bibliothek im Ostflügel des Tempels. Sie enthielt eine Reihe bedeutsamer Nachdrucke des *Tripitaka*, des buddhistischen Kanons, aber keines von Hsüan-tsangs originalen Manuskripten. Später kaufte ich im Klosterladen eine Pause von Hsüan-tsang mit seiner Sutra-Last. Das Original befindet sich an einer Tempelstele, die 1933 gemeißelt wurde.

Ch'ang-ming sagte, daß er und Fo-ch'en auf dem fünfzehn Kilometer südwestlich gelegenen Nanwutai gelebt hatten. Trotzdem habe der Hsingchiao-Tempel eine besondere Beziehung zum Chiawutai, der knapp zehn Kilometer südlich lag. Er sagte, daß Einsiedler vom Chiawutai zum Hsingchiao-Tempel kämen, wenn sie zu krank oder zu alt seien, um sich selbst zu versorgen, und junge Mönche aus dem Hsingchiao-Tempel gingen nach wie vor zum Chiawutai, um ihre geistlichen Übungen zu vertiefen.

Ch'ang-ming bat mich, vor dem Heiligtum zu warten. Einige Minuten später kam er mit einem alten Mönch zurück, den er mir als Kuang-shan vorstellte. Er sagte, daß Kuang-shan über vierzig Jahre auf der anderen Seite des Chiawutai in einer Hütte unweit derjenigen gelebt habe, in der um die Jahrhundertwende Hsu-yun gelebt hatte. Kuang-shan war neunundachtzig Jahre alt. Er kam vor einem Jahr vom Berg herab, als er die Steigung nicht mehr bewältigen konnte. Ich fragte Kuang-shan, ob es noch andere Einsiedler auf dem Chiawutai gäbe. Er sprach fast unhörbar leise, und Ch'ang-ming mußte seine Worte wiederholen.

Kuang-shan: Ja, einige, aber nicht mehr so viele wie früher.

Frage: Wo lebten Sie?

Kuang-shan: Im Fohui Maopeng, oberhalb des Shihtzu Maopeng. (Das Wort *Maopeng* bedeutet «Hütte», bezeichnet gelegentlich aber auch im weiteren Sinne einen kleinen Tempel oder eine Einsiedelei.)

Frage: Was ist mit Shihtzu Maopeng, der ehemaligen Hütte Hsu-yuns? Lebt dort noch jemand?

Kuang-shan: Seit Hsu-yun wegging, sind dort mehrere Mönche geblieben. Aber ich bin mir nicht sicher, ob dort noch jemand lebt.

Der Weg ist schwierig. Ein Student kam vor einiger Zeit hinauf und wollte sich dort niederlassen, aber ich weiß nicht, ob er es getan hat.

Ch'ang-ming: Vor etwa einem Monat sind zwei Mönche zu Hsuyuns Hütte hinaufgegangen, aber ich weiß nicht, wie lange sie bleiben wollen.

Frage: Wenn sie so schwierig zu erreichen ist, warum haben Sie trotzdem dort gelebt?

Kuang-shan: Weil es ruhig ist. Zen-Mönche brauchen Ruhe.

Frage: Hat sich auf dem Chiawutai viel geändert?

Kuang-shan: Es ist noch ruhig. Die Mönche und Nonnen gehen noch hinauf, um dort geistliche Übungen durchzuführen. Einige wenige kleine Tempel und Hütten wurden instandgesetzt. Die Menschen üben dort noch. Einige wenige Mönche und Nonnen leben auch in den Ausläufern.

Frage: Welche Sutras lasen Sie, als Sie dort lebten?

Kuang-shan: Ich habe keine Sutras gelesen. Ich habe nur den Namen des Buddha, des Amitabha-Buddha rezitiert. Und ich habe meditiert. Ich habe Zen praktiziert. Zen-Mönche lesen keine Sutras.

Frage: Wovon lebten Sie?

Kuang-shan: Jeder, der in den Bergen lebt, zieht ein wenig Gemüse und sammelt Wildpflanzen. Ich habe alles angebaut, was ich brauchte. Ich mußte nur ins Tal, wenn es einen besonderen Anlaß gab. Ich hatte genug zu essen.

Frage: Wie oft sind Sie ins Tal gegangen?

Kuang-shan: Das kann ich nicht sagen. Manchmal nur alle paar Jahre. Jetzt bin ich zu schwach, um dort noch zu leben.

Kuang-shan war erschöpft, und Ch'ang-ming begleitete ihn wieder hinein.

Ich hatte den Chiawutai bereits zweimal mit Steve besucht. Beide Male hatten wir die Route südlich von Yinchen aus zu der Ortschaft Tayu gewählt, waren einen Hügel hinauf zum Damm gegangen, der jetzt den Ausgang des Tayu-Tals verschloß, fuhren mit dem Fährboot zum Ende des Stausees und gingen dann auf einer steinigen Straße zu einer Steinbrücke bei den Resten des Wuli-Tempels. Ein Pfad auf der anderen Seite des Flusses führte in ein Nebental hinauf und schließlich zum Osthang des Chiawutai. Diesmal wollte ich den Westhang ersteigen. Als Ch'ang-ming wieder herauskam, erklärte er sich bereit, mir den Weg zu zeigen.

Wir fuhren zur Hauptstraße zurück und fuhren im Zickzack über das Land. Zweimal mußte Ch'ang-ming Bauern nach dem Weg fragen. Nach etwa zwanzig Minuten waren wir am Fuß der Chungnan-Berge. Als die Steigung für das Auto zu groß wurde, hielten wir an.

Die traditionelle Route den Westhang des Chiawutai hinauf verlief über das Paitao-Tal, das knapp einen Kilometer entfernt lag. Ch'ang-ming wies hinter uns auf den ehemaligen Hsin-an-Tempel am Südende des Dorfes, durch das wir soeben gefahren waren. Er sagte, daß er einer der bedeutendsten Tempel der Chungnan-Berge gewesen war und daß noch 1949 mehrere hundert Mönche dort gelebt hatten. Jetzt beherbergte er die Schule des Ortes. Ch'ang-ming wies wieder auf die Berge und sagte, daß die Straße noch einige Kilometer der Talschlucht folgte und dann in eine steinerne Treppe überging. Er sagte, daß in den Nebentälern mehrere Eremiten lebten, die aber schwierig zu finden seien, und die Zeit würde nicht reichen, um den Chiawutai, der noch etwa drei Stunden entfernt lag, vor Sonnenuntergang zu erreichen.

Während der Fahrer den Wagen wendete, schrieb Ch'ang-ming etwas auf ein Blatt Papier. Er sagte, daß ich bei dem Material, das ich sammelte, vielleicht auch gerne ein Gedicht eines Miteremiten hätte. Es stammte von Ch'ang-hui, einem weiteren Schüler von Fo-ch'en. Nachdem wir uns verabschiedet hatten und Ch'ang-ming die Straße hinab verschwand, las ich Chang-huis Gedicht:

> Ich stehe auf einem Gipfel,
> Nur das Kommen und Gehen der Wolken,
> Eintausend nebelumhüllte Berge unter mir.
> Ich sitze aufrecht im Freien;

Nichts ist falsch, nichts ist wirklich,
Helle und dunkle Umrisse vor mir.

Es war Anfang April, und auf dem Nordhang lag noch stellenweise Schnee. Ich folgte der Straße in das Paitao-Tal und erreichte nach etwa zwei Kilometern einen Steinhaufen, der der Taipai-Tempel zu sein beanspruchte. Er war nach dem Dichter Li Pai aus dem achtzehnten Jahrhundert benannt, der den Künstlernamen T'ai-pai trug. Im Inneren traf ich Ch'ang-hua, eine sechsundsechzigjährige buddhistische Nonne aus Lanchou. Sie sagte, daß sie seit über vierzig Jahren Nonne sei und seit zehn Jahren im Taipai-Tempel lebte. Der Tempel war, wie sie sagte, schon bei ihrer Ankunft eine Ruine, und sie fügte hinzu, daß gute Orte nicht zum Üben geeignet seien. Die Mauern hatten jetzt ein Dach, aber die Stätte war immer noch eine Ruine. Sie sagte mir, daß sie seit fünf Jahren dieselben Kleider trug. Trotzdem war sie großzügig mit ihrem Tee und Zucker. Nachdem ich meinen Durst gestillt und für Li Pai ein wenig Räucherwerk entzündet hatte, verabschiedete ich mich und setzte meinen Weg fort.

Nach einem weiteren Kilometer kam ich wiederum an einem kleinen Tempel an einem Ort namens Zweites Himmelstor vorüber. Hier standen ein neues Heiligtum und eine neue Hütte aus Ziegelsteinen, aber es war niemand zu Hause, weshalb ich weiterging. Kurz hinter dem Tempel endete die Straße an einem Ort namens Kalte Quelle, und ich begann eine lange Steintreppe hinaufzusteigen. Dreißig Minuten später holte ich einen Mönch ein, der einen 25 Kilogramm schweren Sack Mehl auf seinen Schultern trug. Wir machten beide eine Atempause. Sein Name war Yu-yuan. Er war dreiundvierzig Jahre alt, stammte aus Sian und erwies sich als der neue Bewohner von Shihtzu Maopeng, Hsu-yuns ehemaliger Hütte auf der anderen Seite des Chiawutai. Ich fragte ihn, wie lange er mit einem Sack Mehl auskäme. Er sagte, daß ein 25 Kilogramm schwerer Sack zwei Mönchen etwa vierzig Tage genügte.

Ich sagte ihm, daß ich gehört habe, daß zwei Mönche auf der anderen Seite des Chiawutai lebten. Er sagte, daß der andere Mönch Yin-hui aus Paochi sei, ebenfalls dreiundvierzig Jahre alt, und daß dieser eine neue Hütte einige hundert Meter unterhalb von Shihtzu Maopeng bewohnte. Yu-yuan sagte, daß er und Yin-hui mehrere Jahre lang nach einem geeigneten Ort für ihre geistlichen Übungen gesucht hätten, bevor ihre Entscheidung schließlich auf die Rückseite des Chiawutai gefallen sei. Er sagte, daß sie schon Bettzeug und einige andere Dinge des täglichen Lebens hinaufgetragen hätten und jetzt Vorräte anlegten, damit sie nicht so oft ins Tal gehen müßten. Sie wollten so lange wie nötig bleiben. Wir unterhielten uns einige Minuten über die geistlichen Übungen, stellten dann aber gemeinsam fest, daß wir besser weitergingen.

Zwanzig Minuten später erreichte ich einen flachen Rücken namens Fenshuiling. Ein kleines taoistisches Heiligtum für Kuan-ti, den Gott des Krieges, war abgesperrt. An der Westseite des Kamms konnte ich Yu-yuan sehen, der die Treppen aufwärts stapfte mit dem Mehl, das er und Yin-hui schließlich in Dampfnudeln, Fladenbrot und Teigwaren verwandeln würden. Auf der Ostseite des Kamms sah ich den Pfad, auf dem Steve und ich im vergangenen September heraufgestiegen waren.

Im September waren wir nicht dem Pfad nach Fenshuiling gefolgt. Kurz bevor der Pfad den Wasserlauf ein letztes Mal überquerte, bogen wir nach links ab und gingen zu einem Bauernhaus etwa einhundert Meter weiter oben im Tal. Der Bauer war zu Hause und erklärte sich bereit, uns zu Hsu-yuns Shihtzu Maopeng («Löwenhütte») auf der anderen Seite des Chiawutai zu begleiten. Der Pfad begann gleich hinter seinem Haus und führte ein langes Tal hinauf.

Nach etwa dreißig Minuten hörten wir ein klingelndes Geräusch. Es dauerte nicht lange, und ein Mönch tauchte aus der dichten Vegetation auf, die den Pfad einhüllte. Das Klingeln kam von seinem Stock. Er war oben mit Eisenringen versehen, um böse Geister zu vertreiben und wilde Tiere vom Weg zu verscheuchen. Am unteren Ende war ein kleiner eiserner Spaten befestigt, der zum Überwinden rutschiger Hänge diente. Er sagte, daß er Kuo-shan hieße und aus dem Bezirk Shanyang stamme, der etwa einhundert Kilometer südöstlich von hier lag. Er war siebenundsechzig Jahre alt und lebte seit zehn Jahren in der Tayi-Höhle. Ich fragte ihn, ob das Leben auf dem Berg nicht beschwerlich sei.

Kuo-shan: Mir macht es nichts aus. Es sieht nur für Sie beschwerlich aus.

Frage: Welche Sutras studieren Sie?

Kuo-shan: Ich kann nicht lesen. Ich bin nie zur Schule gegangen. Ich meditiere nur.

Frage: Warum leben Sie so weit von Menschen entfernt?

Kuo-shan: Ich bin Mönch. Ich habe die Welt des roten Staubs durchschaut. Solange ich genug zu essen habe, bleibe ich auf dem Berg. Ich sorge für mich selbst. Wenn mir das Essen ausgeht, gehe ich hinunter. Deshalb gehe ich auch heute in das Dorf. Mir sind die Vorräte ausgegangen.

Frage: Leben noch andere Menschen auf dieser Seite in Hütten?

Kuo-shan: Außer mir gibt es noch einen weiteren Mönch.

Frage: Wo lebt er?

Kuo-shan: Dort oben über der Felswand (er wies auf eine Höhle südlich des Gipfels).

Frage: Wie weit ist es noch bis zur Löwenhütte?

Kuo-shan: Noch zwei Stunden auf diesem Pfad auf der anderen Seite des Kamms. Warum bleiben Sie nicht einige Tage? Ich bin heute nachmittag wieder mit Lebensmitteln zurück.

Ich sagte ihm, daß mein Fahrer auf uns wartete und uns zum Damm zurückbringen würde. Vielleicht beim nächsten Mal. Wir verabschiedeten uns und wanderten einen Hang hinauf, der mit gelben Wildblumen und dichtem Blätterwerk bedeckt war. Der Pfad war kaum zu sehen, und wir verloren einander oft aus den Augen. Unser Führer verschwand immer wieder im Gebüsch und kehrte mit verschiedenen Wildfrüchten zurück: chinesische Stachelbeeren, größer als jede Kiwi, die ich je gesehen hatte, und eine Frucht, die einem Granatapfel oder einer Passionsfrucht ähnelte und süße, milchige Samen enthielt.

Es war Frühherbst, und wir müssen irgendeine Giftpflanze berührt haben. Als Steve und ich nach Taiwan zurückkehrten, erschienen Ketten von Blasen auf unseren Händen, Armen und Beinen. Galmei und andere Lotionen waren wirkungslos. Ein chi-

Kuo-shan auf dem Chiawutai-Pfad.

nesischer Arzt gab mir schließlich eine Salbe und Kräuterpillen, und die Blasen verschwanden. Bei meinem nächsten Besuch in den Bergen erfuhr ich, daß wir uns eine leichte Lackvergiftung zugezogen hatten. Der Lackbaum ist eine Art des in den Chungnan-Bergen heimischen Sumachs. Von ihm stammt das Harz, das für die Herstellung von Lackartikeln dient und sehr giftig ist. Bei überempfindlichen Menschen kann es zu einer extremen Anschwellung des ganzen Körpers kommen. In einem Dorf im Tal des Feng-Flusses sahen Steve und ich einmal einen Knaben, dessen Gesicht durch eine Lackvergiftung so angeschwollen war, daß er nicht mehr sehen konnte.

Während wir uns weiter unseren Weg nach oben bahnten, kamen wir an den Überresten von fünf oder sechs Hütten vorbei. Möglicherweise gab es hier noch mehr Hütten, doch war es wegen des wilden Weins und des hohen Grases schwierig, etwas anderes zu sehen als dasjenige, was in die Felswand eingehauen war. Offensichtlich war dieser Berg einst bei Eremiten sehr beliebt.

Nach über einer Stunde erreichten wir schließlich den Kamm und gingen auf der anderen Seite bergab. Zehn Minuten später kamen wir an der Fohui-Hütte vorbei, wo Kuang-shan gelebt hatte, bis er sich nicht mehr selbst versorgen konnte. Sein alter Garten war von Unkraut überwuchert.

Wenige Minuten später erreichten wir Hsu-yuns Löwenhütte. Sie war aus aufeinander getürmten Steinen an einem mächtigen, nach Süden gelegenen Felsen errichtet. Wie uns der Bauer sagte, hatte ein anderer Mönch vor etwa zwanzig Jahren das Ziegeldach hinzugefügt. Davor war Platz für einen kleinen Garten, doch nach dem Unkraut zu urteilen, hatte hier seit längerem niemand mehr gelebt.

Hsu-yun verbrachte hier zu Anfang des Jahrhunderts drei Jahre. Im Jahre 1900 zwangen der Boxeraufstand und das Einrücken fremder Truppen den kaiserlichen Hof zur Flucht aus Peking, und Kaiser Kuang-hsu und die Kaiserinwitwe Tzu-hsi machten Sian zur provisorischen Hauptstadt. Hsu-yun kam etwa um die gleiche Zeit nach Sian. In seinem *Hsuyun Hoshang Nienpu* hielt er für die Jahre 1900 bis 1903, als er im siebten Lebensjahrzehnt stand, die folgenden Aufzeichnungen fest:

Im zehnten Monat verließ ich die Stadt im geheimen und ging in die Chungnan-Berge, um eine Hütte zu bauen. Auf der Rückseite des Chiawutai fand ich einen passenden abgelegenen Ort namens Löwenfelsen. Um unnötige Besucher fernzuhalten, änderte ich meinen Namen in Hsu-yun («Leere Wolke»). Es gab nicht genügend Wasser auf dem Berg, und ich mußte Schnee schmelzen. Um meinen Hunger zu stillen, aß ich wilde Pflanzen...

Zur Wintersonnenwende des darauffolgenden Jahres ging ich nach Sian, um einige Dinge für Ch'ing-shan einzukaufen, der der am höchsten angesehene Mönch auf dem Berg war und zu dem ich eine enge Beziehung gewonnen hatte. Auf dem Rückweg geriet ich in einen Schneesturm. Auf halber Höhe des Berges glitt ich aus und stürzte in eine Felsspalte. Zum Glück fiel ich auf weichen Schnee. Ein anderer Einsiedler hörte mein Rufen und befreite mich. Meine Kleider waren durchnäßt, und es begann schon zu dämmern. Aber ich mußte weiter. Ich wußte, daß der Weg am Morgen nicht mehr passierbar wäre. Lange nach Einbruch der Dunkelheit erreichte ich Ch'ing-shans Hütte. Als er meinen kläglichen Zustand sah, lachte er und sagte, daß ich ein hoffnungsloser Fall sei. Ich kehrte in meine Hütte zurück und blieb dort das ganze Frühjahr und den Sommer...

Gegen Ende des Jahres waren die Berge wieder mit Schnee bedeckt, und die Kälte war schneidend. Aber obwohl ich alleine in einer ärmlichen Hütte lebte, war mein Geist davon völlig unberührt. Eines Tages hatte ich einen Topf Kartoffeln zum Garen aufgesetzt und wartete im Schneidersitz, bis sie gar seien. Plötzlich trat ich in den *Samadhi* ein (Sanskrit: Der Zustand des völlig gesammelten Geistes).

Fu-ch'eng und einige andere Mönche, die in der Nähe lebten, wunderten sich, daß ich sie seit einiger Zeit nicht mehr besucht hatte, und beschlossen, zu mir zu kommen, um Neujahrsgrüße zu überbringen. Vor meiner Hütte sahen sie Tigerspuren im Schnee, aber keine menschlichen Fußabdrücke. Als sie meine Tür öffneten, sahen sie, daß ich in den *Samadhi* eingetreten war. Einer von ihnen schlug an eine steinerne Glocke. Als ich wieder zum Bewußtsein zurückkehrte, fragten sie mich, ob ich gegessen habe. Ich sagte: «Noch nicht, aber die Kartoffeln müßten jetzt gar sein.» Als ich den Deckel des Kessels abhob, waren die Kartoffeln zwei Finger hoch mit Schimmel bedeckt.

Einige Tage später ging Leere Wolke in einen abgelegeneren Teil der Chungnan-Berge, um «die Beschwernis der Begegnung mit Menschen zu vermeiden». Die restliche Zeit seines Lebens wanderte er von einem Tempel zum anderen und half beim Wieder-

Die ehemalige Hütte von Leere Wolke.

aufbau einiger dieser Tempel. Als er 1959 auf dem Yun-chushan in der Provinz Kaingsi im Alter von einhundertzwanzig Jahren starb, war er der am höchsten geachtete Mönch in China. Er ist es noch heute.

Acht Monate, nachdem Leere Wolke den Chiawutai verlassen hatte, besuchte der buddhistische Laie Kao Ho-nien den Berg, und er hinterließ in seinem *Mingshan Yufangchi* diesen Bericht:

> Am zwölften Tag des achten Monates des Jahres 1903 verließ ich Ch'ang-an, und nach acht *li* [zwei *li* entsprechen einem Kilometer] kam ich über die Orte Wangmang und Liuhsiu zum Paitao-Tal, wo die Chungnan-Berge beginnen. Ich begann den Aufstieg und erreichte nach fünfzehn *li* den Hukuo-Tempel am Poshan-Felsen. Dieser Ort heißt Chiawutai. Ich blieb in Pen-ch'angs Hütte, die er «Kleines Treppenhaus» nannte und wo einst Tz'u-pen weilte. Der Berg war majestätisch und fern der Laute von Hunden oder Hähnen oder dem Anblick der staubigen Welt. Wer hier allein in einer Hütte lebte, konnte leicht die geschäftige Welt vergessen.
>
> Zum Mittherbstfest (dem Fünfzehnten, oder Vollmond, des achten Monats) lud ich vierzig oder fünfzig Einsiedler, die auf dem Berg lebten, zu einer besonderen Feier und einem vegetarischen Festmahl ein. Als ich später in meine Hütte zurückkehrte, blieb ich vor der Tür stehen und betrachtete die Berge im Mondlicht. Der Mond sah lieblich aus und die Welt friedlich. In dem Tal hinter dem Berg ließ ich zwei Hütten für Tz'u-fa und Chuch-k'u errichten. Weiterhin lud ich alle Mönche auf dem Berge zu einer neunundvierzigtägigen konzentrierten Meditation in den Hukuo-Tempel ein. Ich ließ Lebensmittel und Brennstoffe bereitstellen und versorgte die zehn ältesten Mönche, die bis zum neuen Jahr blieben, mit neuen gefütterten Gewändern und Decken...
>
> Am Neujahrstag kletterte ich auf einem gefährlichen Drachenrükken, der zu beiden Seiten abfiel, auf die Rückseite des Berges. Ich besuchte die Wuhua-Höhle, wo Tzung-mi, der fünfte Patriarch der Hua-yen-Schule, den Weg entdeckte. In der Höhle wohnte Te-an [Hsu-yun sagt, daß Tao-ming hier lebte]. Ich fragte ihn, ob er in Frieden sei [ein Wortspiel mit seinem Namen, der «der Friede der Tugend» bedeutet]. Er sagte, daß er jenseits der Welt lebe und seine Zeit mit Meditation verbrächte und deshalb keine Unruhe in sich haben könnte. Zwei *li* weiter kam ich zur Kuanyin-Höhle. Hier lebte ein Mönch aus Kiangsi, der danach strebte, im Westlichen Paradies wiedergeboren zu werden.

Ich wanderte weitere fünf *li* zum Chinghuashan [offensichtlich ein Versehen; er muß den Hsuehhuashan gemeint haben]. Seine eigentümlichen Felsformationen ragten durch die Wolken, und die Bäume waren schneebedeckt. Der Pfad war steil, aber oben gab es eine Hütte. Ich kletterte hinauf, aber es war niemand da. [Kao dachte hier wohl an die Nonne T'ien-jan, die 1919 starb, nachdem sie fünfzig Jahre auf dem Gipfel des Hsuehhuashan gelebt hatte.] Danach ging ich den Berg hinab zur Weimo-Hütte. Chueh-k'u und Ts'u-fa begrüßten mich, und wir sprachen bis tief in die Nacht darüber, wie man in den Bergen lebt und wie man die Berge vergißt.

Am nächsten Tag setzte ich meinen Weg zur Tayi-Höhle fort, wo Ta-fang strengsten Übungen oblag. Ting-hui erklärte sich bereit, mich auf der Rückseite des Berges zu Tal zu begleiten. Die nächsten fünf *li* war der Pfad abschüssig, und das Eis war glatt. Die anderen Mönche rieten uns, nicht zu gehen. Aber ich sagte, wer das Paradies erreichen will, bleibt nicht stehen, nur weil die Straße schwierig ist. Wir überquerten den Kamm und begannen auf der anderen Seite abzusteigen. Das Wetter schlug um, und es sah aus, als ob es schneien würde. Der Pfad war wie Öl, aber wir gelangten wohlbehalten zu Hsiu-yuans Hütte. Er lebte dort seit über zehn Jahren. Ich fragte ihn, ob er sich jemals einsam fühlte. Er sagte: «Nein, solange ich den Wind und den Mond, das Wasser und die Berge zu Gefährten habe.»

Ich besuchte auch Fu-ch'engs Hütte, und er begleitete mich zu Tao-mings Hütte. Tao-ming lebte seit zwanzig Jahren auf der Rückseite. Ich fragte ihn, ob jenseits seiner Hütte noch jemand in den Bergen lebte. Er sagte: «Einige Leute wollen einen alten Mönch gesehen haben, dessen Haare bis unter seine Knie reichen und der aussieht, als wäre er mehrere hundert Jahre alt. Ich habe ihn noch nie gesehen, aber manchmal höre ich jemanden rezitieren. Ich weiß aber nicht, woher es kommt.»

Ich fragte ihn, wovon man sich in den Bergen ernähren könne. Er sagte: «Dieser Berg ist nicht so gut wie andere hier in der Gegend, und manchmal muß ich im Spätsommer ins Tal gehen, um etwas übriggebliebenes Korn zu erbetteln. Aber meist habe ich genug, weil ich Kartoffeln anbaue und Wildpflanzen sammle. Feuerholz gibt es genug, aber nicht viel Wasser. Manchmal muß ich im Sommer von ganz unten Wasser herauftragen. Dieser Kamm liegt hoch, und die Kälte ist scharf. Hier wächst nicht viel, und nur wenige Menschen kommen bis hierher. Der Weg ist rauh und gefährlich. Hier kann nur jemand überleben, der bei guter Gesundheit ist und dessen Geist auf den Weg gerichtet ist.»

Es wurde spät, und Steve und ich beschlossen, nicht mehr weiter zu gehen. Nachdem Steve einige Bilder gemacht hatte, sagte unser Führer, daß wir noch Zeit hätten, den Gipfel des Berges zu erreichen, aber wir müßten uns beeilen. Wir kehrten zum Kamm zurück und schlugen dann einen Pfad ein, den nur unser Führer sehen konnte. An manchen Stellen mußten wir uns an wildem Wein nach oben ziehen. Nach etwa einer Stunde erreichten wir schließlich das südliche Ende des langen Gipfelgrats. Nachdem uns unser Führer eine Atempause gegönnt hatte, führte er uns auf einem Nebenpfad zur Kuanyin-Höhle, einem Ort von dramatischer Schönheit am östlichen Felshang. Es gab hier einen kleinen, grasbewachsenen Felsvorsprung und eine in den Felsen eingehauene Zisterne für Regenwasser. Ich versuchte mir vorzustellen, hier in einer mondhellen Nacht zu sitzen. Ich hatte das Gefühl, im Raum zu schweben.

Einige Minuten später klopften wir am Nordende des Gipfelplateaus an die rückwärtige Pforte des Hsingching-Tempels. Nach langem Warten öffnete der Abt die Tür und verschwand dann schnell in die Küche. Wir müssen ebenso erschöpft ausgesehen haben, wie wir uns fühlten. Wenige Minuten später kam er mit Schüsseln warmer Nudeln zurück. Sein Name war Chi-ch'eng. Er war einundsechzig, und er war seit über vierzig Jahren Mönch. Er stammte aus Peking und war in den fünfziger Jahren mit seinem Meister Yung-ming in die Gegend von Sian gekommen. Wie ich später erfuhr, lebte Yung-ming noch und diente als Abt des Tzuen-Tempels und der Großen Gänsepagode in Sian. Chi-ch'eng war 1981 auf den Chiawutai gegangen, um die Nachfolge des damaligen Abtes anzutreten. Ich fragte ihn nach der Geschichte des Hsingching-Tempels.

Chi-ch'eng: Der ursprüngliche Tempel wurde Anfang des achten Jahrhunderts errichtet. Etwa einhundert Jahre später kam Tsung-mi, der fünfte Patriarch der Hua-yen-Schule, hierher und setzte seine magischen Kräfte ein, um Baumaterial zur Vergrößerung der Andachtsräume auf der Rückseite des Berges heraufzuschaffen. Der Tempel war sehr beeindruckend, aber er wurde während der Kulturrevolution zerstört. Im Laufe der Jahrhunderte haben hier viele große Mönche gelebt.

Chi-ch'eng am rückwärtigen Eingang des Hsingching-Tempels.

Frage: Leben Sie alleine hier?

Chi-ch'eng: Nein, hier leben noch drei weitere Mönche. Sie sind heute nicht hier. Sie sind ins Tal gegangen, um Lebensmittel zu holen.

Frage: Welche Übungen machen Sie? Rezitieren Sie den Namen des Buddha, oder meditieren Sie?

Chi-ch'eng: Ich lasse einfach die Zeit vergehen.

Frage: Warum hier?

Chi-ch'eng: Schon in meiner Jugend zog ich die Ruhe vor, und ich liebte immer die Berge. Ich mag das Flachland nicht. Ich habe auch in den südlich von hier gelegenen Bergen und in den Bergen im Osten am Huashan gelebt. Damals war Yung-ming Leiter des buddhistischen Verbandes in Weinan.

Frage: Leben hier in der Nähe noch weitere Mönche?

Chi-ch'eng: Vor zwei Jahren ließ sich ein fünfzigjähriger Mönch in der Kuanyin-Höhle nieder, doch ist er vor kurzem wieder nach Fukien gegangen und nicht mehr zurückgekehrt.

Frage: Auf dem Weg hierher kamen wir an Ihren Gärten vorbei. In einem von ihnen sahen wir den Fußabdruck eines wilden Tieres.

Chi-ch'eng: Es muß ein Wildschwein oder ein Tiger gewesen sein. Tiger bleiben aber meist in den Bergen südlich von hier. Sie kommen nicht oft hierher. Früher schon, aber jetzt nicht mehr.

Frage: Gibt es in den Bergen südlich von hier Eremiten?

Chi-ch'eng: Ja, aber ich weiß nur von einigen wenigen. Einer lebt auf der anderen Seite der Kuanyin-Höhle. Auf dem Gipfel im Westen gibt es eine Höhle. Die Nonne T'ien-jan ging als Fünfunddreißigjährige dorthin und blieb dort fünfzig Jahre bis zu ihrem Tod im Jahre 1919. Jetzt lebt jedoch niemand dort.

Frage: Haben Sie vor, diesen Tempel instand zu setzen oder zu erweitern?

Chi-ch'eng: Ja, aber hiermit muß ich noch warten, bis sich die Umstände bessern. Wenn es den Laien, die uns unterstützen, besser geht, werden wir vielleicht die beiden Flügel herrichten und die beiden Andachtsräume instand setzen. Im Poshan-Tempel im Tal gab es einst nicht weniger als fünfzig Mönche. Bis auf ein kleines Heiligtum ist er jetzt eine Ruine. Ich würde gerne mithelfen, auch diesen Tempel wieder herzurichten.

Frage: Gibt es hier viel Wind?

Chi-ch'eng: Ja, vor allem im Winter. Manchmal weht der Wind die Dachziegel weg. Früher waren die Ziegel aus Eisen.

Frage: Ich könnte mir denken, daß es hier auch sehr ruhig ist.

Chi-ch'eng: Wenn man ruhig ist, kann man überall ruhig sein. Wenn man nicht ruhig ist, dann ist man auch hier nicht ruhig. Alles hängt von einem selbst ab. Das Leben ist so flüchtig wie ein Blitz oder ein Traum. Achtzig Jahre verwehen wie eine Wolke. Wir werden geboren, und dann sterben wir. Aber bevor wir diese Gestalt erhielten, hatten wir ein anderes Antlitz, unser ursprüngliches Antlitz. Wir können es mit unseren Augen nicht sehen. Wir können es nur mit unserer Weisheit erkennen. In den Sutras heißt es: «Was jenseits der Form ist, ist der Buddha.» Wir alle haben die Buddhanatur. Uns allen ist es bestimmt, Buddhas zu werden. Aber die Buddhaschaft kann man nicht in einigen Tagen erlangen. Man muß üben, bis man seine ursprüngliche Natur, sein ursprüngliches Antlitz erkennen kann.

Frage: Lehren Sie Menschen, die zu Besuch kommen, das Dharma?

Chi-ch'eng: Das kommt darauf an. Die Menschen sind verschieden. Um lehren zu können, muß man verstehen, was im Herzen des anderen Menschen vorgeht, und man muß eine gewisse Befähigung haben. Wenn jemand ertrinkt und man selbst nicht schwimmen kann, dann hat es keinen Zweck, ins Wasser zu springen. Und wenn jemand nicht gerettet werden will, dann kann man ihn auch nicht retten. Er muß gerettet werden wollen.

Als er dies sagte, fielen die letzten Strahlen der untergehenden Sonne auf sein Gesicht. Steve und mir wurde plötzlich klar, daß es Zeit war zu gehen. Wir dankten Chi-ch'eng für die Nudeln und sein Angebot, daß wir einmal für einen längeren Aufenthalt zurückkehren dürften. Er verabschiedete uns am Tempeleingang und ging wieder hinein. Eine Minute später kam er mit einigen Laternen wieder heraus. Aber wir waren schon beim Abstieg und riefen zurück, daß wir es ohne sie schaffen würden. Wir winkten zum Abschied und hasteten die Treppen hinunter, an der Stelle vorbei, wo ich jetzt ein halbes Jahr später wieder stand.

Diesmal ging ich alleine hinauf, an den Ruinen mehrerer kleiner Tempel vorbei und die «Wolkenleiter» links des gespaltenen Felsens hinauf, der dem Poshan-Tempel seinen Namen gab. Ich blickte durch das Tor und war überrascht, Chi-ch'eng zu sehen. Er lächelte und sagte, daß er sich für die Nonne, die normalerweise hier lebte, um den Poshan-Tempel kümmerte. Sie sollte am nächsten Tag zurückkehren. Er sagte, daß er soeben zu Abend gegessen habe, und ging dann in die Küche, um etwas übriggebliebenen Maisschleim und Kartoffeln aufzuwärmen.

Ich war hungriger, als ich gedacht hatte, und ließ nichts für den Wachhund übrig, der mir beim Eintreten an die Beine gefahren war. Danach geleitete mich Chi-ch'eng eine Steintreppe vor der Küche hinab. Sie führte zur Westseite des Felshangs und über eine Bohlenbrücke zur Lamahöhle. Er zeigte mir ein tibetisches Mantra, das ein berühmter Lama, der hier vor einhundert Jahren gelebt hatte, an die Wand geschrieben hatte. Er sagte, daß der Mönch, der jetzt in der Höhle wohnte, in Sian sei. Am Felsen befand sich eine Inschrift, die die Abgeschiedenheit des Chiawutai pries. Sie war von einem Mönch namens Hsing-k'ung geschrieben und mit der Jahreszahl 627 datiert, womit dieser Ort schon mindestens zweihundert Jahre, bevor Tsung-mi hierher kam, ein Andachtsort war.

Neben der Lama-Höhle zeigte mir Chi-ch'eng auch die Hsiuchenpao-Höhle. Dort herrschte tiefste Finsternis. Er sagte, daß sie für alte Mönche sei, die ihr eigenes Licht hatten. Auf dem Weg zurück nach oben zeigte er mir, wie man die Holzbrücke hochziehen und beide Höhlen unzugänglich machen konnte.

Die Sonne ging unter, und Chi-ch'eng sagte mir, ich solle die Steintreppe hinaufklettern, die den Namen Himmelstreppe trug. Sie führte mich wieder hinauf zum Hsingching-Tempel, wo ich für die Nacht das Bett seines Schülers teilte. Sein Schüler war ein zwanzigjähriger Novize. Er war noch nicht ordiniert, aber er lebte schon seit zwei Jahren auf dem Berg und sagte, daß er gerne am Rande des Lebens lebte. Wir hatten beide gut Platz auf seinem *k'ang*, aber es war April und schon zu spät im Jahr, um im Ofen des *k'ang* Feuer zu machen. Trotzdem war es kalt, und nachdem ich mich unter den Decken verkrochen hatte, bewegte ich mich bis zum nächsten Morgen nicht mehr, bis mich der Gesang der Vögel vom gegenüberliegenden Kamm weckte.

Wenigstens mußte ich mich nicht ankleiden. Ich zog meine Schuhe an und ging durch das rückwärtige Tor des Tempels hinaus. Nachdem ich den Drachenrücken des Gipfels überquert hatte, blieb ich an der Stelle stehen, wo ein Pfad hinter einigen überwucherten Stupas nach unten und wieder hinauf zum einhundert Meter westlich gelegenen Gipfel des Hsuehhuashan führte. Ich konnte einen Teil der steinernen Hütte sehen, in der T'ien-jan um die Jahrhundertwende fünfzig Jahre lang gelebt hatte. Ich ließ die Pfadspur zu ihrer Hütte liegen und gelangte nach fünfzig Metern zu einer weiteren Weggabelung. Der Hauptpfad führte an der Kuanyin-Höhle vorbei und verschwand schließlich an der Rückseite des Chiawutai. Ich wählte den anderen Weg und kam dreißig Meter später zu Tsung-mis ehemaliger Wohnstätte, der Wuhua-Höhle (*Wuhua* ist eine Kurzform für «fünfter Patriarch der Huayen-Schule»). Sie bestand aus einer Steinmauer, die vor einem Felsüberhang aufgerichtet worden war. Ein Schieferdach, das den vom Felsdach nicht geschützten Teil der Hütte abgedeckt hatte, war eingestürzt. Die Tür öffnete sich nach Osten und gab den Blick frei zum Gipfel des Taihsingshan zehn Kilometer südöstlich von der Hütte, wo soeben die Sonne aufging.

Ich kehrte zum Hsingching-Tempel zurück und stieg wieder die Himmelstreppe zum Poshan-Tempel hinab. Chi-ch'eng machte Feuer in der Küche und rezitierte. Er sagte, daß Mönche, die in Tempeln lebten, von anderen zubereitetes Essen äßen, während Bergmönche alles selbst tun müßten. Ich sah ihm zu, wie er den Maisschleim zubereitete, und ich dachte, daß ich diese Kenntnis – vielleicht – eines Tages brauchen würde. Er ließ das Wasser aufkochen, schüttete ein wenig Arrowroot hinein und gab dann einige Hände Maismehl dazu.

Chi-ch'eng sagte, daß Mönche, die in Tempeln lebten, ein bequemes Leben hätten. Sie bekamen fünfzig bis sechzig RMB pro Monat für ihre persönlichen Bedürfnisse. Er lachte und sagte, daß Yung-ming versucht habe, ihn zur Rückkehr zur Großen Gänsepagode zu bewegen. Er sagte, daß er das Leben im Flachland nicht liebe und keine Lust habe, die Berge gegen Geld einzutauschen: «Ich bin nicht um des Geldes oder eines bequemen Lebens willen Mönch geworden. Ich hatte ein anderes Ziel. Schon als Kind machten mir Strapazen nichts aus. Ich bin zum Leiden geboren. Die Mönche sind heute nicht mehr so wie früher. Jene beiden Mönche, die sich auf der anderen Seite des Chiawutai niedergelassen haben, werden dort nicht einen Winter überstehen. Nur weil man Mönch ist, ist man nicht auch schon ein Buddha. Sehr viele Mönche brauchen länger als viele ganz gewöhnliche Menschen, bis sie zur Erleuchtung gelangen. Aber natürlich darf ich so etwas nicht sagen.»

Während er so redete, kochte der Maisschleim über, und der Wachhund durfte beim Saubermachen helfen. Chi-ch'eng fuhr fort: «Es spielt keine Rolle, ob man Mönch oder Laie ist, solange man nicht von Begierden beunruhigt wird, solange der Geist von Täuschungen frei bleibt. Wenn der Geist klar ist, kann man das Karma verstehen. Wissen Sie, was dies bedeutet? Wenn man einen Buddhasamen aussät, bekommt man eine Buddhafrucht. Worauf es ankommt, ist die persönliche Aufrichtigkeit. Wenn man nicht aufrichtig ist, wird man niemals Erfolg haben. Aber wissen Sie, ich bin nur ein Mann aus den Bergen. Ich füge nur Worte aneinander. Sie ergeben nicht unbedingt einen Sinn. Möchten Sie einige Pfefferschoten zu Ihren Kartoffeln?»

Kapitel 8

Der Vogel, der ein Berg ist

Im alten China hatte jede Richtung ihren eigenen Geist: den blauen Drachen für den Osten, die schwarze Schildkröte für den Norden, den weißen Tiger für den Westen, den roten Vogel für den Süden. Die früheste Verwendung dieser Begriffe fand ich im *Shanhaiching*, wo die beiden chinesischen Zeichen für den roten Vogel zu einem einzigen Zeichen verbunden sind, das eine riesige Eule mit roten Flügeln und Menschenantlitz bezeichnet. Der Ursprung dieser Bezeichnungen ist unbekannt, doch waren sie bereits vor zweitausend Jahren in der Han-Dynastie allgemein gebräuchlich und wurden später entsprechend ihren jeweiligen Richtungen auf Gegenstände übertragen.

Während der T'ang-Dynastie wurden sechshundert Jahre später nach Süden gelegene Fenster «Fenster des roten Vogels» genannt, und nach Süden gelegene Tore hießen «Tore des roten Vogels». In Ch'ang-an öffnete sich das «Tor des roten Vogels» des Palasts über einer Stadt von zwei Millionen Menschen zu den blauen Kämmen der fünfundzwanzig Kilometer entfernten Chungnan-Berge. Vom Tor des roten Vogels aus wanderten Reisende über die Straße des roten Vogels in die Berge. Sie war die Hauptachse der Stadt in Nord-Süd-Richtung und die Adresse vieler der reichsten und mächtigsten Familien. Hier befanden sich auch einige der berühmtesten Sehenswürdigkeiten der Stadt, deren erste Hsiaoyenta war, die Kleine Gänsepagode. Die Pagode lag eineinhalb Kilometer südlich des Tors des roten Vogels, und sie war das Vermächtnis von Yi-ching, dem zweiten berühmten Reisenden von Ch'ang-an.

Wie schon Hsüan-tsang fünfzig Jahre vor ihm, ging auch Yi-ching nach Indien. Er reiste 671 als Sechsunddreißigjähriger ab. Im Gegensatz zu Hsüan-tsang, der über die Seidenstraße ging, nahm Yi-ching den Weg über das Meer. Und anders als Hsüan-tsang, der wegen der buddhistischen Philosophie nach Indien ging, war Yi-ching mehr an der Schulung und praktischen Übung interessiert. Als er vierundzwanzig Jahre später im Jahre 695 zurückkehrte, hieß ihn die Kaiserinwitwe Wu Tse-t'ien in der neuen Hauptstadt Loyang willkommen. Als der Hof im Jahre 705 wieder nach Ch'ang-an umzog, ging auch Yi-ching zum Chienfu-Tempel in Ch'ang-an an der Westseite der Straße des roten Vogels.

Wiederum wie Hsüan-tsang vor ihm erbaute Yi-ching eine Pagode zur Aufbewahrung der Sutras, die er mitgebracht hatte. Im Jahre 706 errichtete er einen fünfundvierzig Meter hohen Turm in dem Stadtbezirk südlich des Chienfu-Tempels, wo er noch heute steht. Als im Jahre 1965 Arbeiter das Fundament der Pagode freilegten, um seine Stabilität zu prüfen, entdeckte man, warum sie Erdbeben überstand, die die umliegenden Gebäude zum Einsturz gebracht hatten: Sie war wie ein Stehaufmännchen gebaut, das sich neigt und dann wieder in seine ursprüngliche Lage zurückkehrt. Während aber die Pagode als Struktur erhalten geblieben ist, ist ihre Funktion als religiöse Stätte erloschen. Heute haben sich hier Regierungsbeamte niedergelassen, und ich blieb nur gerade solange, bis ich unter den dreizehnhundert Jahre alten Robinien Atem geschöpft hatte, und kehrte wieder zur Straße des roten Vogels zurück.

Einen weiteren Kilometer südlich der Kleinen Gänsepagode stellte ich mein Fahrrad vor dem Tor zum Tahsingshan-Tempel ab. Der Ende des dritten Jahrhunderts errichtete Bau zählt zu den ersten buddhistischen Tempeln Chinas. Im siebten Jahrhundert erweiterte ihn Kaiser Wen aus der Sui-Dynastie zu dem größten der über vierzig Tempel der Hauptstadt. Er nahm damals einen ganzen Stadtbezirk ein. Einhundert Jahre später manifestierte sich hier erstmals in China der tantrische Buddhismus. Hier war der Ort, wo die meisten ausländischen Mönche ihren Aufenthalt nahmen, und im achten Jahrhundert weilten so bedeutende indische Mönche wie Shubhakarasimha, Vajrabodhi und Amoghavajra im Tahsingshan-Tempel. Alle drei waren die religiösen Lehrer mehrerer Herrscher aus der T'ang-Dynastie, und einer von Amoghavajras Schülern lehrte auch Kukai, den japanischen Mönch, der den tantrischen Buddhismus in Japan einführte.

Auch wenn der tantrische Buddhismus für die Chinesen als Religionsform neu war, unterschieden sich doch die Praktiken im einzelnen nicht so sehr von demjenigen, was man bereits praktizierte:

Wiederholung mystischer Formeln, Kanalisieren psychischer Energie, Visualisierung universeller Vorstellungen, sexuelle Vereinigung zur Intensivierung regulärer Formen von Yoga und die Anwendung magischer Kräfte. Es scheint, daß der Erfolg des tantrischen Buddhismus mehr durch das Charisma seiner frühen Lehrer als durch die Techniken und Lehren bedingt war. Als die alten Lehrer starben, wandte sich das Interesse des Hofs wieder dem Taoismus und anderen Formen des Buddhismus zu.

Heute ist die tantrische Vergangenheit des Tahsingshan praktisch vergessen, und seine Funktion als Ort der religiösen Übung tritt gegenüber seiner Funktion als Herberge für zu Besuch weilende Mönche und als Hauptsitz des buddhistischen Shensi-Verbandes in den Hintergrund. Während eines meiner Besuche sprach ich mit dem Vorsitzenden des Verbandes, dem Laien Hsu Li. Hsu war jahrzehntelang Mönch gewesen, wurde jedoch während der Kulturrevolution gezwungen, in den Laienstand zurückzukehren. Er ist Laie geblieben, wiewohl die Regierung heute die Religionsfreiheit garantiert. Wir vereinbarten über einen Mittelsmann eine Zusammenkunft im Tempel, doch sagte ich sie in letzter Minute ab. Hsus Assistent sagte mir später, daß zum ursprünglich vereinbarten Zeitpunkt drei Sicherheitsbeamte vor Hsus Haustür Stellung bezogen hatten und erst nach mehreren Stunden wieder weggingen, als klar wurde, daß ich nicht kommen würde. Einige Tage später arrangierte ich auf umständlicheren Wegen eine neue Verabredung, und wir kamen ohne äußere Störung in seinem Raum zusammen. Ich fragte ihn, wie viele Mönche und Nonnen es in der Provinz Shensi gäbe.

Hsu: Ich habe keine Ahnung. Mönche und Nonnen können nach Belieben kommen und gehen und bleiben, wo Platz für sie ist. Wir führen keine Statistik. Selbst wenn wir dies täten, wäre die Wahrscheinlichkeit groß, daß jeder Mönch viermal oder fünfmal gezählt würde. Heute ist es auch so, daß jüngere Mönche oft eine Weile in einem Kloster leben, dann vorübergehend nach Hause zurückkehren und später wieder im Kloster leben. Manchmal ist schwer zu sagen, ob sie überhaupt Mönche sind. Es gibt heute nicht mehr so viele Menschen, die mit der Absicht ins Kloster gehen, dort den Rest ihres Lebens zu verbringen.

Frage: Was wissen Sie über Einsiedler? Wie ich höre, verbringen viele Mönche und Nonnen einen Teil ihres Lebens allein in den Chungnan-Bergen.

Hsu: Ich weiß auch nicht, wie viele Eremiten dort sind. Es gibt seit mindestens dreitausend Jahren Einsiedler in den Chungnan-Bergen. Aber es gibt unterschiedliche Arten von Einsiedlern: taoistische Einsiedler, buddhistische Einsiedler und intellektuelle Einsiedler. Ich weiß natürlich am besten über die buddhistischen Einsiedler Bescheid. Aber selbst innerhalb des Buddhismus gibt es verschiedene Arten von Einsiedlern. Die Reines-Land-Einsiedler zum Beispiel verbringen ihr Leben meist in den Bergen, während Zen-Einsiedler dort nur einige Jahre oder Monate zubringen. Zen-Einsiedler bleiben nur so lange in den Bergen, bis sie den Weg gefunden haben, dann kehren sie zurück.

Mönche und Nonnen, die Einsiedler werden wollen, verbringen jedoch meist einige Jahre in einem Kloster. So gehen zum Beispiel viele Mönche in den Kaoming-Tempel in Yangchou, wo sie drei bis vier Jahre üben. Wenn ihre Übungen Früchte zu tragen beginnen, verbringen sie weitere drei bis vier Jahre auf einem Berg. Irgendwann wird ihnen dann die Erleuchtung zuteil. Bei einigen dauert es länger, bei anderen kürzer. Zuerst muß man aber in einem Kloster leben und lernen. Man muß lernen, damit man weiß, wie man üben soll.

In buddhistischen Klöstern haben wir auch eine Gepflogenheit namens *pi-kuan* [Abschließung]. Yin-kuang zum Beispiel lebte jahrzehntelang in strenger Isolierung auf der Insel Puto. [Yin-kuang war der Mönch, der die Renaissance der Praxis des Reinen Landes im zwanzigsten Jahrhundert einleitete.] Jahrzehntelang sah er niemanden. Die Mönche des Tempels schoben jeden Tag Essen und Wasser durch eine Öffnung in seiner Tür und leerten sein Nachtgeschirr. Er tat nichts als meditieren und Sutras lesen. Man muß nicht in die Berge gehen, um zu üben.

Daneben gibt es auch intellektuelle Eremiten. Sie lieben die Ruhe und Abgeschiedenheit, um zu studieren oder zu schreiben. In den Chungnan-Bergen lebten und leben viele Menschen als Eremiten, manche aus gesellschaftlichen Gründen, manche aus religiösen Gründen, manche aus intellektuellen Gründen.

Frage: Wenn ein Mönch oder eine Nonne in dieser Provinz als Eremit leben will, muß er oder sie sich dann beim Verband eintragen lassen, um anerkannt zu werden?

Hsu: Nein, wer Eremit werden will, kann dies jederzeit tun. Man braucht dies weder uns noch der Regierung zu sagen. Jeder kann leben, wo er will.

Frage: Welche Aufgabe hat der Verband?

Hsu: Wir vertreten die Tempel in der Provinz gegenüber den Behörden. Wir beraten weiterhin Mönche und Nonnen darüber, wie sie ihr religiöses Leben organisieren können, welche Aktivitäten möglich und wo sie erlaubt sind. In China gab es schon immer buddhistische Verbände, ebenso taoistische Verbände. Jeder Regierungsbezirk und jede Provinz hatte einen speziellen Tempel, der für die religiösen Angelegenheiten zuständig war, und es gab einen Tempel, der landesweite Funktion hatte. Heute verwenden wir das Wort *Verband*, aber die Funktion ist dieselbe geblieben. Wir kümmern uns um diejenigen religiösen Angelegenheiten, die ein einzelner Tempel nicht bewältigen kann, und wir helfen bei der Lösung sonstiger Probleme, die auftreten können.

Frage: Wem gehören die Tempel?

Hsu: Sie gehören den Komitees, die sie leiten. Ein Tempelkomitee kann aus zwei bis drei oder aber zweihundert bis dreihundert Menschen bestehen. Das Komitee beschließt über die Beschaffung und Zuteilung von Mitteln, über die Instandsetzung von Tempeln oder die Anschaffung neuer Decken und solcher Dinge. Wer im Tempel lebt, wird Mitglied des Komitees. Jeder Tempel ist eigenverantwortlich. Der Verband wird erst tätig, wenn wir gebeten werden, ein Problem zu lösen.

Frage: Wird der Buddhismus in Schulen gelehrt?

Hsu: Er wird weder in Volksschulen noch in höheren Schulen gelehrt, doch gibt es an mehreren Universitäten Buddhismuskurse. Wir selbst erteilten früher Unterricht. Aber wir wurden gezwungen, den Unterricht einzustellen. In der letzten Zeit haben mich immer wieder Menschen gebeten, wieder Unterricht zu geben.

Sobald wir Mittel für Bücher und Arbeitsmaterial beschaffen können, wollen wir wieder beginnen. Es gibt fast in jeder Provinz irgendeine Form einer buddhistischen Akademie. Ich nehme an, daß es inzwischen über zwanzig sind. In Shensi gibt es derzeit noch keine, aber wir hoffen, daß sich dies ändern wird.

Diese Begegnung mit Hsu Li fand im September 1989 statt. Ende März 1990 besuchte ich den Tahsingshan-Tempel ein zweites Mal. In der hinteren Tempelhalle, hinter mehreren Büschen spätblühender Pflaumen, einer üppigen Forsythien-Pracht und einem alten Rebstock, der sich für den Sommer rüstete, traf ich Hui-yu, den Abt des Tempels. Er war achtundsiebzig und kam vor vierzig Jahren aus der Provinz Honan an den Tempel. Er war seit fünfzig Jahren Mönch. Eine Knieerkrankung zwang ihn zwar, einen Stock zu benutzen, doch war er voller Energie und brauchte die Schüler eigentlich nicht, die sich ständig um ihn bemühten. Er sagte, daß zwanzig Mönche ständig im Tempel lebten, jedoch ließen zu Besuch weilende Mönche ihre Zahl oft auf einhundert ansteigen.

Hui-yus Augenlider waren halb geschlossen, und ich vermutete, daß er sehr viel meditiert hatte. Er lachte auch sehr viel. Ich hielt ihn für einen Zen-Mönch, doch sprach er statt dessen über die Reines-Land-Praxis. Er sagte, daß es in China noch erleuchtete Meister gäbe, aber nicht mehr so viele wie früher. Leider mußte er zu einer Besprechung, und unser Gespräch dauerte nur kurz. Bevor ihn jedoch seine Schüler zum Gehen drängten, empfahl er mir noch einen Besuch bei den Eremiten von Nanwutai, wo die Straße des roten Vogels einst endete. Ich dankte ihm und ging zum Haupttor.

Auf meinem Weg in die Berge hatte ich im September des vorigen Jahres haltgemacht, um mir eine Demonstration schamanistischen Heilens durch den Qi-Gong-Verband von Shensi anzusehen. Der Verband hatte vom Tempel ein Gebäude gemietet, das als Klinik wie auch als Hauptsitz für die Provinz diente. Drinnen ging ein junger Mann in einem weißen Laborkittel um eine Frau herum. Ihre Augen waren geschlossen, und sie drehte sich stöhnend und schreiend heftig im Kreis. Der Mann gestikulierte mit seinen Händen, wie wenn er ihre Bewegungen steuern würde. Ich sah etwa zwanzig Minuten zu, doch schien es mir, daß dies niemals enden würde, und ich ging wieder.

Dies war vor einem halben Jahr, und diesmal wollte ich mich hier selbst behandeln lassen. Seit meiner Rückkehr nach China hatte ich an den Armen einen Ausschlag, gegen den verschiedene Pillen und Salben zweier schulmedizinischer Ärzte nichts ausrichteten. Ich meldete mich an und bezahlte die ziemlich hohe Behandlungsgebühr von dreißig RMB.

Der Arzt hieß Ho Chien-hsin. Er war nicht nur als Arzt tätig, sondern war auch Leiter der nationalen *Qi-Gong*-Truppe Chinas, die im Ausland Gastspiele gab und das Publikum mit den Fähigkeiten erstaunte, die durch die Kultivierung des *Ch'i* möglich wurden. *Ch'i* ist die Energie, die den Körper und die Welt durchströmt. Nachdem der Arzt meine verschiedenen Pulse gefühlt hatte, sagte er, daß der Ausschlag einfach durch Windeinwirkung entstanden sei. Er bat mich, mit gegrätschten Beinen zu stehen und die Augen zu schließen. Dann begann er, mit den Bewegungen des *Ch'i* in seinem Körper mit zischelnden und platschenden Geräuschen um mich herumzugehen. Nachdem er dies einige Minuten getan hatte, bat er mich, mich zu setzen, und er begann, zwischen Daumen und Zeigefinger, in den Nacken, in die Arme, in die Knie und in die Knöchel Akupunkturnadeln einzustechen. Dann forderte er mich auf, die Augen zu schließen und auszuatmen, wie wenn ich ein Reifen wäre, in den man ein Loch sticht.

Während ich dasaß und Luft abließ, behandelte er andere Patienten und kehrte gelegentlich zurück, um die Nadeln zu drehen, um zu rufen und sein *Ch'i* heraussprudeln zu lassen. Schließlich verschrieb er mir eine Kräuterarznei. Zwei Tage später war der Ausschlag verschwunden.

Ich beschloß, Hui-yus Rat zu folgen. Ich gab mein Fahrrad zurück, nahm einen Wagen mit Fahrer und fuhr auf der Ch'ang-an-Straße, der heutigen Inkarnation der ehemaligen Straße des roten Vogels, die einhundert Meter östlich davon liegt, Richtung Nanwutai.

Zwei Kilometer südlich des Tahsingshan-Tempels hielten wir an dem gut unterhaltenen Grab von General Yang Hu-ch'eng. Yang hatte Sian in den zwanziger Jahren unseres Jahrhunderts von den lokalen Kriegsherren befreit und den Ort gegen sie verteidigt. Später wirkte er an der Verhaftung seines eigenen Oberbefehlshabers Chiang Kai-shek mit. Früher machten Reisende hier halt, um den Niutou-Tempel zu besuchen. Diesen Tempel gibt es jedoch nicht mehr. Sie besuchten außerdem ein Denkmal für Chinas größten Dichter, Tu Fu.

Tu Fu wurde 712 in der benachbarten Provinz Honan geboren. Seine Vorfahren stammten jedoch aus der Shaoling-Hochebene südlich von Ch'ang-an, und er verbrachte später hier den größten Teil seiner Schaffensjahre. Er selbst nannte sich den «Eremiten von Shaoling» und betitelte seine gesammelten Gedichte nach dieser Gegend. Er starb im Jahre 770 auf einer Wanderung südlich des Yangtze und wurde bei Changsha in der Provinz Hunan begraben. Etwa einhundert Jahre nach seinem Tode wurde hier für ihn eine Gedenkstätte errichtet, die seither mehrmals wiederaufgebaut wurde.

Ich erstieg einen Hang hinter General Yangs Grab, um die Stätte in ihrer heutigen Form zu besuchen. Sie war im Jahre 1960 errichtet worden, inzwischen aber schon wieder der wuchernden Vegetation und den Hühnern überlassen. In einem Nebengebäude fand ich den Verwalter, der mit dem Hacken von Gemüse beschäftigt war. Er kam heraus und öffnete den Raum. In der Mitte eines ansonsten leeren Raums stand eine verstaubte Gipsstatue von Tu Fu, der das Jadetablett eines Hofbeamten hielt, was er zu Lebzeiten niemals getan hatte. In Stein war ein noch verstaubteres Portrait eingehauen, und überall waren Spinnweben.

Draußen las ich auf einem der Gänge, deren Mauerwerk abbröckelte, einige der Stelen, die an die Renovierungen des Denkmals während der Ming- und Ch'ing-Dynastie erinnerten. Anscheinend kam alle zweihundert Jahre jemand auf die Idee, dieses Denkmal neu zu errichten, doch war diese Aufmerksamkeit stets nur von kurzer Dauer. Die Generäle hatten es besser als der größte Dichter des Landes.

Weiter in Richtung Süden machten wir nach etwa einem Kilometer wieder Halt. Hinter einer Schule standen unterhalb der westlichen Kante des Shaoling-Plateaus zwei Pagoden, die letzten Überreste des Hua-yen-Tempels. Der Tempel entstand um das Jahr 630 und war der Sitz mehrerer Patriarchen, die die Hua-yen-Schule des chinesischen Buddhismus begründeten: Tu-shun,

Chih-yen, Fa-tsang, Ch'ih-liang und schließlich Tsung-mi, der fünfte und letzte Patriarch dieser Schule.

Die Lehre dieser Schule basierte auf dem *Avatamsaka-* oder *Hua-yen-Sutra*. Der buddhistischen Legende zufolge war dies die erste Predigt des Buddha nach seiner Erleuchtung. Weil die Zuhörer deren Botschaft nicht verstanden, lehrte der Buddha fortan einfachere Dinge. Die zentrale Lehre dieses Sutra besagt, daß alles im Universum, Numena und Phänomena, miteinander verbunden ist und daher keine Selbstheit hat. Ohne Selbstheit aber ist alles eins mit dem Dharma, ist alles eins mit dem Buddha.

Um dies zu illustrieren, stellte der dritte Patriarch einst eine Buddha-Figur auf und umgab sie von allen Seiten mit Spiegeln. Dadurch spiegelte sich nicht nur die Figur in jedem Spiegel, sondern jeder Spiegel spiegelte auch in unendlicher Fortsetzung die Bilder der anderen Spiegel. Überall, wohin man blickt, kann man sich einen Buddha vorstellen.

Dies war eine überzeugende Philosophie. Die Verfolgung des Buddhismus im Jahre 844, drei Jahre nach dem Tod von Tsung-mi, beendete jedoch die Hua-yen-Linie. Eintausend Jahre später brach die Kante des Plateaus ab und riß die noch vorhandenen Bauten bis auf zwei Ziegelpagoden mit den sterblichen Überresten des ersten und vierten Patriarchen mit sich fort. Man hatte mir gesagt, daß es Pläne gäbe, den Tempel wieder aufzubauen, doch sah ich niemanden außer Bauern und Raben auf dem Gelände.

Ich rutschte wieder am Plateau hinab, kehrte zum Auto zurück und fuhr weiter nach Süden. Nach sieben Kilometern gabelte sich die Straße und führte links zum Hsing-chiao-Tempel, rechts zum Nanwutai. Wir nahmen die Richtung zum Nanwutai und folgten der Straße nach Westen.

Sechs Kilometer hinter der Abzweigung kamen wir an einer anderen Straße vorbei, die nach links abzweigte. Sie führte zu dem Ort Taiyikung, der nach einem in der Han-Dynastie von Kaiser Wu erbauten Tempel benannt ist. Der Kaiser kam oft hierher, um vor Taiyi seine Andacht zu verrichten, in jener Zeit der höchste Gott im taoistischen Pantheon. Der Tempel war seit langem verschwunden, und die Straße, die nach Süden in das Taiyi-Tal und ein Stück den Tsuihuashan hinauf führte, war jetzt zu beiden Seiten von militärischen Einrichtungen gesäumt. Wir blieben auf der Hauptstraße.

Nach weiteren drei Kilometern bogen wir in der Ortschaft Nanwutai nach Süden ab und gelangten nach einem weiteren Kilometer zum Mito-Tempel am Fuße des Berges. Die Gebäude standen regellos durcheinander, was auf eine bewegte Vergangenheit schließen ließ. Als wir eintraten, fiel mir als erstes eine riesige, uralte Magnolie ins Auge, die neben dem vorderen Andachtsraum blühte. Eine weitere Magnolie stand in dem Hof dahinter. Zusammen hüllten sie den Raum mit weißen Blütenblättern und einem feinen Duft ein. Der Andachtsraum selbst wurde von einer scheußlichen Gipsstatue des Maitreya ganz ausgefüllt, des Buddha, der dem Shakyamuni folgen soll. Ich betete um die Rückkehr der Roten Garden.

Einen willkommenen Gegensatz hierzu bildete der hintere Andachtsraum. Statt eines Altars oder einer Statue, wie sonst üblich, beherrschte eine Pagode die Mitte des Raums. Die ganze Pagode wie auch die Wände waren mit Steinplastiken von fünfhundert buddhistischen Größen versehen. Sie waren von hohem künstlerischem Rang. Wie ich später erfuhr, hatten Buddhisten aus Hongkong acht Bildhauer aus der südlichen Küstenstadt Swatow für diese Arbeit engagiert, die zwei Jahre in Anspruch nahm. Unter den Statuen, die die Pagodenwände schmückten, befanden sich auch meine alten Freunde Han-shan (Kalter Berg) und Shihte (Findling).

Ich war so sehr von den Plastiken beeindruckt, daß ich beinahe die Tausenden von Magnolien-Kelchblättern übersehen hätte, die den Boden bedeckten. Später erzählte mir der Abt, daß die Mönche die Blätter später sammeln würden, wenn sich das Wetter gebessert hätte, um sie zu trocknen und als Arzneimittel für Nebenhöhlenbeschwerden zu verkaufen.

Draußen im Hof steckte ich meinen Kopf in einen der Nebenräume und sah den Abt, dem ich vor einem halben Jahr begegnet war. Als er mich erblickte, lachte er sofort wieder. Ich bin niemals mehr einem Mönch begegnet, der soviel gelacht hätte. Ich glaube, daß er nie mehr als zwei oder drei Sätze sprach, ohne sein Kichern hören zu lassen. Sein Name war Te-ch'eng. Er war neunundsechzig Jahre alt und war als Bauer im Bezirk Ch'ang-an aufgewachsen. Mit dreißig wurde er Mönch, und nachdem er einige Jahre in einem Tempel studiert hatte, wurde er Mönch auf dem Kuanyinshan im oberen Tal des Feng-Flusses. Sechs Jahre danach ging er in den Chingyeh-Tempel an der Mündung des Flusses und diente schließlich als Abt sowohl des Chinyeh-Tempels wie auch des nahegelegenen Fengte-Tempels. Er sagte, daß vor der Kulturrevolution vierzig Mönche im Chingyeh-Tempel und sechzig Nonnen im Fengte-Tempel waren und daß viele der jetzigen Hütten in der Tungkou-Schlucht von Einsiedlern bewohnt seien.

1985 bat der buddhistische Verband der Provinz Te-ch'eng, den Mito-Tempel zu übernehmen. Er sagte, daß es bei seiner Ankunft nichts gab – keine Mönche, keine Andachtsräume, nichts. Die Andachtsräume waren während der Kulturrevolution zerstört worden, und in den restlichen Gebäuden hatten sich Beamte und Soldaten niedergelassen. Irgendwie konnte er sie alle zum Auszug bewegen. Nach seinem mehr oder weniger pausenlosen Kichern zu urteilen, hatte er hierfür sicher nicht den Weg der Konfrontation gewählt. Ich fragte ihn, was er die Menschen lehrte, die zu ihm zur Unterweisung kämen, und er unterbrach seine Antwort immer wieder mit Gelächter.

Te-ch'eng: Ich lehre sie alles mögliche. Was Sie sich nur denken können. Was immer passend erscheint. Ein wenig hiervon, ein wenig davon. Darum geht es doch beim Üben. Man kann nicht nur eine Art von Dharma üben. Das ist ein Fehler. Das Dharma ist nicht einseitig. Man muß Zen üben. Wenn man dies nicht tut, wird man niemals über die Täuschungen hinausgelangen. Und man muß die Gebote praktizieren. Wenn man dies nicht tut, ist das Leben ein Durcheinander. Und man muß Reines Land praktizieren. Wenn man dies nicht tut, wird einem der Buddha niemals helfen. Man muß alle Dharmas üben.

Es ist wie beim Feuermachen. Man braucht mehr als nur den Funken. Man braucht auch Holz und Luft. Wenn eines davon fehlt, kann man kein Feuer machen. So ist es auch mit der Erleuchtung. Es ist ein System. Alle Übungen stehen in einem Zusammenhang. Man darf keine von ihnen auslassen. Der Geist umfaßt alles. Man darf nichts weglassen. Man kann nichts außerhalb des Geistes haben. Der Geist muß eins sein. Es gibt nur Raum für einen Gedanken, keine Täuschungen, nichts sonst. Im Zen hat man keinen Gedanken. Im Reinen Land hat man einen Gedanken.

Beides ist dasselbe. Beides zielt darauf ab, einem zu zeigen, wer man ist.

Wir sprachen auch über die Chungnan-Berge. Wie der Abt des Hsiangchi-Tempels und der taiwanesische Professor Tu Er-wei war auch Te-ch'eng der Auffassung, daß sich die Chungnan-Berge bis Indien erstreckten. Auch dies fand er lustig. Ich hätte noch länger mit ihm gesprochen, aber ich war müde und gähnte. Er empfahl mir, ins Bett zu gehen, und nachdem ich den Wagen mit dem Fahrer nach Sian zurückgeschickt hatte, führte er mich in einen Raum, den einer seiner Schüler bewohnte.

Der Jünger war ein Mönch namens Hsing-k'ung. Er war achtundzwanzig, und er bewegte sich mit der Anmut eines jungen Mädchens. Auf dem Tisch neben seinem Bett stand eine weiße Porzellanbüste von Mao Tse-tung. Ich wunderte mich, was sie in einem Kloster zu suchen hatte. Der Mönch bemerkte mein Erstaunen und erzählte mir, daß seine Eltern hohe Parteifunktionäre gewesen waren. Sie starben, als er noch klein war, mitten während der Kulturrevolution, und er wurde von Verwandten aufgezogen. Nachdem er die Universität Peking besucht hatte, arbeitete er für die Regierung in einer Dienststelle für ausländische Handelsbeziehungen. Er war nach Amerika, Kanada und Europa gereist. Es war der erste Mönch, der ein wenig Englisch sprach.

Er sagte, daß er vor etwa zwei Jahren mit einigen Freunden den Mito-Tempel besucht und dort schließlich die Nacht verbracht hatte. Während der Nacht war ihm die Kuan-yin erschienen, der Bodhisattva des Mitleids, und lehrte ihn den Dharma. Am nächsten Morgen sagte er seinen Freunden, daß sie ohne ihn nach Peking zurückkehren sollten.

Als er für einige Minuten den Raum verließ, flüsterte mir eine Laienschwester zu, die mir eine Schale Nudeln brachte, daß Hsing-k'ung kein gewöhnlicher Mönch sei. Er habe besondere Kräfte. Er sei ein lebender Buddha. Sie sagte, daß er in den zwei Jahren, die er im Tempel lebte, über fünftausend Menschen durch den Glauben an die Schriften geheilt habe. Sie ging hinaus, als Hsing-k'ung zurückkehrte, und ich schlief innerhalb von Minuten ein. Statt der Kuan-yin hörte ich aber die ganze Nacht nur Ratten, die einander jagten.

Am nächsten Morgen zeigte mir Hsing-k'ung nach dem Frühstück eine Truhe voller Gewänder, die er für alle Eremiten in der Gegend geschneidert hatte. Es müssen etwa fünfzig Gewänder in lauter verschiedenen Farben gewesen sein; eines davon war smaragdgrün. Er sagte, daß er den Stoff von dem Geld gekauft habe, das ihm Menschen gaben, die er geheilt hatte. Dann sagte er, daß sich in wenigen Minuten draußen Patienten anstellen würden, und er bat mich zu gehen. Zuvor gab er mir jedoch noch Wahlzettel für einige der Mönche und Nonnen, die an dem zum Nanwutai hinaufführenden Pfad lebten. Sie alle hatten sich für Hsing-k'ung als ihren Vertreter im örtlichen Gemeinderat entschieden.

Ich verabschiedete mich und wanderte auf dem Pfad, der direkt vor dem Tempel begann, das Taikou-Tal hinauf. Die Temperatur war in dieser Nacht unter den Gefrierpunkt gesunken, und das Tal war halb in Nebel gehüllt. Alles, was ich sehen konnte, waren die Steinstufen. Nach etwa zwei Kilometern kam ich am Wufo-Tempel an. Zwei alte Magnolienbäume bewachten die Vorderseite.

Im Innern des Tempels sprach ich mit zwei siebzigjährigen Mönchen, Ch'uan-hsin und Fa-yi. Ich konnte jedoch ihren Dialekt kaum verstehen, und es reichte für wenig mehr, als daß wir einander vorstellten. Ich gab ihnen ihre Wahlscheine, und sie zeigten mir einige Treppen hinter dem Tempel.

Die Stufen führten einen mit Kiefern bedeckten Hang hinauf, die die Forstverwaltung vor kurzem gepflanzt hatte. Nach etwa dreihundert Metern endeten die Stufen auf halber Höhe des Hangs an den Überresten des Paita-Friedhofs. Der Name bedeutet «einhundert Stupas», doch war der einzige Stupa, der dort noch stand, derjenige von Yin-kuang. Yin-kuang zählt neben Hsu-yun zu den größten Mönchen dieses Jahrhunderts. Während Hsu-yun die Praxis des Zen in China erneuerte, tat Yin-kuang dasselbe für die Reines-Land-Praxis. Menschen, die seine Predigten hörten, sagen, daß sie nachher nicht mehr dieselben waren. Sein Stupa war leer, und seine sterblichen Überreste waren entfernt worden. Über dem Eingang stand sein Name, von Yu Yu-jen geschrieben, dem berühmtesten chinesischen Kalligraphen des zwanzigsten Jahrhunderts. Yus eigenes Grab lag auf der anderen Seite des Hügels, auf dem ich in Taiwan lebte.

Der Stupa war von einem Hain nicht immergrüner Kiefern umgeben, ein Geschenk des japanischen Premierministers Tanaka. Die nunmehr fünfzehn Jahre alten Bäume hatten bereits eine Höhe von etwa acht Metern erreicht. Südlich des Kiefernhains lag die große Pagode, durch die die Stätte Ende des sechsten Jahrhunderts als Friedhof entstand. Sie war die erste der großen Pagoden Sians und fünfzig Jahre älter als Hsüan-tsangs Große Gänsepagode. Neben der Pagode lag der Shengshou-Tempel, in dem ich mich kurz mit einem der beiden dort lebenden Mönche unterhielt. Im Inneren lehnten an einer der Mauern die beiden Hälften der geborstenen Steinskulptur von Yin-kuang, die einst den Eingang seines Stupa verschlossen hatte.

Ich kehrte zum Hauptweg zurück und kam während der nächsten beiden Stunden beständig an Ruinen vorbei. Nanwutai liegt genau südlich von Ch'ang-an und wurde schon während der Sui- und T'ang-Dynastie zu einem der bedeutendsten buddhistischen Zentren der Gegend, das noch während der Ming- und Ch'ing-Dynastie in Blüte stand. Um die Jahrhundertwende gab es längs des Weges zum Gipfel noch zweiundsiebzig Tempel und Heiligtümer. Heute gibt es nur noch fünf, und diese wurden sämtlich vor kurzem neu erbaut. Alles wurde von den Roten Garden zerstört, als die Kulturrevolution in den sechziger Jahren über China hinwegfegte.

Hinter dem Wufo-Tempel stieg der Pfad von der Talsohle an und überquerte eine Straße, die die Forstverwaltung etwa um dieselbe Zeit angelegt hatte, als die Roten Garden begannen, Tempel zu zerstören. Als ich das erste Mal mit Steve hier gewesen war, waren wir die Straße hinaufgefahren. Diesmal blieb ich auf dem Pfad und überquerte die Straße noch mehrmals, bis ich schließlich den Parkplatz erreichte und dieselben Stufen hinaufstieg, die Steve und ich mit unserem Fahrer vor einem halben Jahr erstiegen hatten.

Nach etwa fünfzig Metern kam ich an der Feuerdrachenhöhle vorbei. Hier hauste einst ein Drache, der immer wieder Ch'ang-an in Schrecken versetzte, bis ihn die Kuan-yin fing, ihn weiter oben auf dem Berg in einen Drachenkäfig sperrte, zu Pulver zermahlte und das Pulver in den Wei-Fluß warf.

Die Höhle war bis auf ein kleines Heiligtum leer, und ich setzte meinen Weg fort. Wenige Minuten später hörte ich ein Brüllen, und ich erstarrte. Ich erinnerte mich plötzlich, daß ich in der Feuerdrachenhöhle kein Räuchwerk entzündet hatte. Dann hörte ich das Brüllen wieder. Es war kein Drache. Es war schlimmer: Es war ein Bär.

Von meinem letzten Besuch wußte ich, daß es etwa zehn Minuten weiter eine Herberge gab, und ich rannte davon – langsam, wenn so etwas möglich ist. Ich hörte das Brüllen noch mehrmals, aber es schien schwächer zu werden. Als ich die Herberge endlich erreicht hatte, sagte der Verwalter, daß der Bär gerade verschwunden sei. Möglicherweise wollte er sich über die schlechte Qualität der Abfälle der Herberge beklagen. Unkraut gab es überall. Mit Ausnahme des Verwalters war niemand da. Der Bau war vor kurzem aus den Überresten der Sommerresidenz von Liu lan-t'ao errichtet worden. Bevor ihn die Kulturrevolution als kapitalistischen Ausbeuter brandmarkte, war Liu der Generalsekretär der kommunistischen Partei für die fünf nordwestlichen Provinzen des Landes und einer der mächtigsten Männer im Staat gewesen. Ich beglückwünschte Liu zu seinem herrlich gelegenen Sommersitz.

Ich ließ dem Bären noch genügend Zeit zum Verschwinden und setzte dann meine Wanderung bergauf fort. Nach etwa einem Kilometer war ich am Tzuchulin-Tempel angelangt. Als Steve und ich im vergangenen Herbst hinaufgewandert waren, hatten einige junge Mönche den Weg vor der vorderen Pforte instand gesetzt. Der Abt hatte uns Scheiben Wassermelone gegeben und sich über die vielen Touristen beklagt, die den Gipfel ersteigen wollten.

Diesmal lag noch etwas Schnee, und ich war der einzige Tourist auf dem Berg. Der Abt hieß mich wiederum willkommen. Sein Name war Yen-ch'eng. Er war sechsundsechzig Jahre alt und lebte mit drei weiteren Mönchen und einigen Laien im Tempel. Bevor er zum Nanwutai gekommen war, hatte er in einer Hütte sechzig Kilometer westlich im Tal des Kung-Flusses gelebt. Als ich das erste Mal mit Steve zum Nanwutai hinaufgewandert war, war unser Fahrer zurückgeblieben und ließ sich von Yen-ch'eng erklären, was er und die anderen Mönche auf dem Berg taten. Ich fragte Yen-ch'eng, was er unserem Fahrer erzählt habe.

Yen-ch'eng: Ich sprach über die Meditation. Ich erklärte, wie wir zuerst den Namen des Buddha rezitieren, um das Bewußtsein gelassener zu machen. Nur wenn das Bewußtsein gelassen ist, kann es sich beruhigen. Dann erklärte ich, wie wir das Bewußtsein beruhigen, indem wir fragen, wer den Namen des Buddha rezitiert. Nur wenn das Bewußtsein beruhigt ist, kann es still werden. Dann erklärte ich, wie wir das Bewußtsein still machen, indem wir den Namen des Buddha beiseite lassen. Nur wenn das Bewußtsein still ist, kann es sehen. Und nur wenn das Bewußtsein sehen kann, kann es das Geheimnis der Geheimnisse erreichen. Ich erklärte, daß dies ein Prozeß ist, den jeder, der auf dem Übungsweg ist, durchmachen muß. Wie lange dies dauert, hängt vom einzelnen ab. Es ist, wie wenn man eine Straße entlanggeht. Die Straße ändert sich ständig. Manchmal ist es einfach, manchmal ist es schwierig. Wenn man aber auf dem Übungsweg ist, ist es besser, in den Bergen zu leben als in der Stadt. Unser Leben erscheint Außenstehenden hart, aber wir brauchen keinen Komfort. Wir sind hier, um zu üben. Und das Üben hat keine Form. Die meisten Besucher halten uns für bedauernswerte Mönche.

Der Nebel ließ es später erscheinen, als es war, und ich blieb nur für eine Tasse Tee und einen Teller gebackener Teigspiralen und um für Yen-ch'eng ein Bild von der Stupa seines Meisters zu machen, einer von dreien, die im Friedhof des Tempels übriggeblieben waren.

Ich wanderte noch eine halbe Stunde weiter. Drei Nebenwege zur Linken führten zu den fünf Gipfeln des Nanwutai, denen der Berg seinen Namen verdankt: «Fünf Plattformen des Südens».

Der höchste der fünf Gipfel ist knapp 2400 m hoch und heißt Tating oder Kuanyintai. Einer der ersten Tempel in diesem Teil der Chungnan-Berge wurde während der Sui-Dynastie auf dem Tating errichtet. Er erhielt den Namen Yuankuang-Tempel. Als Kao Ho-nien im Winter und Frühling 1914/1915 zum letzten Mal auf dem Nanwutai weilte, wurde er vom Drachenkäfig aus Zeuge, wie der Yuankuang-Tempel abbrannte, die Folge zu vieler Kerzen oder von zu viel Räucherwerk. Der Anblick erinnerte Kao an die Vergänglichkeit des Lebens und die Nichtigkeit unserer Bemühungen, etwas Beständiges zu schaffen. Besser ist es, einen leeren Geist zu schaffen.

Der Nebel war so dicht, daß ich nur wenige Meter weit sehen

konnte, und ich beschloß, die Gipfel diesmal nicht zu ersteigen. Ich setzte statt dessen meinen Weg fort, ging über den Kamm und auf der anderen Seite talwärts. Zehn Minuten später war ich am Eingang des Tamaopeng. Wie alle anderen Tempel auf dem Berg war der Tamaopeng in neuerer Zeit wiederaufgebaut worden – und war schon wieder in schlechtem Zustand. Bei seiner Gründung im sechsten Jahrhundert hieß er Hsilin-Tempel. Später wurde er zum Treffpunkt für alle Eremiten auf dem Berg, und er bekam den Namen Tamaopeng, Große Hütte.

Bei meinem ersten Besuch war ich Te-san begegnet, dem Abt des Tempels. Er war vierundsiebzig Jahre alt und stammte aus Peking. Als er noch ein Knabe war, verlor sein Vater seine Stelle und bat die Mönche im Pekinger Kuangchi-Tempel, seinen Sohn in ihre Obhut zu nehmen. Te-san war zehn Jahre alt, als er Novize wurde. Als er alt genug war, um Mönch zu werden, reiste er in den Süden und studierte an den buddhistischen Akademien in Ningpo und Kanton. Später bereiste er ganz China, studierte bei verschiedenen Meistern und gründete selbst eine Reihe buddhistischer Akademien. Er kam erst 1985 in die Chungnan-Berge. Er sagte, daß er hier nicht mehr weggehen wolle. Ich fragte ihn, warum er sich für diese Gegend entschieden habe.

Te-san: Das Wichtigste für einen Mönch ist die spirituelle Praxis, und hierfür braucht er einen ruhigen Ort. Dieser Berg ist ruhig. In China haben wir eine Reihe von Bergen, auf die die Mönche zum Üben gehen. Dies ist einer von ihnen. Dies ist ein Ort, an dem Mönche und Nonnen alleine üben. Seit der T'ang-Dynastie ist dieses Gebiet ein Zentrum für diejenigen, die sich einem religiösen Übungsweg widmen wollen.

Frage: Wie ist es heute?

Te-san: Seit die Regierung vor zehn Jahren eine neue Religionspolitik verkündet hat, lebten überall religiöse Aktivitäten auf. Hier sind nicht so viele Mönche wie früher, aber die Dinge bessern sich.

Frage: Wie sind die Verhältnisse hier?

Te-san: Viele Mönche und Nonnen kommen hier zu Besuch, aber nur wenige bleiben. Wir sind hier nur zu viert. Bis auf die morgendlichen und die abendlichen Feiern im Andachtsraum üben wir jeder für sich.

Frage: Womit bestreiten Sie Ihren Lebensunterhalt?

Te-san: Laienbuddhisten in Sian und Shanghai helfen uns. Wir haben diesbezüglich keine Schwierigkeiten.

Frage: Gibt es viele Eremiten auf dem Nanwutai?

Te-san: Früher waren es mehr. Als ich in den fünfziger Jahren den Nanwutai besuchte, gab es dort über siebzig Mönche und Nonnen in Hütten auf dieser Seite (der Südseite) des Berges. Heute sind es nur etwa ein Dutzend.

Frage: Hat die Regierung etwas dagegen?

Te-san: Nein. Sofern sie beim buddhistischen Verband in Sian eingetragen sind, können sie leben, wo sie wollen. [Siehe die Stellungnahme des Laien Hsu hierzu auf Seite 161].

Frage: Wovon leben sie?

Te-san: Sie bauen Gemüse an und sammeln Brennholz. Für die übrigen Bedürfnisse kommen bei den meisten von ihnen Laien oder Verwandte auf.

Frage: Werden sie hier von Besuchern gestört?

Te-san: Nein, es kommen nicht viele Menschen auf diesen Berg. Es ist zu weit von Sian hierher. Bis sie da sind, müssen sie schon wieder umkehren. Außerdem verkaufen wir keine Eintrittskarten wie manche andere Tempel. Wer hierher kommt, kommt zum Üben, nicht als Tourist.

Frage: Welchen Übungsweg praktizieren Sie?

Te-san: Zen. Wir folgen den Zen-Lehren. Die meisten der Mönche, die hierherkommen, haben in größeren Tempeln gelebt und die Gruppenmeditation praktiziert. Hier meditieren wir alleine. Wenn einer der Mönche ein Problem oder eine Frage hat, fragt er mich, und ich versuche ihm zu helfen. Das ist alles.

Frage: Kann jeder hier bleiben?

Te-san: Normalerweise braucht man eine Empfehlung. Dann müssen Bewerber eine Zeit der Schulung durchlaufen, damit man sehen kann, ob sie wirklich für das Mönchsleben geeignet sind, bevor wir sie als Schüler akzeptieren.

Frage: Haben die heutigen Schüler ein oberflächlicheres Wissen als früher?

Te-san: Ja, aber der Mensch kann lernen. Das eigentliche Problem liegt darin, daß es nicht mehr viele Mönche in meinem Alter gibt, die sie unterweisen könnten. Um in die tiefsten Lehren des Buddha einzudringen, brauchen die Schüler einen Lehrer, der sehr viel Erfahrung und Wissen hat. Dies gilt ganz besonders für Zen.

Als ich diesmal Tamaopeng besuchte, war Te-san nicht mehr da. Er lag im Krankenhaus in Sian, und man erwartete, daß er nicht zurückkehren würde. Einer seiner Schüler hatte die Leitung des Tempels übernommen. Sein Name war Pao-sheng. Er war vierundvierzig und lebte mit zwei weiteren Mönchen im Tempel, die beide einige Tage nach Sian gegangen waren, um Te-san zu besuchen. Weiterhin war ein Mönch aus der Provinz Chekiang zu Besuch. Vor der Kulturrevolution hatten über fünfzig Mönche in Tamaopeng gelebt.

Nach der Begrüßung und einer Tasse Tee lud mich Pao-sheng ein, die Nacht über zu bleiben. Ich nahm dies gerne an, sagte aber, daß ich in einigen Stunden zurück sein würde. Ich wollte noch Hui-yuan besuchen, eine Nonne, der ich vor einem halben Jahr begegnet war.

Als Kao Ho-nien den Nanwutai besuchte, blieb er ebenfalls im Tamaopeng und unternahm Tagesausflüge zu den umliegenden Gipfeln und Einsiedeleien. Während eines Ausflugs nahm er denselben Weg, den ich nahm, und besuchte Eremiten in der Hsiangtzu-Höhle, in der Tigerhöhle und im Drachenkäfig.

Ich machte ebenfalls an der Hsiangtzu-Höhle halt, einige hundert Meter hinter Tamaopeng. Hier hatte der taoistische Unsterbliche Han Hsiang-tzu in der T'ang-Dynastie gelebt. Jetzt lebte dort ein buddhistischer Laie, der nichts anderes mehr wahrnahm als den Namen des Buddha, weshalb ich weiter bergab wanderte. Bald kam ich an den Ruinen des Drachenkäfigs vorbei, und dann gabelte sich der Weg. Der Hauptweg führte in das Taiyi-Tal und zum Tsuihuashan, wo angeblich ein halbes Dutzend Mönche im Tienchih-Tempel lebten. Der Weg zur Rechten führte zu Hui-yuans Hütte.

Als ich durch den Nebel bergab wanderte, flog ein Vogel vorbei. Sein Körper war strahlend blau und weiß, sein Schwanz völlig schwarz. Alles um mich war wirbelnder Nebel, und ich konnte nichts außer dem Pfad sehen. Im August war die Vegetation von fast tropischer Üppigkeit gewesen. Jetzt lagen hier nur moderndes Laub und schwarze Zweige. Nach etwa dreißig Minuten erreichte ich Hui-yuans Hütte. Sie hieß Hsiamaopeng, Kleine Hütte, um sie von Tamaopeng zu unterscheiden, und Chintumaopeng, um anzugeben, daß hier ein Ort des Übungsweges des Reinen Landes war.

Als ich mit Steve das erste Mal hier war, war das Tor versperrt, und wir mußten fünf Minuten warten, bis Hui-yuans Schülerin herunterkam und öffnete. Diesmal stand das Tor weit geöffnet. Ich war erstaunt. Vor sechs Monaten ging ich durch den herrlichsten Gemüse- und Blumengarten, den ich jemals in den Bergen gesehen hatte. Jetzt war Ende März, Nebel, und die Temperatur unter dem Nullpunkt. Das einzige Zeichen von Leben waren die Knospen an den Apfelbäumen.

Als ich mich der Hütte näherte, rief ich den Namen des Buddha. Hui-yuans Schülerin erschien unter der Tür. Ihr Name war Ch'eng-po. Sie war fünfunddreißig und hatte beschlossen, Nonne zu werden, nachdem sie vor zehn Jahren mit Freunden Hui-yuan besucht hatte. Einige Monaten später wurde sie Nonne, und Hui-yuan nahm sie als Schülerin an. Sie lächelte, hob das weiße Tuch, das vor dem Eingang hing, und geleitete mich hinein. Ich war wie vom Donner gerührt. An der weiß gekalkten Wand von Hui-yuans Andachtsraum lehnten sechs Regierungsbeamte. Sie ließen beinahe ihre Zigaretten fallen, als ich eintrat. Bevor jedoch einer von uns die Fassung wiedererlangen konnte, schob mich Ch'eng-po durch einen weiteren Vorhang in Hui-yuans Schlafraum.

Hui-yuan saß mit überkreuzten Beinen unter einer Decke im Bett. Durch zwei verglaste Fenster strömte Licht herein, und an der getünchten Ziegelsteinwand hingen Kalenderbilder und einige alte Fotos. Hui-yuan stammte aus Harbin in Nordostchina. Sie war einundsiebzig Jahre alt und seit ihrem sechzehnten Lebensjahr

Hui-yuan mit ihrer Schülerin unter ihrem Apfelbaum.

Nonne. 1955 kam sie mit einer anderen Nonne namens Hui-ying zum Nanwutai. Bald nach ihrer Ankunft zogen sie in diese Hütte, die ein anderer Eremit räumte, der zum Chiawutai ging. Sie lebten hier, bis die Roten Garden kamen und sie vertrieben. Nach einer kurzen Zeit in einer buddhistischen Arbeitsgruppe im Mito-Tempel kehrten sie zurück und arbeiteten wieder in ihrem Garten, wobei sie den Namen des Buddha rezitierten. Hui-ying starb im Jahre 1981.

Hui-yuan bat mich zu sich auf ihr gemauertes Bett. Ich erzählte ihr alle Eremitenneuigkeiten vom Chiawutai und dem Tal des Feng-Flusses. Schließlich fragte ich sie, was die Beamten in ihrer Hütte wollten.

Hui-yuan: Sie wollten mich nur besuchen und sehen, ob ich irgend etwas bräuchte. Dies ist das erste Mal. Ich weiß nicht, was es zu bedeuten hat.

Frage: Als ich Sie beim letzten Mal besuchte, sagten Sie mir, daß Sie seit zehn Jahren nicht mehr den Berg verlassen hätten. Waren Sie inzwischen wieder im Tal?

Hui-yuan: Nein. Ich habe nicht vor, den Berg wieder zu verlassen. Erstens bin ich zu bequem dazu. Zweitens bin ich zu krank. Ich kann nicht mehr so weit gehen. Ich möchte überhaupt nirgendwohin gehen. Ich esse und schlafe und sitze hier einfach den ganzen Tag.

Frage: Was tun Sie, wenn Sie etwas einkaufen müssen?

Hui-yuan: Ich habe eine Schwester, die in Kanton arbeitet. Sie kam einmal hierher. Sie schickt mir von Zeit zu Zeit Geld. Ich brauche nicht viel. Ich baue mein Gemüse selbst an, und ich verwende das Geld, das sie mir schickt, um Dinge wie Mehl und Öl zu kaufen. Meine Schülerin geht den Berg hinunter, um Dinge heraufzubringen. Wir essen nicht viel, nur Frühstück und Mittagessen. Wir essen nicht zu Abend.

Frage: Bekommen Sie hier Post?

Hui-yuan: Ja, es gibt einen Briefträger, der etwa einmal die Woche den Berg heraufkommt.

Frage: Sie haben also eine Adresse?

Hui-yuan: Ja, Bezirk Ch'ang-an, Gemeinde Shihpienyu, Chingtu Maopeng.

Frage: Welchem Übungsweg folgen Sie?

Hui-yuan: Ich bin ziemlich damit beschäftigt zu überleben. Aber ich stehe jeden Tag vor der Morgendämmerung auf und rezitiere das *Lotos-Sutra* und das *Titsang-Sutra*. Nachts meditiere ich und rezitiere den Namen des Buddha. Der Übungsweg hängt vom einzelnen ab. Dies ist mein Übungsweg.

Frage: Warum leben Sie in den Bergen?

Hui-yuan: Ich mag die Stille. Jeder, der Mönch oder Nonne wird, liebt die Stille. Mönche oder Nonnen, die predigen können, leben in der Stadt. Ich kann nicht predigen, weshalb ich in den Bergen lebe und für mich übe.

Frage: Wie geht es Ihnen gesundheitlich?

Hui-yuan: Nicht so gut. Ich habe mich damit überanstrengt, Dinge den Berg heraufzutragen, und diesen Hang für den Gemüsebau zu roden. Vergangenes Jahr habe ich plötzlich Blut gehustet. Eine Laienschwester brachte einen Arzt, der mir eine Arznei gab. Es geht mir jetzt besser. Aber ich hatte seit meinem dreißigsten Lebensjahr eine chronische Krankheit. Jetzt werde ich einfach alt.

Frage: Wie überstehen Sie die Wintermonate?

Hui-yuan: Der Winter macht mir nichts aus. Es wird draußen kalt, aber es gibt genug Holz. Der Wind kommt nicht durch die Tür oder die Fenster herein, und mein Bett ist ein *k'ang* (ein gemauertes Bett mit eingebautem Ofen). Ich mag den Winter. Es ist eine gute Zeit zum Meditieren.

Wir tranken zusammen eine Kanne Tee, und ich gab ihr ein Bild, das Steve vor einem halben Jahr von ihr neben ihren Apfelbäumen aufgenommen hatte. Beim Weggehen gab ich auch Ch'eng-po ihre Wahlscheine und etwas Essen, das ihre Mutter mir für sie mitgegeben hatte. Ihre Mutter weilte seit einigen Wochen in Tamaopeng, wo sie in der Küche aushalf. Ich verabschiedete mich und stieg wieder bergan. Es war so kalt, daß ich nicht einmal in Schweiß geriet.

Im Tamaopeng richtete Pao-sheng das Bett neben dem seinigen her; dann brachte uns Ch'eng-pos Mutter große Schüsseln mit Nudeln zum Abendessen. Danach verkroch ich mich unter einem halben Dutzend Baumwolldecken und schlief ein. Einige Male während der Nacht drehte ich mich um und bemerkte, daß Pao-sheng saß. Er meditierte die ganze Nacht. Am nächsten Morgen fragte ich ihn nach dem Übungsweg.

Pao-sheng: Einige Mönche rezitieren Sutras, andere meditieren. Aber man braucht nicht zu sitzen, um zu meditieren. Als mein Meister zu alt wurde und nicht mehr aufrecht sitzen konnte, meditierte er im Liegen. Aber nur deshalb, weil jemand aussieht, als ob er meditieren würde, übt er nicht auch schon. Aber man kann die Menschen erkennen, die auf einem Übungsweg sind. Alles, was sie tun und sagen, trifft stets den Kern der Sache. Sie leisten sich kein leeres Gerede oder unnütze Aktivitäten. Dies ist nicht nur meine Meinung. Dies lehren die Zen-Meister im Meditationsraum. Ich kann Ihnen versichern, daß es nur wenige gibt, die wirklich den Übungsweg beschreiten. Ich selbst übe nicht sehr viel. Ich meditiere nachts und erledige tagsüber Alltagsgeschäfte. Ich kümmere mich einfach um den Tempel.

Frage: Kennen Sie weitere Mönche oder Nonnen, die tiefer in den Bergen leben?

Pao-sheng: Ich habe gehört, daß einige Mönche an einem Ort namens Tienchih [nicht der gleichnamige Tempel auf dem nahegelegenen Tsuihuashan] leben. Ich war niemals dort, und ich weiß auch nicht genau, wo es liegt, aber ich habe gehört, daß es im Shihpien-Tal etwa fünfzehn Kilometer südwestlich von hier ist. Ich habe gehört, daß mehrere Mönche dort in völliger Abgeschiedenheit leben und praktizieren, was wir *pi-kuan* [Abschließung] nennen. Ich weiß nicht, wer für ihre Bedürfnisse sorgt; vielleicht einige andere Mönche oder Laien.

Frage: Können Sie genügend Gemüse für den Eigenbedarf anbauen?

Pao-sheng: Das kommt darauf an. Selbst wenn die Witterung gut ist, gibt es hier so viele Eichhörnchen, Ratten und andere wilde Tiere, daß es schwierig ist, genug für den Eigenbedarf zu bekommen. Viele Mönche und Nonnen besuchen diese Berge, aber nicht viele schaffen es, hier zu leben. Es ist nicht einfach. Nur derjenige, der es mit seinem Übungsweg wirklich ernst meint, kann hier überleben.

Frage: Wie lange sind Sie schon Mönch?

Pao-sheng: Ich bin erst seit drei Jahren Mönch, aber ich bin schon lange auf dem Übungsweg. Vor vielen Jahren habe ich mein Haus in Sian verkauft und bin in einen Tempel gezogen. Aber der Abt behandelte mich sehr schlecht.

Es ist mir gleichgültig, wenn mich jemand kritisiert, ob es zu Recht oder zu Unrecht ist. Ich prüfe mich selbst. Aber ich hatte so viele Probleme mit dem Abt, daß ich schließlich wegging und zum Chingliang Maopeng ging. Dies ist von Hui-yuans Hütte noch etwa eine Stunde. Aber als ich dort lebte, wurde ich sehr krank. Ich muß etwas Giftiges gegessen haben. Ich konnte mich nicht mehr bewegen, und mein Körper schwoll an wie ein Ballon. Ich wäre gestorben, wenn nicht zwei Laien aus dem Nichts erschienen wären und mich wieder gesund gepflegt hätten. Es müssen Bodhisattvas gewesen sein. Ich habe sie weder vorher noch nachher wieder gesehen. Als ich wieder gehen konnte, ging ich zurück nach Sian, um mich zu erholen. Drei Monate lang konnte ich nichts Normales essen. Als meine Mutter starb, ging ich wieder von zu Hause weg und kehrte in die Berge zurück. Diesmal fand ich einen guten Meister und lernte bei ihm bis zu seinem Tode mehrere Jahre.

Ich war von Pao-shengs Aufrichtigkeit und Schlichtheit tief beeindruckt und wünschte, daß mehr Menschen mit sich selbst und anderen so aufrichtig wären wie er. Wir verabschiedeten uns an der Tempelpforte. Wenige Augenblicke später war er nur noch ein schwarzer Umriß. Wieder einige Augenblicke später war er verschwunden.

Ich überquerte den Kamm und wanderte wieder am Nordhang des Bergs nach unten, vorbei an den Pfaden zu den in Nebel eingehüllten Gipfeln, vorbei am Tzuchulin-Tempel, vorbei an der leeren Herberge, vorbei an der Höhle des Feuerdrachens. Der Weg war nicht schwierig, aber der dichte Nebel und der Frost machten das Gelände naß und vereist. Als ich den Parkplatz erreichte, beschloß ich, den restlichen Weg nach unten auf der Straße zurückzulegen.

Als ich mit Steve vor einem halben Jahr nach Sonnenuntergang auf derselben Straße fuhr, sahen wir einen riesigen Vogel auf einem Felsen neben der Straße sitzen. Er war von unseren Scheinwerfern geblendet. Wir hielten an, und als ich die Tür öffnete, spannte er plötzlich seine Flügel aus. Sie müssen eine Spannweite von zwei Metern gehabt haben, und sie waren rot. Wir sahen den Kopf des Tiers aufleuchten und in der Dunkelheit verschwinden. Diesmal sah ich nichts als den Berg.

Kapitel 9

Über die Brücke der gebrochenen Herzen

Im alten China war eine der belebtesten Straßen die Verbindungsstraße zwischen den westlichen Hauptstädten Feng, Hao, Hsienyang und Ch'ang-an und der östlichen Hauptstadt Loyang und den zentralen Ebenen. Die Loyang-Straße, wie sie hieß, führte auch an den Ausläufern der Chungnan-Berge vorbei, und auf dieser Straße reisten viele künftige Einsiedler, wenn sie beschlossen, Ch'ang-an endgültig zu verlassen.

Ich mietete einen Wagen und folgte vom Osttor der Stadt Sian aus der Straße in östlicher Richtung zehn Kilometer weit zum Fluß Pa. Dies war eines der ersten Hindernisse, das Reisende in alten Zeiten zu bewältigen hatten. Im Frühjahr kann der Pa bis zu einem halben Kilometer breit werden. Es wird zwar berichtet, daß schon um die Mitte des siebten Jahrhunderts v. Chr. Armeen den Fluß überquert haben, doch wird erst im dritten Jahrhundert v. Chr. erstmals eine Brücke erwähnt, als der erste Kaiser hierher kam, um einen seiner Generäle zu verabschieden.

Die Pachiao-Brücke (*Pachiao* bedeutet «Pa-Brücke») war der Ort, an dem jeder, der die Zeit hierfür aufbringen konnte, seine Freunde und Kollegen verabschiedete, die nach Osten aufbrachen. Im Laufe der Jahrhunderte wurde sie auch unter dem Namen «Brücke der gebrochenen Herzen» bekannt. Sie wurde im alten China zum Symbol für Abschiedsschmerz, und unzählige Gedichte über Weiden knüpfen sich an sie.

Bis in die neuere Zeit säumten Weidenkätzchen über mehrere Kilometer das Ufer zu beiden Seiten des Pa. Im späten Frühjahr trieb der Flaum der Kätzchen wie Schnee durch die Luft, wodurch eines der acht Wunder von Shensi entstand. Im Chinesischen ist das Wort für «Weide» gleichlautend mit dem Wort für «Bleiben», und die Zurückbleibenden brachen ein Kätzchen ab und schenkten es den Abreisenden. Dies war eine sehr symbolträchtige Gabe, die sich zudem jeder leisten konnte. Die Weiden sind heute verschwunden, weil sie vor einigen Jahrzehnten im Rahmen eines Wasserbauprojekts zur Eindämmung der Überschwemmungsgefahr gefällt wurden.

Eine Brücke dagegen gibt es noch, wenn sie auch jüngeren Datums ist. Sie wurde 1834 an derselben Stelle erbaut, wo sie seit dem sechsten Jahrhundert n. Chr. stand. Heute führt die Einfallstraße nach Sian über diese Brücke. Für Autos, Busse, Lastwagen und Eselkarren, die die Stadt nach Osten verlassen, gibt es eine neue Brücke zwei Kilometer südlich davon.

In alten Zeiten machten viele Menschen, die nach Abgeschiedenheit strebten, an dieser Stelle halt. Sie gingen aber nicht über die Pachiao-Brücke, sondern brachen in die Paling-Vorberge (*Paling* bedeutet «Vorberge des Pa») zwischen der Brücke und Pailuyuan auf dem südlich gelegenen «Plateau des weißen Hirsches» auf.

Berühmt wurden diese Ausläufer durch Kaiser Wen aus der Han-Dynastie, der hier seine letzte Ruhestätte errichten ließ. Kaiser Wen war einer der seltenen Herrscher, die als Eremit genauso glücklich gewesen wären. Sein schlichter Lebensstil war bei seinen Zeitgenossen sprichwörtlich. Er ging auf Strohsandalen. In seinem Testament hielt er fest, daß Menschen zu seiner Zeit ein Vermögen für den Bau aufwendiger Grabmäler ausgaben. Er bestimmte, daß sein Leichenbegängnis mit möglichst wenig Prunk gefeiert und daß seinem Grab nichts Wertvolleres beigefügt werden solle als Tonwaren. Er wurde 157 v. Chr. seinen Wünschen gemäß zu Grabe getragen.

Kurz vor der Brücke bogen wir ab und fuhren in Richtung seines Grabes. Sechs Kilometer später hielten wir an. Von der Straße aus sah das Plateau des weißen Hirsches wie zwei ausgestreckte Flügel aus und lief in einem Schnabel aus, der zum Himmel wies. Unterhalb des Schnabels war Kaiser Wens Grab. Ein Bauer zeigte mir den Weg.

Am Fuß des Hangs lag früher die Gedenkstätte. Neun vor kurzem ausgegrabene Stelen aus der Ming- und Ch'ing-Dynastie markierten die Stelle. Der Bauer sagte, daß es hier über vierzig Stelen gab, bevor die Roten Garden kamen. Sie fällten auch eine Zeder, die hier bei der Bestattung von Kaiser Wen gepflanzt wurde. Der Bauer erzählte, daß er als Knabe noch in ihren Ästen geklettert war. Der Grabhügel selbst befand sich auf einer Erhebung hinter den Stelen, etwa 500 m vom Fluß entfernt. Es war Mitte März, als ich dort war, und die Hänge waren mit den weißen Blüten Hunderter von Aprikosenbäumen übersät. Aprikosen stehen für langes Leben.

Ich ging zur Straße zurück, und wir fuhren wieder zurück zur Brücke. Unterwegs kamen wir an einigen Dutzend Dorfbewohnern vorbei, die im Gänsemarsch gingen. Sie hatten weiße Tuchstreifen um ihre Stirn geschlungen, die ihnen am Rücken herabhingen. Es war ein Leichenzug. Einer der Dorfbewohner am Ende der Prozession blieb stehen, um zu pinkeln. So hätte es wohl auch Kaiser Wen gefallen.

Auf halber Strecke fielen mir in der Nähe der Ortschaft Maoyaoyuan einen knappen Kilometer von der Straße entfernt sechs Höhlen auf, die nebeneinander in das Plateau eingehauen waren. Zwei von ihnen hatten Türen. Die Bauernhäuser in Sian haben meist schwarze Türen mit einer dünnen roten Umrandung. Diese Türen aber waren ganz rot. Wir hielten an, und ich suchte die Höhlen mit meinem Fernglas ab. Ich entdeckte den Namen des Buddha und buddhistische Swastiken auf Papierstreifen, die zu beiden Seiten der Türen befestigt waren. Auf einem nahegelegenen Feld fragte ich einen Bauern, ob dort jemand lebte. Er sagte, daß vor einigen Jahren zwei buddhistische Nonnen und ein Dutzend Laienschwestern in die Höhlen eingezogen seien. Sie nannten ihre Einsiedelei Laotungmiao, «alter Höhlentempel».

Die Gegend von Paling hat seit mindestens zweitausend Jahren Menschen angezogen, die auf der Suche nach Abgeschiedenheit waren. Zu ihnen zählte auch Liang Hung, der hier im ersten Jahrhundert v. Chr. lebte. Liang war Schweinehirt in den Ausläufern der Chungnan-Berge, als eines Tages sein Lagerfeuer außer Kontrolle geriet und das Anwesen eines anderen Mannes niederbrannte. Um den Schaden gutzumachen, gab Liang dem Besitzer seine Schweine.

Bald verbreitete sich die Kunde von Liangs Redlichkeit, und mehrere wohlhabende Familien boten ihm ihre Tochter zur Gemahlin an. Liang lehnte ab, weil er das Alleinsein vorzog. Nun gab es aber eine Familie, deren Tochter außerordentlich dick, häßlich und dunkelhäutig war. Aber sie war so stark, daß sie einen Mühlstein heben konnte. Diese letztere Eigenschaft trug ihr mehrere Heiratsanträge ein. Aber sie lehnte alle Freier ab und sagte, daß sie nur jemanden heiraten wolle, der so weise sei wie Liang Hung. Als Liang dies hörte, nahm er sie sofort zur Frau und lebte mit ihr in den Hügeln von Paling, wo sie sich von Landwirtschaft und Weben ernährten. In seiner Freizeit liebte es Liang, Zither zu spielen und Gedichte zu verfassen, unter anderem eine Reihe von (verlorenen) Gedichten über Eremiten der Vergangenheit.

Einige Jahre später bekamen Liang und seine Frau Lust zu reisen. Sie überquerten die Brücke der gebrochenen Herzen und brachen in die zentralen Ebenen auf. Als sie an Peimang vorbeikamen, dem berühmten Friedhof am Nordhang von Loyang, schrieb Liang diese Zeilen:

Ersteige diesen Nordhang, oh,
Blicke zurück auf die Stadt, oh,
Die aufragenden Paläste, oh,
Die schwer arbeitenden Menschen, oh,
Sie arbeiten ohne Ende, oh.

Ein weiterer Eremit, der in den Hügeln von Paling lebte, war Han K'ang. Han lebte im zweiten Jahrhundert v. Chr. hier und bestritt seinen Lebensunterhalt mit dem Sammeln von Kräutern, die er zu einem festen Preis in Ch'ang-an verkaufte. Dies tat er über dreißig Jahre lang, bis eines Tages ein junges Mädchen Kräuter bei ihm kaufen wollte und wütend wurde, als er nicht mit sich handeln ließ. Sie sagte: «Für wen haltet Ihr Euch, Han K'ang, daß Ihr auf einem festen Preis beharrt?» Han seufzte: «Ich habe versucht, unbekannt zu bleiben, aber jetzt kennen schon junge Mädchen meinen Namen. Welchen Zweck hat es, Kräuter zu verkaufen?» Er ging zurück nach Paling und weigerte sich, wieder in die Stadt zu gehen. Aber man ließ ihn nicht in Ruhe. Als Kaiser Huan von seiner Redlichkeit gehört hatte, schickte er einen Gesandten mit einer Kutsche und lud ihn ein, in die Hauptstadt nach Loyang zu kommen. Einer kaiserlichen Einladung konnte man sich kaum verweigern, und Han erklärte sich bereit mitzukommen. Während aber der Emissär schlief, fuhr Han in seinem Ochsenwagen früh am nächsten Morgen davon und verschwand in den Chungnan-Bergen, wo er den Rest seiner Jahre in der Anonymität verbrachte.

Wir folgten Han und tausend weiteren Eremiten über die Pachiao-Brücke und kamen nach drei Kilometern an der Busstation Shaopingtien vorbei. Der Ort ist nach Shao P'ing genannt, dem «Markgrafen» von Tungling. Tungling («Hügel im Osten») hießen die Hügel östlich des Pa im Staat Ch'in. Als die Ch'in-Herrscher im Jahre 362 v.Chr. ihre Hauptstadt nach Hsienyang verlegten, ließen sie in diesem Bereich ihre Gräber anlegen. Deshalb war dieses Gebiet eines der bedeutenderen Lehen, und der «Markgraf» wurde sorgfältig ausgewählt. Als einhundertvierzig Jahre später der Staat Ch'in ganz China eroberte und die Ch'in-Dynastie begründete, wurde Hsienyang zur Hauptstadt des Reichs, und Shao P'ing wurde «Markgraf» von Tungling. In nicht einmal zwanzig Jahren war die Dynastie zu Ende, Hsienyang lag in Trümmern und Shao P'ing war ein gemeiner Mann. Von dieser abrupten Wende seines Schicksals unbeeindruckt, wurde Shao P'ing Melonenbauer, womit er sich einen noch größeren Ruhm erwarb, und Melonen sind noch heute eine Spezialität der Gegend. Aber nun war es Anfang März, und wir setzten unsere Fahrt fort.

Vier Kilometer nach Shao P'ings alten Melonenfeldern verließen wir kurz vor dem Ort Hsiehkou die Hauptstraße und bogen nach Süden ab. Nach etwa weiteren vier Kilometern nahmen wir wiederum eine Seitenstraße, die nach Südwesten führte. Die Straße war wenig mehr als zwei Spurrinnen von Eselkarren, die Ziegel aus einer nahegelegenen Ziegelei transportierten. Nach etwa zwei Kilometern endete die Straße bei dem Dorf Hungchingpao. Südlich des Dorfs fand ich, wonach ich gesucht hatte: Kengjuku. Die Einheimischen nennen es Kueikou, Geisterschlucht.

In der Ch'in-Dynastie ärgerte sich der erste Kaiser über einige Gelehrte, die widersprüchliche Meinungen über die Politik vertraten, weil sie die Vergangenheit unterschiedlich interpretierten. Seine Lösung bestand darin, daß er fast alle Bücher im Reich verbrennen und im Jahre 211 v.Chr. 460 Gelehrte lebendig in einem Massengrab begraben ließ. Einige heutige Gelehrte bezweifeln, ob dieses Massenbegräbnis jemals stattgefunden hat, doch wurde dieses Ereignis in den Chroniken der darauffolgenden Dynastie aufgezeichnet, und spätestens seit der T'ang- und Sung-Dynastie wurde zur Erinnerung daran in Kengjuku eine Gedenkstätte errichtet.

Es gab wenig zu sehen. Nahe dem ehemaligen Westtor des Orts markierten zwei Robinien eine Gedenkstätte, an die sich nicht einmal mehr ältere Dorfbewohner erinnern konnten. Sie wußten lediglich, daß vor einigen Jahren ein Team von Historikern gekommen war und die Statue eines Gelehrten ausgegraben hatte, die sie in das Bezirksmuseum von Lintung brachten.

Südlich des Orts bedeckten Weizenschößlinge eine 100 m breite und 500 m lange Talmulde. Die Dorfbewohner sagten, daß die Mulde einst eine Schlucht war, die aufgefüllt wurde. Den Auffassungen moderner Gelehrter zum Trotz entzündete ich ein wenig Räucherwerk. Auf dem Weg zurück zur Hauptstraße sagte mir mein Fahrer, daß es die Roten Garden während der Kulturrevolution liebten, Intellektuelle dezent an die Existenz dieses Ortes zu erinnern.

Wieder zurück auf der Hauptstraße, fuhren wir weitere sechs Kilometer in Richtung Osten zum Landsitz Lintung am Fuße des Lishan. Der Lishan ist ein isolierter Sporn der Chungnan-Berge, der sich etwa zehn Kilometer in West-Ost-Richtung erstreckt. Es ist kein sehr hoher Berg, und der höchste der beiden Kämme erreicht gerade 1300 m. Er liegt aber günstig neben der Straße, die die Hauptstädte der Ebenen des Wei-Flusses und des Gelben Flusses miteinander verband, und so wurde er zu einem der ersten Urlaubsorte Chinas.

Ich nahm mir ein Zimmer am Fuße des Berges, und weil die Sonne noch hoch stand, setzte ich meine Erkundungen fort. Fünf Kilometer östlich von Lintung stieg ich aus dem Auto und kletterte auf den Grabhügel des Ersten Kaisers hinauf. Er war mit Persimonenbäumen bestanden, die noch auf den Frühling warteten. Irgendwo tief unter mir lag die größte Grabstätte, die jemals errichtet wurde. Siebenhunderttausend Arbeiter sollen achtunddreißig Jahre an dieser Anlage gearbeitet haben. Die äußeren Mauern hatten einen Umfang von über sechs Kilometern. Überreste der verschiedenen Bauten sowie eine unterirdische Armee von Terrakottasoldaten wurden auf einer Fläche von fünfzig Quadratkilometern gefunden. Zwar wurden einige Erkundungsschächte angelegt, doch blieb das Mausoleum, in das der Kaiser

209 v. Chr. gelegt wurde, unberührt, weil es für Grabräuber zu tief war.

Das Mausoleum war eine Kopie eines Palastes, jedoch war es aus Kupfer gegossen. Die Decke war ein Firmament aus Perlen. Flüsse und Seen waren mit Quecksilber gefüllt. Der Bau sollte das taoistische Paradies darstellen, das der Erste Kaiser suchte, aber niemals fand.

Beim Volk jedoch waren solche Bauprojekte verhaßt, die es mit seinem Schweiß und Blut bezahlen mußte. Einige Jahre nach dem Tod des Ersten Kaisers brachen Aufstände aus, und zwei abtrünnige Armeen schlugen wenig später die kaiserlichen Kräfte. Im Jahre 207 v. Chr. einigten sich deren Anführer darauf, das Reich zu teilen.

Sie trafen drei Kilometer nördlich des unterirdischen Palastes des Ersten Kaisers an einer Stelle namens Hungmen zusammen, einem tief in das Lößplateau eingeschnittenen Tal. Hsiang Yu bezog mit seinen Truppen sein Lager am Rande der Hochebene über dem Tal, und er lud seinen Rivalen zu einem Festmahl ein, wo er ihn während eines Schwertertanzes ermorden wollte. Einer von Liu Pangs Beratern, Chang Liang, von dem schon in Kapitel 3 die Rede war, erfuhr von dem Hinterhalt und riet seinem Herrn, den Toren zu spielen. Als Hsiang Yu sah, daß Liu Pang ein solcher Schwächling war, verzichtete er auf das Zeichen, mit dem er ihn töten lassen wollte. Nach dem Mahl entschuldigte sich Liu Pang mit dem Vorwand, daß er die Latrine aufsuchen müsse, und floh zurück in sein Lager an der Brücke der gebrochenen Herzen. Er entschloß sich zunächst zum Rückzug durch die Chungnan-Berge, kehrte dann aber zurück, schlug Hsiang Yu und begründete die Han-Dynastie.

Der Ort des Festmahls ist berühmt geworden, doch gibt es nur wenige Besucher. In einem Ausstellungsraum gibt es eine sehr gute topographische Darstellung der Gegend, aber wenig mehr. Als ich im März dorthin kam, war der Hang, über den Liu Pang entkam, mit jungen *yin-chen*-Schößlingen (*Artemisia capillaris*) bedeckt, einer Farnart, die die Chinesen im Frühjahr essen, um die Winterhitze des Körpers zu verringern. Mein Fahrer sammelte genug für eine Gemüseplatte, die wir nach der Fahrt in Lishan als Vorgericht unseres eigenen Festmahls miteinander teilten.

Am nächsten Morgen begann ich den Berg zu erkunden. Als Fortsetzung der Chungnan-Berge war Lishan schon immer, so weit die geschichtlichen Zeugnisse zurückreichen, von Eremiten bewohnt. Durch die Nähe zu der Straße, die die beiden politischen Zentren des alten China miteinander verband, wurde Lishan jedoch bald auch von der Elite entdeckt: Seit dem achten Jahrhundert v. Chr. gab es Landhäuser auf dem Berg.

Neben der günstigen Lage von Lishan und der reizvollen Landschaft wurde der Adel auch von den heißen Quellen des Bergs angezogen. Die Winter im nördlichen China sind nicht nur kalt, sondern auch lang. Meteorologisch dauert der Winter in Sian einhundertvierzig Tage, von Ende Oktober bis Ende März; während dieser Zeit bleibt die durchschnittliche Tagestemperatur unter zehn Grad Celsius. Um der strengsten Kälte zu entgehen, verbrachten diejenigen, die es sich leisten konnten, die Monate vor dem Neubeginn des Mondjahres in den mit Jade ausgekleideten Freibädern von Lishan, die bei ihrem Bau vor dreitausend Jahren den Namen «Sternenbäder» erhielten.

Die wichtigste heiße Quelle des Berges und das berühmteste Bad lag kaum 100 m östlich des Kurhauses, in dem ich die Nacht verbrachte. Dies war die Huaching-Heilquelle, die Yang Kuei-fei bevorzugte, die Lieblingskonkubine des T'ang-Kaisers Hsuantsung und der berühmteste Badegast von Lishan. Nach ihren ausgedehnten Aufenthalten im Wasser mußte sie stets hinausgetragen werden. Während sie sich anschließend erholte, ließ sie sich die Achselhöhlen mit Blütenpollen aus einem in der Nähe gelegenen Blumengarten einreiben, um weiterhin köstlich zu duften. Dann pflegte sie sich in den Hsiaoyu-Pavillon zurückzuziehen, Persimonen zu essen, für die das Lishan-Gebiet noch heute berühmt ist, oder frische Lichees, die eine Kurierstaffel von tausend Mann aus Südchina brachte.

Hinter den dampfenden, graugrünen Becken und den Pavillons mit den roten Säulen des Heilbads Huaching begann der Weg, der mich zum Berg hinaufführte. Nach etwa 500 m blieb ich am Tsuchiang-Pavillon stehen, um Atem zu schöpfen. Hier wurde Chiang Kai-shek im Jahre 1936 verhaftet. Chiang war nach Sian gekommen, um die nationalistischen Truppen für den endgültigen Schlag gegen die Rote Armee vorzubereiten, die soeben im 250 Kilometer nördlich gelegenen Yenan das Ziel ihres langen Marsches erreicht hatte.

Chiangs Generäle hatten erfolglos versucht, ihn von weiteren Angriffen gegen die Kommunisten abzuhalten; sie wollten statt dessen eine gemeinsame Front gegen die vordringende japanische Armee bilden. Einige Stunden vor dem Morgengrauen umstellten am 12. Dezember nationalistische Truppen unter der Anführung von Chiangs eigenen Generälen Chang Hsueh-liang und Yang Huch'eng den Gebäudekomplex in Lishan, in dem sich Chiang aufhielt. Beim Vorrücken löste sich unbeabsichtigt ein Schuß, und es kam zu einem Feuergefecht mit Chiangs Wachen.

Von den Schüssen aufgeschreckt, schlüpfte Chiang durch das hintere Fenster seines Zimmers und kletterte auf die Hofmauer. Beim Sturz auf der anderen Seite der Mauer verletzte er sich am Rücken. Er kroch den schneebedeckten Hang hinauf, soweit er konnte, und verbarg sich in der Felsspalte oberhalb der Stelle, wo jetzt der Tsuchiang-Pavillon steht.

Inzwischen schossen sich Chang Hsueh-liangs Soldaten den Weg durch Chiangs Leibwachen frei und stürmten in den Schlafraum des Generalissimus. (Es ist heute Zimmer 502 im Gästehaus von Wuchienting und liegt hinter dem Becken, in dem einst Yang Kuei-fei badete.) Die Soldaten fanden Chiang nicht, bemerkten aber, daß sein Gebiß auf dem Nachtkästchen lag und daß seine Decke noch warm war. Sie vermuteten sofort, daß Chiang den Berg hinauf geflohen sein mußte und suchten stundenlang die Hänge ab, bis sie ihn schließlich in der Felsspalte fanden. Chiang wurde verhaftet, nach Sian gebracht und gezwungen, zusammen mit den Kommunisten China gegen die Japaner zu verteidigen.

Nachdem ich mir den Schauplatz von Chiangs Gefangennahme angesehen hatte, wanderte ich einen weiteren Kilometer den Pfad hinauf zum Laochun-Tempel. Mitte des achten Jahrhunderts errichtet Kaiser Hsuan-tsung hier ein Landhaus. Eines Nachts erschien ihm hier im Traum ein alter Mann, der ihm sagte, daß der Samen eines großen weißen Sterns, der im Westen als Venus bezeichnet wird, zur Erde gefallen sei und sich in einen großen weißen Felsbrocken in den Chungnan-Bergen verwandelt habe. Als der Kaiser erwachte, sandte er seine Beamten aus, um nach dem Felsen zu suchen. Als sie ihn gefunden hatten und zum

Kaiser zurückbrachten, ließ Hsuan-tsung daraus eine Statue von Lao-tzu meißeln und stellte sie in einem Heiligtum neben seinem Landsitz auf.

In diesem Heiligtum knieten Hsuang-tsung und Yang Kuei-fei einst am siebten Tag des siebten Monats und gelobten, als der Hirtenknabenstern (Altair im Sternbild Adler) und der Weberin-Stern (Wega in der Leier) wiedergeboren zu werden. Diese beiden Sterne sollen einander angeblich in dieser Nacht auf einer Brücke begegnen, die Elstern über der Milchstraße bauen. Diese Nacht wird in China seit Menschengedenken als die Nacht der Liebenden gefeiert.

Als der Kaiser und seine Konkubine fünf Jahre später während des An-Lu-shan-Aufstandes aus Ch'ang-an fliehen mußten, forderten die Generäle des Kaisers vor einer Fortsetzung der Flucht den Tod von Yang Kuei-fei. Sie führten alle ihre Schwierigkeiten auf die zehrende Leidenschaft des Kaisers zu ihr zurück. Sie wurde erwürgt und sechzig Kilometer westlich von Sian neben der Straße begraben. Ihre Grabstätte zieht noch heute Besucher an.

Als ich mich in dem kleinen Tempel umsah, der neben der Stelle steht, an dem sie mit dem Kaiser kniete, begegnete ich Meister Su. Er war siebenundsechzig Jahre alt und stammte aus Honan. Er sagte, daß er seit dreißig Jahren taoistischer Mönch sei und vor kurzem von Huashan nach Lishan gegangen sei, wo er jahrelang mit seinem Lehrer Hsueh T'ai-lai in der Yinyang-Höhle gelebt habe. Als ich ihm sagte, daß ich Meister Hsueh im vergangenen Jahr zweimal begegnet sei, schlossen wir sofort Freundschaft und plauderten etwa eine Stunde miteinander. Ich erzählte ihm alle Neuigkeiten von Huashan, und er erzählte mir von Lishan. Leider hatte ich größte Mühe mit seinem Dialekt, und nachdem wir einige Tassen Tee miteinander getrunken hatten, stand ich auf, um zu gehen.

Auf dem Weg zum vorderen Eingang wies er auf zwei Honigrobinien, einen männlichen und einen weiblichen Baum. Er sagte, daß sie alles seien, was noch von der ursprünglichen, von Kaiser Hsuang-tsung errichteten Andachtsstätte übriggeblieben sei. Die weiße Marmorstatue von Lao-tzu war vor einigen Jahren in das Provinzmuseum in Sian gebracht worden, wo sie seither in einer beeindruckenden Sammlung zu den beeindruckendsten Stücken zählt.

Nach einem weiteren Kilometer Weges am Westkamm des Berges machte ich wiederum am Laomutien halt, einem taoistischen Tempel zu Ehren der Nu-wa oder Lao-mu, wie sie auch genannt wird, der Menschheitsmutter. Nu-wa war die Schwester und Gemahlin von Fu-hsi, dem die Erfindung der acht Trigramme zugeschrieben wird, die die Grundlage des *Buchs der Wandlungen* (*I-Ching*) bilden. Bevor sie die Gemahlin Fu-hsis wurde, lebte sie vor vielen tausend Jahren allein auf dem Lishan. Zu ihrer Unterhaltung vermischte sie Wasser mit Lehm und schuf das Menschengeschlecht. Später rettete sie auch die Welt vor der Zerstörung. Nachdem der Himmel während eines Kampfes zwischen zwei Göttern schwer beschädigt worden war, stellte sie auf dem Lishan einen Kessel auf und verschmolz farbige Steine, um die Löcher auszubessern. Die übriggebliebenen geschmolzenen Steine bildeten die Grundlage für die geologische Wärme des Berges. Am sechsten Tag des sechsten Monats kommen die Menschen immer noch zu diesem Tempel, um vor Lao-mu ihre Andacht zu verrichten.

Im Heiligtum begegnete ich einer jungen taoistischen Nonne und einem jungen Mönch. Sie waren nicht sehr gesprächig und blickten kaum von ihren Texten auf. In der Küche machte ein anderer Mönch Feuerholz. Ich stellte mich vor, und er erwiderte, er sei Ch'en Shih-chieh. Er war der Abt. Wie seine beiden Schüler war er zunächst etwas argwöhnisch. Nachdem wir eine Weile miteinander gesprochen hatten, führte er mich jedoch in seinen Raum und schloß die Tür. Außer einem Feldbett und einer Wäschetruhe, einem Tisch und zwei Stühlen gab es in dem Raum nur noch einen Schlüsselbund und seine Mütze (mit einem Loch in der Mitte für seinen Haarknoten), die an der Wand hing und das chinesische Zeichen für «Schwert» halb bedeckte. Ich fragte ihn, was Lao-mu oder Nu-wa mit dem Taoismus zu tun habe.

Ch'en: Sie steht für die äußerste Leerheit. Wir alle sind ihre Kinder, und alles stammt aus dem Schoß ihrer Leerheit. Nur durch ihre Macht gibt es einen Himmel und eine Erde, die Sonne und den Mond, alle Dinge. Dies ist meine Auffassung. Andere Mönche haben eine andere Meinung. Ihr Wissen kommt aus Büchern. Was ich Ihnen sage, ist etwas anderes. Lao-mu und Nu-wa sind nur Namen für das Nichts, aus dem die Zeit, der Raum und alle Schöpfung kommen. Alles kommt aus dem Nichts. Dies ist Nu-wa. Und alles kehrt in das Nichts zurück. Dies ist das Tao. Dies ist meine Auffassung.

Dies ist das erste Mal, daß ich dies jemandem sage. Niemals hat mir jemand zuvor diese Frage gestellt. Ich spreche nicht gerne, wenn es keinen Grund dazu gibt. Ich weiß, daß einige taoistische Meister in Ihr Land gegangen sind, um den Taoismus zu verbreiten. Aber ihr Wissen kommt aus Büchern. Alles, was sie lehren, steht in Büchern. Sie lehren nicht die Dinge, die vom Geist kommen. Was ich Ihnen sagte, kommt aus meiner eigenen Einsicht, nicht aus Büchern.

Heute ist bei vielen Menschen das Interesse an taoistischer Meditation und Yoga wach geworden. Es gibt viele Bücher, die dies lehren. Aber sie lehren nicht, daß dies nicht das wahre Tao ist. Bei der Meditation und im Yoga durchläuft man Stufen. Aber im Tao gibt es keine Stufen. Viele Menschen werden durch Bücher, durch Namen, durch Kräfte in die Irre geführt. Wenn sie eine Weile geübt haben, glauben sie, das Tao verwirklicht zu haben. Aber das ist nicht so. Das Tao hat keinen Namen. Dem Tao zu folgen heißt, in das Nichts zurückzukehren.

Wer das Tao zu finden versucht, verliert es. Man verwechselt Sein mit Nichtsein. Alles, was wir tun können, ist das *Te* [Tugend, spirituelle Kraft] zu pflegen. Das *Te* umfaßt unseren Geist, unsere Seele, unsere Gedanken. Wahres *Te* führt zum wahren Tao. Aber die meisten Menschen kultivieren nicht das wahre *Te*. Sie kultivieren Kräfte und Gedanken, und sie glauben, daß sie das Tao verwirklicht hätten. Aber sie irren sich. Wahres *Te* zu pflegen heißt, sich von allen Kräften und Gedanken frei zu machen, wie ein kleines Kind zu sein, zu sehen, ohne zu sehen, zu hören, ohne zu hören, zu wissen, ohne zu wissen. Zuerst muß man das *Te* pflegen. Das Tao kommt von selbst.

Aber das Tao ist leer. Es kann nicht erklärt werden. Die Menschen kommen hierher, um Nu-wa zu ehren, die diese Leerheit repräsentiert. Dies ist kein Aberglaube. Dies ist Teil der *Te*-Pflege. Natürlich kommen auch viele Menschen hierher, um Nu-wa um etwas zu bitten. Dies ist Aberglaube. Es ist aber kein Aberglaube, hierher zu kommen, um Nu-wa zu ehren, um sich daran zu erinnern, daß man das *Te* und das Tao der Leerheit pflegen soll.

Meister Ch'en in seinem Raum. Seine Mütze bedeckt das Zeichen für «Schwert».

Frage: Wie sind Sie zum Taoismus gekommen?

Ch'en: Ich hatte einen älteren Bruder. Er interessierte sich für den Taoismus. Er hatte keinen Lehrer, aber er verstand die taoistischen Bücher sofort, als er sie las. Schließlich konnte er durch den Staub des Daseins sehen, und eines Tages sagte er mir, daß er von zu Hause weggehen wolle. Er sagte es niemandem sonst. Er bat mich, mich um seine Eltern, um seine Frau und seine beiden Kinder zu kümmern. Er sagte, daß er am nächsten Tag weggehen und niemals mehr zurückkehren würde.

Nachdem er weggegangen war, kümmerte ich mich um unsere Eltern, bis sie beide starben, und um seine Kinder, bis sie erwachsen waren. Ich habe ihn nicht wiedergesehen, seit er vor über dreißig Jahren wegging. Aber bevor er wegging, sagte er, daß er auf einem von drei Bergen sei, falls ich ihn suchen wollte. Auf zweien der Berge habe ich ihn schon gesucht. Nächstes Jahr gehe ich zum dritten.

Als er wegging, ließ mein Bruder alle seine taoistischen Bücher zurück. Damals konnte ich nicht lesen. Aber allmählich lernte ich es. Schließlich wurde auch ich taoistischer Mönch. Dies ist aber erst sieben Jahre her. Aber ich studiere und praktiziere den Taoismus, seit mein Bruder von zu Hause weggegangen ist.

Meister Ch'en war ein ungewöhnlich klarsichtiger Mönch, der sich präzise ausdrückte. Er hatte gesagt, was er sagen wollte, und hatte zu tun. Wir nahmen Abschied, und ich ging den restlichen Hang hinauf. Auf dem Nordgipfel stand ein Feuerturm. In alten Zeiten entzündeten Herrscher auf dem Turm ein Feuer, um in unruhigen Zeiten die benachbarten Herren zu Hilfe zu rufen: Stroh bei Nacht, getrockneten Wolfsdung am Tage. Hieran knüpft sich eine Geschichte.

Während der Chou-Dynastie bot König Yu einst demjenigen tausend Goldstücke, der seine Gemahlin Pao-szu zum Lächeln bringen könne. Ein Beamter schlug vor, das Signalfeuer zu entzünden, um alle Heerführer nach Lishan zu locken. Der König stimmte zu, und innerhalb kurzer Zeit strömten die Heerführer mit ihren Soldaten herbei, was König Yu und seine Gemahlin sehr amüsierte.

Zwei Jahre später, im Jahre 771 v. Chr., drang der nomadische Stamm der Jung in die Ebene des Wei-Flusses ein, und König Yu entzündete wiederum das Signalfeuer. Diesmal kam niemand. Er wurde in seinem Landsitz in Lishan getötet, und Königin Pao-szu wurde als Gefangene weggeführt. Nach diesem Ereignis wurde die Hauptstadt von Chou in das östlich gelegene Loyang verlegt.

Ich kletterte auf den etwa 10 m hohen Turm. Wegen des Dunstes war jedoch keine Fernsicht möglich. Ich ging wieder bergab. Nach einigen Minuten bog ich in einen Nebenweg ein, der nach Osten in das Tal führte, das den östlichen und den westlichen Kamm des Berges voneinander trennt. Im Talgrund überquerte ich eine kleine Brücke und stieg auf der gegenüberliegenden Hangseite zu einem Gebäude hinauf, das ich zunächst für ein Bauernhaus hielt. Es handelte sich jedoch um die Reste des Shihweng-Tempels, eine der malerischsten Stellen auf dem Berg, die wegen ihrer Sonnenuntergänge berühmt ist.

Im Hof begegnete ich zwei alten buddhistischen Laienschwestern und einer Nonne, der ihre Gewänder noch so ungewohnt waren, daß sie sich wie ein kleines Mädchen bewegte. Sie luden mich zum Tee ein, und ich setzte mich auf einen steinernen Sessel in der Mitte des Hofs. Der Tisch war die Frontseite einer Stele aus der Ch'ing-Dynastie, auf der die letzte Erneuerung des Tempels und die Namen der Geldgeber festgehalten waren.

Die Laienschwestern, die sich um den Tempel kümmerten, waren sehr arm; trotzdem stammte ihre rote Teekanne aus den großen Öfen von Yihsing und ihr Tee von den berühmten Hängen des Wuyishan. Er hatte nicht den köstlichen Duft eines feinen Oolong, dafür aber jene aromatische Kraft, die jene schätzen, die Tee trinken, um vor der Meditation Augen und Geist zu klären. Ich sagte, daß er wie «Bodhidharmas Augenlider» schmeckte, und die beiden Laienschwestern lachten. Es gibt eine Legende, derzufolge Bodhidharma vor fünfzehnhundert Jahren seine Augenlider abschnitt, damit er bei der Meditation nicht einschlafen könne. An der Stelle, wo die Augenlider zu Boden fielen, wuchsen die ersten Teesträucher.

Die ältere der beiden Frauen sagte mir, daß sie einst Nonne war, aber von den Roten Garden gezwungen wurde, wieder in das Laienleben zurückzukehren. Sie heiratete und bekam eine Tochter – die junge Nonne, die jetzt an der Hofmauer lehnte und sich in der Frühlingssonne eine Mütze für künftige Winter strickte. Als die Kulturrevolution Mitte der siebziger Jahre endete, kehrte sie nach Shihweng zurück. Hier lebte sie seit nunmehr fünfzehn Jahren. Sie sagte, daß ihre Tochter vor einigen Wochen bei einer Gruppenfeier in der Großen Gänsepagode in Sian ihr Haar abgeschoren habe und auf der Suche nach einem geeigneten Tempel sei, in dem sie auf Dauer bleiben könne.

Nach einigen Tassen Tee nahmen wir Abschied voneinander. Ich ging zur Brücke zurück und folgte dann dem Pfad, der in das Tal hinunterführte. Dreißig Minuten später endete der Pfad am östlichen Stadtrand beim Bezirksmuseum von Lintung. Ich entrichtete den Eintrittspreis und ging hinein. Im mittleren Saal stand ich plötzlich vor den Resten des Shakyamuni-Buddha.

Nach Shakyamunis Kremation vor 2500 Jahren wäre es wegen seiner Reliquien beinahe zum Krieg zwischen acht indischen Königreichen gekommen. Um ein Blutvergießen zu vermeiden, einigten sich die Königreiche schließlich auf gleiche Anteile, die sie in ihren Königreichen in Stupas aufbewahrten. Im Laufe der Jahrhunderte wurde der Inhalt dieser Stupas immer wieder geteilt, und als der Mönch Hsuang-tsang im siebten Jahrhundert n. Chr. aus Indien nach Ch'ang-an zurückkehrte, brachte er unter anderem auch fünfunddreißig Gramm der Reliquien des Buddha mit.

Im Jahre 1985 entdeckten Arbeiter bei Grabarbeiten in der Nähe einer Ziegelei, etwa einen Kilometer nordöstlich der Stätte des Hungmen-Banketts, einen steinernen Stupa mit den Reliquien. Sie wurden Ende des siebten Jahrhunderts von der Kaiserinwitwe Wu Tse-t'ien dorthin verbracht. Als die Dynastie einige Jahrhunderte später endete, verschwanden der Stupa und der ihn umgebende Tempel unter Hirse- und Maisfeldern. Seit der Wiederentdeckung sind die Reliquien und der kleine Stupa, in dem sie gefunden wurden, im Lintung-Museum ausgestellt. Auf den vier Seiten des Stupa sind Szenen dargestellt, wie der Buddha das Dharma predigt und in das Nirvana eingeht, wie seine Schüler seinen Leichnam verbrennen und seine Reliquien aufteilen.

Wenn der Körper eines gewöhnlichen Sterblichen verbrannt wird, bleiben nichts als Knochensplitter und Asche zurück. Wenn der Körper eines Menschen verbrannt ist, der ein spirituelles Leben pflegte, findet man kleine glas- oder porzellanartige Steine. Nachdem die Reliquien des Buddha nach China gelangt waren, wurden sie in zwei Glaszylinder gegeben, diese in eine kleine goldene Urne, diese wiederum in eine äußere Urne aus Silber und Perlmutt, die schließlich in den Stupa gegeben wurde. Die Reliquien selbst sahen wie winzige Diamanten aus. Es waren einige Hunderte.

Der Stupa, die beiden Urnen, eines der beiden Glasfläschchen und ihr Inhalt waren in einer Vitrine in der Mitte des Raums ausgestellt. Während ich all dies betrachtete, war der Aufseher ständig damit beschäftigt, den Menschen zu sagen, daß sie nicht spucken und rauchen dürften. Inmitten all des Spuckens und Rauchens und Rufens verbeugte ich mich vor dem Diamantleib des Erleuchteten und ging zurück zur Brücke der gebrochenen Herzen. Unterwegs erinnerte ich mich an eine Passage im *Diamant-Sutra*:

«Subhuti, was meinst du? Kann man die leibliche Gestalt des Buddha sehen?»

Subhuti antwortete: «Nein, Herr. Die leibliche Gestalt des Buddha kann man nicht sehen. Denn der Buddha hat gelehrt, daß die leibliche Gestalt keine leibliche Gestalt ist.»

Daraufhin sagte der Buddha zu Subhuti: «Alles, was Form hat, ist leer. Wenn man alle Formen ohne Form sieht, dann sieht man den Buddha.»

Kapitel 10

Heimat des Abendsterns

120 Kilometer südwestlich von Sian liegt eine 45000 Hektar große Landschaft aus Granit und Kiefern namens Taipaishan, ein Gebirgsstock, der so mächtig ist, daß ihn nicht einmal einhundert Atombomben zerstören könnten. Dies haben sich wohl auch chinesische Militärs gedacht, als sie hier ihre Atombunker errichteten. In Taipaishan stationierte Angehörige der Luftwaffe werden mit verbundenen Augen drei Stunden mit dem Jeep über Berg und Tal und verschiedene Tunnels zu einem Netz von Höhlen gefahren, die tief im Inneren des Berges liegen. Dieser unterirdische Komplex wurde offenbar kurz nach dem Eintritt der Chinesen in den Club der Atommächte errichtet, um hier im Falle eines Atomkriegs eine Kommandozentrale zu haben.

Die Behörden in Sian sagten mir, daß der Taipaishan auch mit einem Führer für Ausländer zum Wandern zu gefährlich sei. Damals war mir nicht klar, welche Gefahr sie meinten. Aber selbst wenn sie mich hätten gehen lassen – der Berg wäre nicht leicht zu ersteigen gewesen. In historischen Reiseführern heißt es, daß der Taipaishan die Gebeine vieler wagemutiger Kletterer hütet, und Chinesen, die den Gipfel erstiegen haben, sagen, daß der Taipaishan gefährlicher ist als der Huashan. Und doch leben seit Jahrtausenden Einsiedler auf dem Taipaishan, und sie finden nach wie vor auf seinen Hängen Abgeschiedenheit. Zu den berühmteren Einsiedlern auf dem Berg in neuerer Zeit zählt Leere Wolke, der nach seinem *Samadhi* auf dem Chiawutai im Frühjahr 1903 zum Taipaishan ging, «um der Beschwernis zu entgehen, mit Menschen zusammenzutreffen». Der Leiter des taoistischen Verbandes von Shensi sagte mir, daß er von zwei taoistischen Einsiedlern auf dem Berg wisse, und andere Mönche und Nonnen sagten mir, daß sie noch mehrere Dutzend kennen würden.

Mit 3767 m ist der Taipaishan der höchste der Chungnan-Berge, und mit Ausnahme einiger Gipfel in Taiwan ist er überhaupt der höchste Berg im ganzen östlichen China. Er ist einer der wenigen Berge in China, auf denen es noch echten Urwald gibt. Hier findet sich auch in der Flora und Fauna ein Reichtum, wie man ihn in der übrigen Welt kaum findet. Für die Wissenschaftler ist der Taipaishan der «botanische Garten Chinas», und auf ihr Betreiben wurde der Gipfelbereich und ein weiter Teil der Westflanke unter Naturschutz gestellt. Die Botaniker sagen, daß es auf dem Taipaishan kein Unkraut gibt – nur Kostbarkeiten.

Von den über 1700 Pflanzenarten, die man bisher auf dem Berg gefunden hat, werden über 600 offizinell eingesetzt. Ein gutes Beispiel hierfür sind die Zederwacholder, denen der Wanderer auf den unteren Hängen des Bergs zuerst begegnet. Die Nadeln werden als Adstringens verwendet, die Samen als Beruhigungsmittel. Auf dem Weg zum Gipfel kommt man durch Haine von Huashan-Kiefern, Zedrachbäumen, Birken, Tannen und schließlich in der Nähe des Gipfels von verkrüppelten Himalayakiefern, japanischen Mispeln und Azaleen, und alle diese Pflanzen könnten sich im Rucksack eines Pflanzensammlers befinden.

Der Taipaishan ist aber nicht nur wegen der Flora, sondern auch wegen der Fauna berühmt. Zoologen haben auf dem Berg 230 Vogelarten entdeckt, darunter so seltene Arten wie den flugunfähigen Bussard, den Goldfasan und den japanischen Ibis (der weltweite Bestand an dieser Art war auf vier Exemplare in Japan zurückgegangen, bis man vor kurzem in den Ausläufern des Taipaishan weitere Paare entdeckte). Außerdem sind auf dem Taipaishan über 40 Säugetierarten beheimatet, unter anderem der Riesenpanda, die Schneeziege und der Goldhaaraffe.

Ich sprach in Sian mit einem Zoologen, der alljährlich in die abgelegensten Teile der Chungnan-Berge reist, um Exemplare zu sammeln. In den letzten Jahren besuchte er einige abgelegene Dörfer in der Nähe von Panfangtzu an der Südostflanke des Taipaishan. Er sagte, daß die Unzugänglichkeit des Gebiets zu verschiedenen Erbkrankheiten unter der Dorfbevölkerung geführt habe, die nach seiner Schätzung zur Hälfte geistig behindert sei.

Er erzählte weiterhin, daß das Leben auf dem Taipaishan gefährlich sei. Dem Sohn einer Familie in dem Dorf Hupaoku fehlte eine Gesichtshälfte, die ihm ein Bär abgerissen hatte. Durch einen anderen Bären büßte der Vater des Knaben eine Gesäßbacke ein. Am

Abend, bevor der Zoologe die Familie besuchte, mußte die Mutter des Knaben mit der Klinge ihres Tragestocks in der Nähe des Abtritts einen Leoparden erlegen. Die Hauptgefahr bilden jedoch nicht die Bären oder Leoparden, sondern die Wildschweine, die in Rudeln von bis zu einhundert Tieren auftreten und alles und jedes niedertrampeln, was sich ihnen in den Weg stellt. Trotz dieser Gefahr ist die Wildschweinjagd eine Lieblingsbeschäftigung der männlichen Dorfbewohner, und die Frauen verwenden noch heute Schweineborsten, um ihr Haar zu kämmen und zu schmücken.

Der Zoologe erzählte mir auch, wie Dorfbewohner ihn mit einer Gruppe weiterer Wissenschaftler zum Taipaishan hinaufführten, um ein Goldhaaraffen-Pärchen zu fangen, für das Moskau Peking zwei Lastwagen und zwei Stipendien angeboten hatte. Die Wissenschaftler boten den Dorfbewohnern hundert RMB, um den Auftrag durchführen zu können. Die blaugesichtigen goldhaarigen Affen findet man auch heute noch in der ganzen Chingling-Kette in hochgelegenen Mispelwäldern. Der Zoologe beschrieb, wie die Dorfbewohner zuerst eine Affengruppe in der Nähe des Gipfels des Taipaishan ausfindig machten, sich dann möglichst dicht heranschlichen und dann begannen, auf Zinnpfannen zu schlagen. Einige der Affen bedeckten vor Angst ihre Augen und ließen sich leicht einfangen.

Der Zoologe sagte, daß seines Wissens der Zugang zum Berg nicht verboten sei, aber man bräuchte unbedingt einen Führer. Er bot mir an, daß ich ihn bei einer seiner künftigen Expeditionen begleiten könne, oder ich könnte in Panfangtzu einen Führer mieten. Ich lehnte beide Vorschläge ab, weil ich eine Konfrontation mit der gefährlichsten Spezies des Berges vermeiden wollte – den chinesischen Militärbehörden.

Taipaishan bedeutet «Großer Weißer Berg». Er trug jedoch auch andere Namen. Im dritten Jahrtausend v. Chr. hieß er Tunwu, der Große Versorger. Im zweiten Jahrtausend v. Chr. hieß er Tashihshan, Großer Jahreszeitenberg. Im ersten Jahrtausend v. Chr., als die frühchinesische Mythologie zu einer Philosophie formalisiert wurde, trug er den Namen Taiyishan, Berg des großen Geistes, des Schöpfers aller Dinge. Zu diesen Schöpfungen zählte sein eigener weißer Granitgipfel. Gegen Ende des ersten Jahrtausends v. Chr. bürgerte sich der Name Taipaishan ein.

In der frühchinesischen Metaphysik war weiß die Farbe des Westens und die Farbe von T'ai-pai, dem Abendstern. Vor über zweitausend Jahren kam die Erzählung auf, daß der Samen des Sterns auf den Berg fiel und sich in den weißen Felsen verwandelte, der den Gipfel bildet (diese Erzählung war offenbar der Ausgangspunkt für Kaiser Hsuang-tsungs Traum im achten Jahrhundert n. Chr.). An den seltenen Tagen, an denen der Berg nicht in Wolken eingehüllt ist, ist das weiße Massiv der Blickfang südlich von Meihsien.

Trotz der Nähe von Meihsien vierzig Kilometer nördlich des Gipfels kamen Besucher in alten Zeiten meist von Osten über Wukung oder Chouchih, zwei Städte siebzig Kilometer westlich von Sian. Von Wukung und Chouchih aus führte die traditionelle Route nach Südwesten zu dem Ort Chingchiu, dessen Ruinen südlich der heutigen Stadt Huaiya liegen.

In Chingchiu lag das ursprüngliche Bergheiligtum, und etwa zehn Kilometer südlich von Chingchiu lag der alte Eingang zum Berg am Sankuan-Teich. Hierher kamen die Menschen, um im siebten Mondmonat um Regen zu beten, dem einzigen Monat, in dem es gewöhnliche Sterbliche wagten, weiter als bis zu den Ausläufern vorzudringen. Ein Beamter der Ch'ing-Dynastie, der den Berg erstieg, hinterließ im *Meihsien-Führer* diesen Bericht über seinen Besuch:

> Die Gefahren sind entmutigend. Der Pfad folgt zuerst einem Bach durch einen Wald, wird aber bald zu einem Pfad für Vögel, denn er führt durch ein Gewirr hängenden wilden Weins, über Schluchten auf umgestürzten Bäumen, an brüchigen Felskanten entlang. So geht es bis zum Gipfel.
>
> Die Höhe ist unglaublich. Die zehntausend Sorgen werden leer, die Sonne schwach, der Mond klein, die Sterne kalt, die Wolken tief. Im Südosten lassen sich die Farben des Himmels und der Berge nicht mehr unterscheiden. Hinter dem Fluß Wei im Norden dehnt sich eine weite Öde. Berge wie der Wuchiang und der Chiutsung sehen wie kleine Hügel aus.
>
> Unzählige Formationen zeigen sich. Berge kreisen wie Sterne um den Großen Wagen: abschüssig, steil, überhängend; gewölbt wie eine Augenbraue, zusammengerollt wie ein Drache oder kauernd wie ein Tiger. Manche haben die Form von Phönixflügeln oder Ochsenköpfen,

von Bärenohren oder Steinglocken; manche sehen aus wie Chushans neun Gipfel oder Chishans zweiundsiebzig Felsspitzen.

Das Wetter ist dramatisch. Der Gott des Donners grollt tief unten in den Schluchten, und ein Regenbogen überspannt die Hänge. Ein plötzlicher Sturmwind droht eine Holzhütte wegzublasen, wie wenn sie Herbstlaub wäre. Unten schließt Nebel die Welt ab. Oben sieht die Sonne aus, wie wenn sie am Grund eines Brunnens wäre. Dann klärt sich plötzlich die Luft, und die ganze Schöpfung tritt hervor.

Ein weiterer Besucher, dessen Eindrücke im *Meihsien-Führer* festgehalten sind, war im siebzehnten Jahrhundert der Beamte Chia Li:

Als ich auf den Berg kam, erstaunte mich die Eigentümlichkeit der Gegend: wie eine Landschaft der Sung- oder Yuan-Dynastie, einmal verhüllt, dann wieder offenbar, erst diese Seite, dann jene, und alles verwandelte sich in unzählige Formen. Und wundersam waren die Gefahren des Pfades: wie Schafsgedärme oder die Wirbelsäule eines Vogels, einmal bergauf, einmal bergab. Hier enden die Täuschungen der Welt.

Ch'en Chung-shun sagte einmal: «Alles, was man zum Erklettern der Berge braucht, ist ein sechs Fuß langer Stock und ein Paar Holzschuhe. Und doch müssen große Herren Begleiter und Vorräte haben, bevor sie es wagen aufzubrechen.» Als ich mich zum Taipai aufmachte, konnte ich nicht einmal einen Diener finden, der mit mir gegangen wäre, geschweige denn einen Stock oder Holzschuhe, die man mir geliehen hätte. Als ich an Bäche kam und nicht wußte, wie tief sie waren, warf ich Steine hinein oder biß einfach meine Zähne zusammen und sprang hinüber. Der kleinste Fehler, und es wäre mein Verderben gewesen. Als mir Schlamm den Weg versperrte und ich nicht wußte, wie rutschig er war, ging ich einfach hindurch. Ein Fehltritt, und ich wäre gestürzt. Gipfel, die wie hundert Fuß hohe Mauern aufragten, erkletterte ich wie eine Ameise, die einen Baum hinaufgeht. Hänge, die wie tausend Fuß lange Dächer abfielen, glitt ich wie eine Schlange hinab. Ich hätte nicht gedacht, daß ich so wendig oder wagemutig sei.

Der ausführliche Bericht, der Chia Lis Einleitung folgt, wurde zur Standardbeschreibung für den Aufstieg, und er wurde für künftige Generationen sogar in Stein eingehauen. Ich selbst konnte zwar nicht in die Nähe des Berges gelangen, doch hörte ich von den Bergpfaden durch einen taoistischen Mönch, der Jahrzehnte auf dem Taipaishan gelebt hatte und alle vier Wege zum Gipfel kannte, zwei vom Süden und zwei vom Norden her.

Der eine der beiden südlichen Pfade beginnt im Südwesten und führt am Naturschutzgebiet vorbei; der andere kommt aus südöstlicher Richtung und beginnt am Schwarzen Fluß. Die nördlichen Pfade beginnen bei den Ortschaften Yingtou und Tangyu und vereinigen sich auf halber Höhe der Nordflanke; an dieser Stelle vereinigt sich auch der Pfad vom Schwarzen Fluß her mit ihnen. Die meisten Besucher wählen einen der beiden nördlichen Pfade. Yingtou ist der Ausgangspunkt für diejenigen, die aus Meihsien kommen, Tangyu für diejenigen, die aus Chouchih kommen. Auf beiden Wegen sind es für Menschen neunzig und für Vögel fünfundzwanzig Kilometer zum Gipfel.

Die Pfade sind nicht immer geöffnet. Selbst die größeren Heiligtümer auf dem Berg sind die meiste Zeit des Jahres verlassen. Im sechsten Mondmonat treffen sich alle Mönche und Nonnen im Taipaishan-Gebiet auf dem Gipfel. Anschließend verteilen sie sich wieder auf die elf Heiligtümer, die noch an den Pfaden stehen; vor der Kulturrevolution waren es siebenunddreißig.

Der Mönch, der mir über den Taipaishan berichtete, sagte, daß die Wanderung zum Gipfel vier Tage dauere und daß die meisten Menschen den Aufstieg im Sommer unternehmen, wenn die Heiligtümer geöffnet sind und es einfache Kost und Logis gibt. Er sagte, daß die meisten Wanderer zwischen Ende Juli und Mitte August kämen. In der restlichen Zeit des Jahres ist es zu kalt. Dann wagen sich nur noch Kräutersammler und Pilger hinauf. Man findet sie von April bis Oktober auf den Pfaden zum Gipfel, wo sie Pflanzen und das zauberkräftige Wasser der Bergseen sammeln. In seinem Bericht sagt Chia Li, daß «die Menschen sich nicht lange an diesen Seen aufhalten, weil in ihnen seltsame Geister hausen. Wenn Besucher zu lange stehenbleiben, explodiert der Himmel mit Blitz und Donner. Dies bleibt niemals aus. Alle Seen werden von Geistern bewacht, und die Einheimischen behandeln sie mit Hochachtung.»

Die Seen sind nicht nur der Sitz von Geistern und Wasserdrachen, sondern hüten auch weitere Geheimnisse. Sie bilden eine Kette von sechs Kreisen um den Gipfel und liegen über 3500 m hoch, womit sie die höchsten Bergseen Chinas und nur einen

Hauch vom Himmel entfernt sind. Sie entstanden vor zwölftausend Jahren während der letzten Eiszeit. Der größte von ihnen ist so tief, daß seine Tiefe bisher nicht gemessen werden konnte. Der Mönch erzählte mir, daß im Jahre 1956 zwei sowjetische Taucher mit Sauerstoffgeräten versuchten, den Grund des größten Sees zu erreichen. Nach einigen Minuten kehrte einer von ihnen atemlos zur Oberfläche zurück. Der andere kam erst viel später zurück, und zwar als Leiche. Wie ein Eis am Stiel hätte er ausgesehen, sagte der Mönch.

Das Wasser des Taipaishan veranlaßte Chia Li, seinen Bericht mit dieser Bemerkung einzuleiten: «Als ich am Berg ankam, brachte ich mein Pferd in einen Stall und ging zu Fuß weiter. Nachdem ich drei *li* [zwei *li* sind ein Kilometer] gegangen war, erreichte ich den Sankuan-Teich, dessen Wasser völlig klar war. Wer zu diesem Berg kommt, um um Regen zu beten, braucht Wasser für die Zeremonie. Wer nicht bis zum Gipfel klettern kann, nimmt Wasser aus diesem Teich.» Als der Dichter Su Tung-p'o im elften Jahrhundert Friedensrichter dieses Gebiets war, veranlaßte ihn eine Trockenheit, zum Heiligtum des Berggeists zu gehen. Danach schrieb er dieses Gedicht:

Mein ganzes Leben habe ich vom Taipai gehört.
Ich zügelte mein Pferd bei seinem Anblick.
Es möge jemand die Trommel schlagen;
Warten wir, ob der Regen kommt!

Su bezog sich damit auf eine weitere Besonderheit des Berges. Im *Shuichingchu*, das im vierten Jahrhundert n.Chr. geschrieben wurde, heißt es: «Armeen, die am Taipaishan vorbeikommen, sollten ihre Trommeln nicht schlagen. Wenn sie dies tun, wird sich Wind erheben und Regen fallen.» Als Su das Heiligtum besuchte, muß er die örtliche Bürgerwehr alarmiert haben: Wie er berichtet, folgte auf sein Gebet ein dreitägiger heftiger Regen.

Li Pai war ein weiterer Dichter, der in der Gunst des Berges stand. Vor Lis Geburt träumte seine Mutter, daß sie vom Abendstern geschwängert worden sei, und sie gab ihrem Sohn später zu Ehren seines himmlischen Vaters den Beinamen T'ai-pai. Einst besuchte Li Pai oder Li T'ai-pai seinen felsigen Halbbruder:

Westwärts den Taipai-Gipfel erklimmend,
Kletternd in schwindendem Licht,
Hörte ich den Taipai zu mir sagen:
Das Himmelstor wird sich dir öffnen.
Weiter ging ich auf den Schwingen des Windes
Und tauchte über den Wolken wieder auf.
Ich kann beinahe den Mond berühren.
Kein Berg mehr unter mir.
Wer Wukung hinter sich läßt,
Der lasse sich Zeit zurückzukehren.

Li Pai war Taoist, und obwohl auch Buddhisten hier als Eremiten gelebt haben, war der Taipaishan immer ein taoistischer Berg. Wie bei anderen Bergen gibt es keine Berichte darüber, wann erstmals Eremiten den Taipaishan zu ihrem Zufluchtsort erwählten. Den Taoisten zufolge weilte Lao-tzu hier, um Glimmer und andere Zutaten für sein Elixier zu sammeln, bevor er über den nahegelegenen Sankuan-Paß entschwand. Auch wenn Lao-tzu den Berg besucht hat, wurde er doch nie zu den Einsiedlern gezählt.

Der erste Einsiedler auf dem Berg, über den berichtet wird, war Kuei Ku, der im vierten Jahrhundert v. Chr. hier lebte. Während Kuei Ku selbst die Anonymität bevorzugte, wurden zwei seiner Schüler, Su Ch'in und Chang Yi, berühmt, weil sie während der Zeit der Streitenden Reiche einige politische Bündnisse arrangierten, um in der Gegend Frieden und Stabilität zu schaffen. Deshalb galt Kuei Ku als der Patriarch der sogenannten legalistischen Schule eklektischer Philosophen. Kuei Ku selbst war Taoist und soll mehrere hundert Jahre alt geworden sein. Ein Felsen auf dem Taipaishan ist nach ihm benannt. Während der T'ang-Dynastie entstand ein taoistischer Text mit seinem Namen, das *Kuei-kutzu*.

Angesichts des mythologischen Hintergrunds der alten Namen des Bergs muß der Taipaishan schon seit Jahrtausenden ein Ort religiöser Rituale und geistlicher Übungen gewesen sein. Die älteste Erwähnung eines Heiligtums reicht allerdings nur zweitausend Jahre zurück, als Ende des ersten Jahrhunderts v. Chr. ein Kultbau zu Ehren von Ku Ch'un errichtet wurde.

Ku Ch'un war ein untergeordneter Beamter am Hofe des Kaisers Ch'eng. Er praktizierte taoistisches Yoga. Als er starb, blieb sein Leichnam warm. Als er begraben wurde, weigerte sich seine Familie, den Deckel auf den Sarg zu nageln. Drei Jahre später erschien ihr Sohn plötzlich auf dem Tor seines Heimatorts. Als seine Familie davon hörte, öffneten sie seinen Sarg, fanden jedoch nur seine Kleider. Nachdem er drei Nächte auf dem Tor zugebracht hatte und trotz der Bitten seiner Familie nicht nach Hause zurückkehren wollte, verschwand er und erschien später wieder auf einem der Haupttore von Ch'ang-an. Auch hier verschwand er wiederum nach drei Tagen. Berichten zufolge erschien er zuletzt auf dem Taipaishan, und später errichtete jemand ihm zu Ehren auf dem Gipfel ein Heiligtum.

Berühmtester Eremit des Taipaishan war jedoch der Taoist Sun Szu-mo. Sun kam Anfang des siebten Jahrhunderts n. Chr. hierher und brachte den größten Teil seines Lebens auf dem Berg zu, wo er Kräuter sammelte, seine medizinischen Kenntnisse vervollkommnete und das Tao pflegte. Obwohl ihm mehrere Kaiser hohe Stellungen bei Hofe anboten, zog es Sun vor, sich auf seine geistlichen Übungen und die Ausübung der Medizin zu konzentrieren. Er sagte, daß ein Arzt bereit sein müsse, jeden zu behandeln, ungeachtet seines Status oder der verwandtschaftlichen Beziehungen, und er stand beim Volk in so hohem Ansehen, daß es ihm den Namen Yao Wang gab, König der Medizin. Er wird noch heute als einer der größten Ärzte und der erste Diätetiker Chinas verehrt.

Bei seinem Tod hinterließ Sun zwei Schriften. In der einen sind heilkundliche Rezepturen bis zu seiner Zeit gesammelt; die andere enthält eine Fülle eigener Beiträge, unter anderem die Verwendung von Tang und der Schilddrüse von Hirschen gegen Kropf, Ochsen- und Schafsleber gegen Nachtblindheit und Aprikosen, Kleie und Paprika gegen Beriberi.

Der Ruf des Taipaishan als eines der Hauptzentren taoistischer Praktiken in China festigte sich endgültig im darauffolgenden Jahrhundert, als ihn der taoistische Autor Szu-ma Ch'eng-chen als den ersten der sechsunddreißig Hsia-tung-t'ien verzeichnete, der «kleinen Höhlen des Himmels», womit seine Nichterwähnung unter den zehn großen Höhlen wiedergutgemacht war. Die Höhlen galten als Orte, an denen man das Elixier der Unsterblichkeit finden oder zusammenstellen konnte. Li Pai schrieb etwa um dieselbe Zeit, als der Taipaishan der Liste hinzugefügt wurde, in seiner *Ku Feng*-Sammlung dieses Gedicht:

> Ganz grün ist der Taipaishan,
> Oben von Sternen umgeben,
> Einhundert Meilen vom Hof entfernt,
> Abgeschnitten von der staubigen Welt.
> Hier ist ein grün behaarter Alter
> Gehüllt in eine Wolke, schläft auf Schnee,
> Spricht nicht, lacht nicht,
> Wohnt schweigend in einer Höhle.
> Eines Tages begegnete ich diesem Vollkommenen,
> Verneigte mich und bat um sein Geheimnis.
> Sein Lächeln enthüllte Jadezähne,
> Anweisungen für das Elixier.
> Auf seinen Knochen las ich die Worte.
> Dann war seine Gestalt verschwunden.
> Hoch oben suchte ich vergeblich
> Diese endlose Hitze der Leidenschaft.
> Ach, Zinnobersand sammeln,
> Die Menschheit für immer verlassen!

Der Taipaishan war nicht nur die Heimat von Taoisten, die sich in Unsterbliche verwandeln wollten, sondern beherbergte auch konfuzianistische Einsiedler. Es ist ein ständiges Thema der chinesischen eremitischen Tradition, daß es ihr weniger um Weltentsagung als vielmehr um den Verzicht auf Besitzstreben geht. In aller Regel versuchten die Eremiten, die Gesellschaft zu reformieren, indem sie zunächst sich selbst reformierten, und viele von ihnen kamen zum Taipaishan, um ihre Leidenschaften zu dämpfen.

Konfuzianistische Eremiten erschienen schon Ende des ersten Jahrhunderts n. Chr. in den Ausläufern des Taipaishan. Diese Zeit ist gekennzeichnet durch eine große Zunahme derjenigen Gelehrten, die die Hütte eines Eremiten einer Stellung bei Hofe vorzogen. Dies war auch die Zeit, in der die Gelehrten die bisher übliche Spezialisierung auf einen oder zwei der konfuzianistischen Klassiker zugunsten einer breiteren Bildung aufgaben.

Chih Hsun zählte zu den ersten dieser Gelehrten der Han-Dynastie, die sich eine gründliche Kenntnis der meisten Haupttexte aneigneten, und es kamen über ein Dutzend Schüler zu seinem Zufluchtsort auf dem Taipaishan. Einer von ihnen war Ma Jung, der durch seine überragenden geistigen Fähigkeiten bald Chihs Lieblingsschüler wurde. Ma heiratete schließlich Chihs Tochter und begründete auf dem Taipaishan seine eigene Akademie. Als er im Jahre 166 n.Chr. starb, war er die anerkannte Autorität unter den Kommentatoren der konfuzianistischen und taoistischen Klassiker, und die Zahl derer, die seine Schüler zu sein behaupteten, betrug über eintausend.

Zu denjenigen, die auf den Taipaishan kamen, um bei Ma Jung zu lernen, zählte auch Cheng Hsuan. Obwohl er schon bei vielen hervorragenden Lehrern seiner Zeit gelernt hatte, akzeptierte ihn Ma nicht sofort. Er mußte in der Nähe eine Hütte errichten und sich indirekt von Mas anderen Schülern unterweisen lassen. Als Ma eines Tages Schwierigkeiten hatte, ein Problem im Zusammenhang mit der Bewegung von Himmelskörpern zu lösen, sagte einer seiner Schüler, daß Cheng Hsuan es lösen könne. Cheng stellte sein Können umgehend unter Beweis und wurde endlich in Mas inneren Kreis aufgenommen. Nachdem er einige Jahre bei Ma Jung gelernt hatte, begründete er schließlich in Ch'ang-an seine eigene Akademie, wo er schließlich den Ruhm seines Lehrers als Kommentator der Klassiker noch übertraf. Als er aufbrach, ergriff Ma seine Hand und sagte: «Das Tao geht mit Euch nach Osten. Tut für das Tao alles, was Ihr vermögt.»

Aber alle seine großen Leistungen konnten nicht verhindern, daß die konfuzianistische Interpretation der Welt und des Ortes des Menschen in ihr bald von Taoismus und Buddhismus verdrängt wurde. Als der Konfuzianismus schließlich etwa eintausend Jahre später seine frühere Vormachtstellung zurückgewann, war wiederum der Taipaishan eines seiner Zentren. Einer der größten Philosophen jener Zeit war Chang Tsai. Chang stammte aus Meihsien im Norden des Taipaishan, und er zog sich in dessen Ausläufer zurück, wie dies in der Han-Dynastie Chih, Ma und Cheng vor ihm getan hatten, um eine der berühmtesten Akademien der Sun-Dynastie zu begründen. Im Schatten des Großen Weißen Berges entwickelte Chang das erste große metaphysische System des Konfuzianismus auf der Grundlage der Theorie, daß unsere Welt der

Objekte aus nichts als flüchtigen Konzentrationen von *ch'i* oder leerer Energie besteht, die sich in unendlichen Variationen zu immer neuen Gestaltungen formt. Seiner Rolle als konfuzianistischer Eremit gemäß wandte er diese Lehre auch auf die menschlichen Beziehungen an: Wir alle bestehen aus demselben *ch'i* und müssen unseren Nächsten so behandeln, wie wir uns selbst behandeln.

Auf dem Taipaishan finden wir einen der Hauptwidersprüche, die in der eremitischen Tradition auftauchen, und dessen Lösung. Wer dem Tao anhängt, kann sich nicht von anderen zurückziehen, aber um das Tao zu finden, muß man sich zumindest vorübergehend aus der Gesellschaft zurückziehen, um an sich selbst und der Konzentration des Geistes zu arbeiten. Dies galt für Gelehrte, aber es galt noch mehr für Mönche und Nonnen, von denen viele bei ihrer Suche nach dem Tao dadurch inspiriert wurden, daß sie in der Heimat des Abendsterns lebten, der reinsten Konzentration des *ch'i* in China.

Kapitel 11

Besuch bei Wang Wei

Im alten China war die Entscheidung für ein Leben in Abgeschiedenheit nicht immer auch eine Entscheidung für ein Leben in Entbehrung. Neben religiösen Asketen und aufrichtigen Armen gab es immer auch wohlhabende Einsiedler, die ihre ästhetische Sensibilität aus der Stadt hinaus und in die nahegelegenen Ausläufer der Berge führte. Arme Eremiten, die eine Tagesreise von Ch'ang-an entfernt in den Chungnan-Bergen lebten, teilten oft ihre Hütten mit den gebildetsten Männern Chinas, Männern, die ebenfalls in den Bergen Ruhe und Tröstung suchten.

Auch wenn der Pfad des weltlichen Erfolgs Genüsse und Ehren verhieß, gab es immer Menschen, die hierauf verzichteten: Aristokraten, die des Hoflebens müde waren, Beamtenanwärter, die die Prüfungen nicht schafften, Gelehrte, die ihren Grundsätzen nicht untreu werden wollten, erschöpfte Bürokraten, in die Verbannung geschickte Minister, Männer, denen der Henker auf den Fersen war. In jeder Dynastie waren die Behausungen gelehrter Einsiedler über das ganze Land verstreut, in denen die Bewohner ihre Tage damit zubrachten, das Vergessen zu lernen.

Manchmal hatten diese vornehmen Einsiedler auf ihren Landsitzen denselben Luxus wie ehedem in der Stadt. Meist aber ließen sie ihn – freiwillig oder unfreiwillig – hinter sich und genossen die Freuden eines einfacheren Lebens. Solche Männer lebten seit Jahrtausenden in den Hügeln Chinas. Ihre Anwesenheit auf dem Lande reichte von kurzen Besuchen bis zu lebenslangen Aufenthalten, und ihre Zahl nahm vor allem in Zeiten der Blüte oder des Niedergangs zu.

Stephen Owen bemerkt in seinem *The Great Age of Chinese Poetry: The High T'ang*, daß «im achten Jahrhundert eine besonders intensive Beziehung zwischen dem hohen Beamten und dem Einsiedler oder Exzentriker feste Formen anzunehmen begann, eine Beziehung, die in verschiedener Form auch in den späteren

Jahrhunderten der traditionellen chinesischen Kultur Bestand haben sollte»[14]. Diese Beziehung hatte natürlich schon zu jener Zeit eine lange Tradition. Aber im achten Jahrhundert trat ein neues Element in dieser Beziehung auf, nämlich der bewußte Rückzug auf das Land als Mittel zum gesellschaftlichen Aufstieg. Diese Methode, die Aufmerksamkeit des Hofs zu erregen, um dadurch eine Beamtenstelle zu bekommen, wurde in der T'ang-Zeit so beliebt, daß man sie als das «Chungnan-Schnellverfahren» bezeichnete. Im achten Jahrhundert gab es in den Chungnan-Bergen wahrscheinlich mehr Hütten und Landhäuser als jemals davor oder danach. Es scheint, daß damals jeder, der etwas war, und jeder, der etwas werden wollte, sich in den Chungnan-Bergen niederließ.

Einer jener vornehmen Einsiedler, die in den Chungnan-Bergen lebten und dies nicht zum Zwecke einer Karriere in der Hauptstadt taten, war Wang Wei. Für Wang Wei waren die Chungnan-Berge ein schneller Weg aus der Stadt, nicht in die Stadt. Hier, in der relativen Abgeschiedenheit seiner Einsiedelei am Fluß Wang, führte er Leben und Kunst zu einer so beeindruckenden Synthese zusammen, daß dies seither zum Standard für jeden gebildeten Chinesen wurde. Wang Wei war der vornehme Einsiedler par excellence. Er nahm seine Abgeschiedenheit ernst; er verwandelte Abgeschiedenheit in Kunst und Kunst in Abgeschiedenheit.

Wang Wei wurde 699 n.Chr. südlich von Taiyuan, der Hauptstadt der heutigen nordchinesischen Provinz Shansi, als Sproß zweier der bedeutendsten Familien des Reichs geboren, und seine ganze Erziehung war auf eine dieser Abstammung gemäße Laufbahn ausgerichtet. In der Chronik der T'ang-Dynastie heißt es, daß er als Neunjähriger Gedichte zu schreiben begann. Als er 761 als Zweiundsechzigjähriger starb, rühmte ihn Kaiser Tai-tsung als den größten Dichter seiner Zeit – und in keinem Zeitalter der chinesischen Geschichte gab es eine größere Blüte der Dichtkunst. Li Pai starb ein Jahr nach Wang Wei als Einundsechzigjähriger, Tu Fu acht Jahre später als Achtundfünfzigjähriger.

In den Jahrhunderten nach seinem Tod verblaßte Wang Weis dichterischer Ruhm nicht, auch wenn er heute nicht mehr höher eingeschätzt wird als Li Pai und Tu Fu. Dies schmälert seinen Glanz gewiß nicht. Wang Wei betrachtete sich weniger als Dichter denn als Künstler, und als Künstler war er unübertroffen. Die

Dichtkunst war nur eine der Künste, in denen er Großartiges leistete. Er war daneben auch ein fähiger Musiker, und es gibt eine Fülle von Geschichten über seine Kunst: Einmal zerbrach eine Flöte, die der Anforderung nicht gewachsen war, seine Laute zu begleiten; ein andermal zeigte man ihm ein Wandbild eines Orchesters, und er konnte sagen, welche Note von welchem Lied gespielt wurde. Nachdem ihm schon als Einundzwanzigjährigem der höchste akademische Grad des Reichs verliehen wurde, erhielt er seine erste Stelle als Beamter in der Musikbehörde des kaiserlichen Hofes. Aber sein musikalisches Können wurde von seiner Dichtkunst überragt, und seine Dichtkunst wiederum stand im Schatten seiner Fähigkeiten als Maler. Er berichtet uns:

> Ich irrte, daß ich in diesem Leben Verse schrieb,
> Im letzten Leben muß ich Maler gewesen sein.

Er war neunzehn, als er die Liebe seines letzten Lebens wiederentdeckte. Zwar ist keines von Wang Weis Gemälden erhalten, doch lassen einige frühe Kopien seine Fähigkeiten erahnen. Der Dichter Su Tung-p'o (Sung-Dynastie) nannte ihn «Chinas einzigen wirklich großen Landschaftsmaler». Der Kalligraph Tung Ch'i-ch'ang (Ming-Dynastie) faßte die Meinung seiner Kollegen zusammen: «Künstler vor Wang Weis Zeit waren nicht unbegabt, aber sie konnten den Geist einer Landschaft nicht vermitteln. Sie wurden vom Staub ihrer Sinne daran gehindert.»

In Ch'ang-an malte Wang Wei die Portraits befreundeter Dichter wie Meng Hao-jan und großer alter Buddhisten wie Vimalakirti, dessen Namen er als Pseudonym gebrauchte. Aber er wurde des Lebens bei Hofe überdrüssig, vor allem, nachdem er wegen ungeschickter politischer Äußerungen mehrmals verbannt worden war, zuerst nach Shantung und später an die nordwestliche Grenze. Nach seinem vierzigsten Geburtstag kaufte er den ehemaligen Landsitz des Dichters Sung Chih-wen (frühe T'ang-Dynastie). Dieser Landsitz lag sechzig Kilometer südöstlich von Ch'ang-an am Fluß Wang. In den nächsten beiden Jahrzehnten kehrte er oft in die Hauptstadt zurück, um den Anschein zu wahren, daß er im Dienst sei, und er stieg schließlich sogar zum stellvertretenden Ersten Minister auf. Die meiste Zeit brachte er jedoch auf seinem

Landsitz zu, wo er sich der Landschaftsmalerei und der Dichtkunst widmete. Einer der Freunde, die oft bei ihm weilten, war P'ei Ti, mit dem zusammen er für sein berühmtes Gemälde, die *Wang-Rolle*, eine Reihe von Gedichten über die Landschaft bei seinem Landsitz schuf.

Je älter Wang Wei wurde, desto mehr begann sein Interesse am Buddhismus sein Leben zu beherrschen. Er brachte einen großen Teil seiner Zeit mit Meditation zu, und seine Zeitgenossen berichten, daß er immer mehr einem der hageren Einsiedler ähnelte, die er einst malte. Lange vor seinem Tod schien er bereits in eines seiner Gemälde oder Gedichte entschwunden zu sein.

In meinen besten Jahren liebte ich den Weg,
Eine Hütte in Chungnan in hohem Alter.
Wenn ich will, schweife ich alleine umher;
Wunder sind an mir verschwendet.
Ich wandere zur Quelle des Flusses,
Sitze, beobachte Wolken, die sich bilden.
Manchmal mit einem alten Eremiten
Rede, lache ich, zeitlos.

Ich las Wang Weis Gedichte kurz nach meiner Ankunft auf Taiwan. Ich lernte sie bei meinen täglichen Wanderungen in die Hügel hinter dem buddhistischen Tempel auswendig, wo ich zwei Jahre lebte. Ich liebte die Stimmung, die sie wachriefen, und wenn ich ein Gedicht auswendig gelernt hatte, setzte ich mich hin und meditierte auf einem Grabhügel, von dem aus man einen Blick über den Rand des Hügels und die Stadt Taipeh hatte. Als ich mich eines Tages aus dem Meditationssitz erheben wollte, bemerkte ich eine gebänderte Krait, eine der gefährlichsten Giftschlangen der Welt, die sich neben mir zusammengerollt hatte. Ich stand sehr langsam auf – und lernte während meines restlichen Aufenthalts im Kloster keine Gedichte von Wang Wei mehr auswendig. Trotzdem blieb mein Interesse an diesem Dichter. Als ich mit Steve fünfzehn Jahre später nach China reiste, um nach Eremiten zu suchen, erinnerte ich mich wieder an Wang Wei.

In einem Buch, das ich in Hongkong gekauft hatte, las ich, daß ein Gingko-Baum, den Wang Wei gepflanzt hatte, noch auf seiner alten Einsiedelei wuchs. Als wir an einem verregneten Tag nichts Besseres zu tun hatten, beschlossen wir, diesen Baum zu besuchen. Wir mieteten einen Wagen und fuhren am Fluß Pa nach Südosten. Fünfzig Kilometer später bogen wir bei Lantien nach Süden ab und folgten dem Wang durch einen Durchbruch in den Chungnan-Bergen. Wenn Wang Wei seinen Landsitz besuchte, mußte er hier absteigen und den Rest des Weges mit dem Boot zurücklegen. Hier gab es keinen Pfad, geschweige denn eine Straße, bis die Regierung an der Ostseite des Tals in den fünfziger Jahren eine Schneise schlagen ließ.

Etwa auf halbem Wege versperrte uns ein Erdrutsch die Weiterfahrt. Die Arbeiter sagten, daß sie in einigen Tagen mit den Aufräumungsarbeiten fertig sein würden. Als wir über den Erdrutsch kletterten, blieb ich stehen, um einige blaue Gänseblümchen zu betrachten, die sich als alte Bekannte erwiesen. An den Pfaden nahe meiner Wohnung auf Taiwan pflückte meine Frau oft die Blätter zum Abendessen. Ich war überrascht, sie so weit im Norden zu finden. Auf der anderen Seite des Erdrutsches schlossen Steve und ich uns einem halben Dutzend Einheimischer auf einem dreirädrigen Auto an.

Als wir unseren Wagen und den Erdrutsch hinter uns ließen, öffnete sich die Schlucht bald zu einem breiten Tal, das ringsum von nebelumhüllten grünen Gipfeln umgeben war. Die übrigen Passagiere stiegen an den Orten Yentsun und Kuanshang aus. Östlich von Kuanshang suchte ich nach Mengchengao, wohin sich Sung Chih-wen ursprünglich zurückgezogen hatte. Dies war auch der Ort, wo Wang Wei zuerst lebte und wo seine Gedichtserie über den Wang begann. Hier befand sich jedoch jetzt die örtliche Oberschule. Wir setzten unseren Weg nach Südosten fort.

Hinter Paiyaping zweigte die Straße rechts zu Wang Weis Gingko und seinem früheren Hirschpark-Landsitz ab, der noch etwa einen Kilometer entfernt war. Unser Fahrer empfahl uns jedoch statt dessen, nach links zu fahren und zuerst eine Höhle zu besuchen, von der aus wir einen guten Überblick über das Gebiet hätten.

Wir passierten eine Art Kontrollstelle. Aber es regnete, und wenn jemand Dienst tat, dann war er im Inneren des Gebäudes. Wenige Minuten später bemerkte ich, daß uns weit hinten ein Polizeifahrzeug folgte. Wir fuhren weiter. Die Straße wurde schlammig, dann steinig. Als die Steine zu Felsen wurden, stiegen wir aus und begannen zu klettern.

Wenige Minuten später erreichten wir eine Terrasse, von der aus wir einen Blick auf die umliegenden Berge hatten. Ein Verwalter kam aus einem kleinen Schuppen heraus und sperrte das Tor zur Lingyun-Höhle auf, in der es die üblichen Stalaktiten und Stalagmiten in Gestalt der Kuan-yin, des Bodhisattvas des Mitleids, gab. Wir zogen die Aussicht draußen vor. Wir standen auf der Terrasse und beobachteten, wie die Gipfel verschwanden und wieder auftauchten, wie wenn die Gemälde von Wang Wei vor uns entrollt würden, eines nach dem anderen.

Als der Nebel in starken Regen überging, kehrten wir um. Als die Wolkendecke kurz aufriß, sah ich, daß einige Polizisten bei unserem dreirädrigen Auto standen. Ich sagte zu Steve, daß er den Film wechseln und die belichtete Rolle in seine Socke stecken solle. Als wir an die Straße kamen, eröffnete uns die Polizei, daß wir verhaftet seien, und eskortierte uns zurück zum Erdrutsch. Dort erwartete uns bereits ein weiteres Polizeifahrzeug, und wir wurden mit heulenden Sirenen zum Hauptquartier der Fremdenpolizei in Sian gebracht, wo man uns mit dem Vorwurf der Spionage konfrontierte. Wir waren zwar nicht so weit gekommen, doch stellte sich heraus, daß der Gingko-Baum, den Wang Wei auf seinem Landsitz gepflanzt hatte, mitten auf dem Gelände einer Kernwaffenfabrik stand. Offenbar hatte Tu Fu eine ähnliche Erfahrung gemacht:

> Besuch in Zensor Wangs Zufluchtsort –
> Warum sind die schweigenden Kiefern und Bambusbüsche
> mit Brombeerhecken versperrt und geschlossen?

Kapitel 12

Wenn das Tao in die Stadt kommt

Im *Lankavatara-Sutra* sagte der Buddha: «Mitleid kommt aus Weisheit.» In den letzten fünftausend Jahren haben Menschen in China, die auf der Suche nach Weisheit waren, diese Weisheit, ob sie sie Dharma oder Tao nannten, immer in den Bergen gesucht und manchmal gefunden. Früher oder später aber erwächst aus der Weisheit Mitleid. Früher oder später kommt das Tao in die Stadt.

Buddhisten, die das Tao in die Stadt brachten, wurden *p'u-sa*, Bodhisattvas, genannt. Taoisten hießen *hsien*, Unsterbliche. Wie sie selbst einräumen, gelangen wenige Taoisten so weit. Aber einige haben dies erreicht, auch wenn sie immer schwierig zu finden waren, denn diese Menschen lebten getrennt von den anderen. Wenn sie die Welt nicht überhaupt verließen und zu den Inseln der Seligen entschwanden, lebten sie üblicherweise in Bergen, Wüsten und Sümpfen. Aber sie suchten auch die Tempel, Marktplätze und Weinläden der Zivilisation auf: Sie kamen in die Stadt, um die Menschen zu lehren.

In Ch'ang-an bzw. Sian war der Begegnungsort für einen Besuch bei den Unsterblichen während der letzten tausend Jahre der Pahsienkung, der «Tempel der acht Unsterblichen». Er wurde im elften Jahrhundert an der Stelle eines älteren taoistischen Heiligtums neben dem Weinladen errichtet, wo im achten Jahrhundert Lu Tung-pin dem Unsterblichen Han Chung-li begegnete.

Lu und Han waren die ersten Mitglieder einer Gruppe von Einsiedlern, die seit dem dreizehnten Jahrhundert die «Acht Unsterblichen» genannt werden. Einige Jahrhunderte davor wurden die Dichter Li Pai und Tu Fu zu den «acht Unsterblichen des Weinbechers» gezählt, und Berichte über eine Gruppe von acht Weisen reichen noch viel weiter zurück. Keiner dieser frühen Gruppen wurde jedoch ein solches Vertrauen, geschweige denn eine solche Verehrung entgegengebracht wie der Gruppe von Lu und Han.

Lu Tung-pin und Han Chung-li
(Pause von einer Stele vom Loukuantai).

Natürlich kennt der Taoismus Hunderte, wenn nicht Tausende von Unsterblichen, wie es auch im Buddhismus Hunderte, wenn nicht Tausende von Bodhisattvas gibt. Warum gerade diesen acht so große Hochachtung entgegengebracht wurde, ist nicht klar. Wer sie auswählte, ist ebenfalls nicht bekannt. Neben ihrer taoistischen Religion gibt es keine weitere Gemeinsamkeit als die, daß die meisten von ihnen den Weg des Tao in den Chungnan-Bergen beschritten.

Während die Angehörigen der Gruppe von Zeit zu Zeit wechselten, entsprang die Zahl Acht offenbar dem Bemühen, den acht Trigrammen im *Buch der Wandlungen* menschliche Gestalt zu verleihen. Die acht Unsterblichen sollen verschiedene Formen von yin-yang-Beziehungen repräsentieren wie zum Beispiel Erstes und Letztes, Altes und Junges, männlich und weiblich, schön und häßlich.

Der erste der acht ist Han Chung-li, der oft mit einem Fächer und gegenüber dem Wind entblößtem Bauch dargestellt wird. Wie sein Name vermuten läßt, wurde er im ersten Jahrhundert n. Chr. in der Han-Dynastie geboren. Er war General und wurde gegen die Tibeter ausgeschickt, die die Ebene des Flusses Wei westlich der Hauptstadt mit Überfällen heimsuchten. Als er geschlagen wurde, floh er beschämt in die nahegelegenen Chungnan-Berge, wo er mehreren taoistischen Meistern begegnete, die ihn in die Geheimnisse der Unsterblichkeit einweihten. Achthundert Jahre später gab er diese Geheimnisse einschließlich einer Unterweisung in einer Serie von acht Übungen, die noch heute zur Anregung des *ch'i*-Kreislaufs praktiziert werden, an Lu Tung-pin weiter.

Der letzte der acht Unsterblichen ist Ts'ao Kuo-chiu, der meist ein Paar kaiserlicher Embleme hält. Er war der jüngere Bruder von Kaiserin Ts'ao aus der Sung-Dynastie, deren Gemahl ihr die beiden Embleme übergeben haben soll, um sich allgemeiner Gastfreundschaft und Hochachtung zu versichern. Eines Tages fanden Han Chung-li und Lu Tung-pin Ts'ao Kuo-chin meditierend in den Chungnan-Bergen. Als sie ihn fragten, womit er sich beschäftige, sagte Ts'ao, daß er dem Weg des Tao folge. Als sie ihn nach dem Ort des Tao fragten, wies Ts'ao zum Himmel. Als sie ihn nach dem Ort des Himmels fragten, wies er auf sein Herz. Die beiden Unsterblichen lachten, beglückwünschten Ts'ao zu seinem Verständnis des Weges und baten ihn, sich ihnen anzuschließen.

Das älteste Mitglied der Gruppe ist Chang Kuo Lao, der alte Chang Kuo, der ein Bambusrohr namens *yu-ku*, d.h. «Fischtrommel», trägt und auf einem weißen Esel reitet, meist rückwärts. Der Esel kann an einem einzigen Tag tausend Meilen zurücklegen. Er läßt sich auch wie ein Stück Papier zusammenfalten und kann später durch Besprühen mit Wasser wieder zum Leben erweckt werden. In seiner Biographie in den beiden Chroniken der T'ang-Dynastie heißt es, daß er im achten Jahrhundert geboren wurde, doch wird auch berichtet, daß er am Anfang der Schöpfung eine weiße Fledermaus war, weshalb er als das älteste Mitglied der Gruppe gilt.

Das jüngste Mitglied ist Han Hsiang-tzu, ein Neffe des Gelehrten und Dichters Han Yu aus dem neunten Jahrhundert. Er wird meist als Flötenspieler dargestellt und wurde von seinem Onkel getadelt, weil er sich nicht auf eine Beamtenlaufbahn vorbereitete. Han Hsiang-tzu beantwortete dies mit einem Gedicht, in dem er die Freuden seines einsamen Lebens in den Chungnan-Bergen beschreibt, wo er von Tau, rosenfarbenen Wolken und zerriebenen Perlen lebt. Aber erst als er seine Fähigkeit demonstrierte, im Winter Pfingstrosen blühen zu lassen, konnte er seinen Onkel davon überzeugen, daß es seine Bestimmung war, dem Tao zu folgen, statt sich dem kaiserlichen Gefolge anzuschließen.

Bei weitem der Beliebteste der acht Unsterblichen ist Lu Tungpin, der zum Schutzheiligen verschiedener Künste und Handwerksberufe wurde, unter anderem auch der Schriftstellerei. Er repräsentiert Männlichkeit, weshalb er meist mit einem Schwert auf seinem Rücken und einem Fliegenwedel in seiner Hand dargestellt wird. Das Schwert macht ihn unsichtbar und läßt ihn Hindernisse zerschlagen. Der Fliegenwedel steht für Autorität und den Status eines Lehrers.

Während einer zufälligen Begegnung mit Han Chung-li in einem Weingeschäft in Ch'ang-an im achten Jahrhundert fiel Lu in Schlaf, und er erlebte, wie er in einem Leben irdischer Erfolge und Mißerfolge, von Freuden und Leiden stand (sein Traum wurde in einem Schauspiel aus dem dreizehnten Jahrhundert, *Der Traum des gelben Hirsekorns*, verewigt). Als er erwachte, fragte er Han, wie man die Vergänglichkeit des Lebens überwinden könne. Han unterwies ihn in der taoistischen Schulung, und Lu wurde Einsiedler, zuerst in den Chungnan-Bergen, später in den Chungtiao-Bergen, wo er schließlich selbst zum Unsterblichen wurde. Lu unterwies nicht nur andere Mitglieder dieser berühmten Gruppe, sondern hinterließ auch mehrere Abhandlungen, von denen eine unter dem Titel *Das Geheimnis der goldenen Blüte*[15] auch in die deutsche Sprache übersetzt wurde. Er schrieb außerdem einfache Gedichte, um andere zu erleuchten, von denen einige Dutzend im *Chuantangshih* («Vollständige Gedichte der T'ang») gesammelt sind:

> Ich habe Kiefernwind zu verkaufen.
> Hast du es jemals versucht?
> Für drei Tonnen Gold
> Bekommst du einen Kürbis voll.

Das einzige weibliche Mitglied der Gruppe ist Ho Hsienku, die ein Lotosblatt oder gelegentlich einen Zauberpilz hält. Sie stammt aus der Gegend von Kanton und ist damit auch das einzige südchinesische Mitglied der Gruppe. Sie weigerte sich zu heiraten und wanderte alleine in den Bergen umher, wo sie wilde Früchte und Pflanzen sammelte, um ihre Mutter zu ernähren. Schließlich ging sie überhaupt nicht mehr in die Nähe des Rauchs und Staubs der Zivilisation und erwarb die Fähigkeit, von Glimmer zu leben, wodurch sie so leicht wurde, daß sie wie ein Vogel durch die Berge huschen konnte. Eines Tages begegnete ihr Lu Tung-pin, von dem sie den Pfirsich der Unsterblichkeit empfing.

Lan Ts'ai-ho ist das hübscheste Mitglied der Gruppe und wird manchmal als Mädchen dargestellt. Die älteste seiner Biographien geht auf die Sung-Dynastie zurück, weshalb er vermutlich kurz davor geboren sein dürfte, etwa im neunten oder zehnten Jahrhundert. Er wandert als Blumenverkäufer umher, singt Lieder über die Unsterblichkeit, die er mit zwei langen Holzschlegeln begleitet, trägt nur einen Schuh und ist stets in Gewänder gekleidet, die für die Jahreszeit völlig ungeeignet sind.

Der Häßlichste der acht Unsterblichen schließlich ist Li T'iehkuai, «Li mit der eisernen Krücke». Als Li in den Chungnan-Bergen lebte, lernte er, wie er seinen Körper tagelang verlassen konnte. Als er eines Tages von einer solchen Reise zurückkehrte, mußte er feststellen, daß seine Jünger ihn für tot gehalten und seinen Körper verbrannt hatten. Zum Glück fand er den Körper eines lahmen Bettlers, der soeben gestorben war, und eignete sich diesen an. Seither humpelt er auf einer eisernen Krücke umher.

Am Tage, bevor wir von der Polizei verhaftet wurden, hatten Steve und ich den Tempel besucht, in dem diese acht Unsterblichen einst zusammentrafen und vielleicht heute noch zusammentreffen. Er war am ursprünglichen Ort, etwa 500 m nordöstlich des Osttors von Sian. Der Tempel hatte jedoch schon bessere Zeiten gesehen. Eine Fabrik, die den gesamten Haupthof eingenommen hatte, war erst vor kurzem abgebrochen worden. Die Regierung hat offenbar den touristischen Wert des Tempels erkannt und einen Teil der Renovierung finanziert. Im rückwärtigen Teil der Anlage besuchten wir die vor kurzem wiederhergestellten Heiligtümer zu Ehren der acht Unsterblichen und der Dame des südlichen Großen Wagens.

An einem der renovierten Heiligtümer schloß ich mich mit Steve anderen Besuchern an, die Räucherwerk entzündeten, Wünsche aussprachen und numerierte Bambusstäbchen auswählten. Ich wählte Nummer zwei und ging zu einem nahegelegenen Fenster, wo ich den Gegenwert von 10 Pfennigen für mein künftiges Schicksal entrichtete. Die Anfangszeilen lauteten: «Die im Verborgenen sind, werden im hellen Licht stehen.»

Ich ging zu einer Gruppe taoistischer Mönche. Einer von ihnen war der Abt. Ich sagte ihm, daß ich auf der Suche nach Eremiten sei. Er antwortete, daß meine Prophezeiung mir Erfolg verhieße. Steve und ich hatten vor einigen Monaten die taoistischen Tempel auf dem Wutangshan in der Provinz Hupei besucht und dabei von sechshundert Jahre alten taoistischen Meistern gehört, die tief in den Shen-nungchia-Bergen leben sollten. Ich fragte den Abt, ob es ähnlich alte Meister in den Chungnan-Bergen gäbe. Er sagte, daß er solche Berichte von Kräutersammlern vernommen habe, selbst aber nie jemandem begegnet sei, der älter als einhundertfünfzig Jahre gewesen sei. Er fragte mich, wie alt Steve sei.

In China wurden wir immer wieder nach Steves Alter gefragt. Wegen seines Bartes glaubte jeder, daß er sehr alt sein müsse. Ich lächelte und sagte, daß Steve fünfhundert Jahre alt und nach China gekommen sei, um jemanden zu finden, der noch älter sei. Dies löste gewaltige Aufregung im Tempel aus, und im Nu waren alle Taoisten um uns versammelt. Ich versuchte, den Schaden wiedergutzumachen und sagte ihnen, daß dies nur ein Scherz gewesen sei, daß Steve ein Jüngling von nicht einmal fünfzig Jahren sei. Ein peinliches Schweigen entstand. Man scherzt nicht mit Taoisten über hohes Alter.

Eine Woche später waren wir wieder in Pahsienkung. Nachdem uns die Fremdenpolizei drei Tage hatte zappeln lassen, kam man offenbar zu dem Schluß, daß wir für Spione zu unbedarft seien. Man gab uns unsere Pässe zurück und warnte uns, daß Interviews ein Grund für die Abschiebung seien. Es bereitete ihnen offenbar Unbehagen, daß der Zweck unserer Reise Gespräche mit Menschen waren, über die sie keine Kontrolle hatten, auch wenn es nur harmlose Eremiten waren.

Ich sah mich vorsichtig um, als wir wieder in den Pahsienkung gingen. Niemand sah so verdächtig aus, als daß wir hätten umkehren müssen. Normalerweise zogen Steve und ich überall die Massen auf uns, wo wir auch hinkamen. Diesmal gingen wir jedoch durch den Hof, wie wenn wir unsichtbar geworden wären. Ein Mittelsmann hatte für mich ein Interview mit einem der Tempelmönche arrangiert. Wir gelangten völlig unbeobachtet in Meister Yangs Raum im Ostflügel des Tempels. Ich klopfte an, und eine Stimme forderte uns auf hereinzukommen. Wir gingen hinein, und ich schloß die Tür, damit wir ungestört blieben.

Meister Yang hatte meditiert, und er blieb im Schneidersitz sitzen. Am einen Ende des Bettes, auf dem er saß, befand sich ein Moskitonetz. Am anderen Ende stand das Bett seines Schülers, der an diesem Tag abwesend war. Das übrige Mobiliar bestand aus zwei Holztruhen für Kleider und die persönliche Habe, zwei Holztischen und zwei Klappstühlen. Ich setzte mich auf einen der Stühle und fragte Meister Yang, wie alt er sei. Er antwortete, daß er zweiundsiebzig sei, durchaus nicht alt. Er war seit beinahe fünfzig Jahren Mönch. Ich fragte ihn nach der Praxis des Tao.

Yang: Wenn man das Tao pflegt, ist man wie ein Fötus. Wenn wir in unserer Mutter sind, können wir nichts sehen oder hören. Wir kennen nur unsere eigenen Empfindungen. Wir wissen nicht, daß wir in unserer Mutter sind oder wer sie ist. Wenn wir sehen und hören können, dann sind wir geboren. So verhält es sich auch mit der Pflege des Tao. Wenn wir das Tao schließlich erkennen, ist unser Weg zum Tao zu Ende. Aber zuerst müssen wir lange Zeit das Tao pflegen. Was wir pflegen, ist aber nicht dieser physische Körper. Lao-tzu sprach nicht von diesem Körper. Unser physischer Körper ist nicht unser wahrer Körper. Unser wahrer Körper ist in unserem falschen Körper, so wie der Fötus in seiner Mutter ist. Unsere Mutter ist unser falscher Körper. Unser wahrer Körper erscheint erst, wenn wir unseren falschen Körper hinter uns lassen.

Frage: Sehen Menschen anders aus, die dem Weg des Tao folgen?

Yang: Ja und nein. Vor einigen Jahren begegnete ich einem alten taoistischen Mönch auf dem Loukuantai. Sein Name war ebenfalls Yang, und er aß nur eine Mahlzeit am Tage, was ungewöhnlich war. Damals lebten über einhundert Taoisten auf dem Loukuantai, und er war der einzige, der nur eine Mahlzeit am Tag zu sich nahm. Außer seiner Morgenmahlzeit hatte er keinen geregelten Tagesablauf. Er schlief, wenn ihm danach zumute war. Wenn er nicht schlief, arbeitete er. Er hatte mehr Geist und Energie als die anderen, aber ansonsten bemerkte man an ihm nichts Besonderes. Einige Jahre später gab es einige Veränderungen auf dem Loukuantai, es entstand die Frage nach der Führung, und er wurde gebeten, das Amt des Abts zu übernehmen. Ich sah ihn etwa ein Jahr später wieder, als er zu einem Treffen zum Pahsienkung kam. Er war völlig verändert. Sein Blick war anders. Seine Stimme klang anders. Plötzlich verhielt er sich wie jemand, der das Tao pflegte. Bis dahin hatte er jedoch diese Seite seines Wesens nicht enthüllt, weil er andere Verantwortlichkeiten hatte.

Frage: Wie kamen Sie zu dem Entschluß, sich dem Tao zu widmen?

Yang: Ich ging von zu Hause weg und wurde Mönch, weil ich studieren wollte. Wo ich aufwuchs, hatte ich keine Möglichkeit, zur Schule zu gehen. Meine Familie war zu arm. Meine Vettern aber gingen zur Schule, wenn sie nicht auf dem Bauernhof helfen mußten. Mein Vater aber sagte, daß es ihnen nicht gut bekommen sei. Trotzdem wollte ich etwas lernen. Als ich beinahe zwanzig war, willigte mein ältester Bruder ein, daß ich zur Schule ginge. Ich lernte drei oder vier Jahre, aber ich lernte nicht viel, gerade genug, um Geschichten zu lesen. Ich lernte eigentlich erst richtig lesen, als ich von zu Hause wegging und Mönch wurde. Das Studieren fiel mir dann sehr schwer. Es war nicht so einfach, wie ich gedacht hatte. Es war, wie wenn der Wind an meinen Ohren vorbeiwehen würde. Ich beschloß also, mich mehr auf die praktischen Übungen als auf das Studieren zu konzentrieren. Trotzdem las ich während all der Jahre, sooft ich konnte.

Nach der Befreiung durften wir keine alten Bücher mehr lesen. Ich konnte aber ziemlich viele taoistische Bücher sammeln, und die wichtigsten versteckte ich. Dann kam die Kulturrevolution und damit die Zeit der Bücherverbrennungen und Verhaftungen. Damals wußte ich aber bereits, was in den Büchern stand. Als dann die Roten Garden kamen und die Herausgabe unserer Bücher verlangten, brachte ich ihnen eine ganze Kiste, auch Bücher, die ich selbst geschrieben hatte. Ich sagte ihnen, daß sie mitnehmen sollten, was sie wollten, und mir den Rest überlassen. Sie nahmen alles mit in die Küche und verbrannten es.

Frage: Das ist sehr schade. Waren Sie traurig?

Yang: Eigentlich nicht. Es war nur eine Veränderung. Außerdem konnte ich nach der Kulturrevolution wiederum eine Truhe mit Büchern sammeln, und ich konnte fast jeden Tag lesen. Vor etwa sieben Jahren verlor ich dann mein Augenlicht und schenkte alle meine Bücher her.

Frage: Was war mit Ihren Augen?

Yang: Die taoistische Praxis kann gefährlich sein. Ich tat etwas Falsches, und sie erloschen wie Kerzen.

Frage: Welche Bücher über den Taoismus schätzten Sie besonders?

Yang: Natürlich das *Tao-te Ching*. Nach der Befreiung wurde das *Tao-te Ching* viel kritisiert. Jetzt aber nicht mehr. Heute ist man sich darüber einig, daß es das tiefste Buch im taoistischen Kanon ist. Die meisten taoistischen Bücher erweisen sich schnell als tief oder flach, wenn man sie liest. Dies ist beim *Tao-te Ching* anders. Das *Tao-te Ching* ist nur für Menschen mit tiefer Einsicht. Es ist nicht für gewöhnliche Menschen. Es war das erste taoistische Buch. Danach kam Huang-tis *Yinfuching*, das noch kürzer als das *Tao-te Ching* die Grundzüge der taoistischen Philosophie und Praxis erklärt.

Das wichtigste, das kostbarste aller taoistischen Bücher ist aber das *Hsingyiching* des Jadekaisers, das der wichtigste Teil des *Huangching* ist. Wir benutzen es bei unserer Morgen- und Abendandacht. Es ist die Lehre, die der Jadekaiser weitergegeben hat. Es handelt nicht von äußerlichen Dingen. Es erklärt, daß wir alle ein kleiner Kosmos sind, daß wir alle die Sonne, den Mond, die Sterne und den Raum in uns haben. Es handelt davon, wie wir unser *ch'i* einsetzen sollen, um unseren sterblichen Körper zu ernähren und zu schützen, und wie wir unser *ch'i* konzentrieren können, um einen unsterblichen Körper zu schaffen. Wenn unser *ch'i* von außen kommt, sind wir bald erschöpft. Das Buch lehrt uns, wie wir unser inneres *ch'i* pflegen sollen. Es ist nicht einfach, das Tao zu pflegen. Manche Menschen üben erfolglos ihr ganzes Leben. Der Schlüssel liegt in der Konzentration unseres *ch'i*. Wenn wir uns auf unser *ch'i* konzentrieren, entsteht Weisheit ganz natürlich, so wie eine Flamme aufsteigt und der Regen fällt.

Frage: Fanden sie Bücher für das Erüben des Taoismus hilfreich?

Yang: Bücher sind wie Essen. Sie füllen unseren Magen, aber nicht unseren Geist. Wenn wir etwas nicht wissen, können wir ein Buch kaufen und uns informieren. Wir können viel aus Büchern lernen. Aber wenn wir mit dem Lesen fertig sind, entdecken wir, daß dasjenige, wovon die Bücher handeln, etwas anderes ist als die Wirklichkeit.

Es gibt heute viele Bücher über Liebe. Manche Mönche lesen diese Bücher und beschließen, wieder in den Laienstand zurückzukehren, zu heiraten und Kinder zu haben. Aber die Liebe ändert sich und wird bedeutungslos. Bücher können täuschen. Und die religiöse Praxis braucht Zeit. Es ist eine Schande, wenn man jahrelang das Tao übt und dann wieder in den Laienstand zurückkehrt, nur um eine Enttäuschung zu erleben. Es ist sehr schwierig, dann wieder mit dem Mönchsleben zu beginnen.

Wenn man dem Tao anhängen will, muß man bereit sein, Strapazen auf sich zu nehmen. Wenn man nicht mit besonderen Gaben

Meister Yang, der blinde Taoist.

geboren ist, wird man leiden müssen. Aber aus den Leiden entspringt Freude. Es ist wie mit dem Geld. Wenn es einem leicht zufließt, zerrinnt es auch leicht wieder. Wenn man für sein Geld arbeiten muß, bedeutet es mehr. Man vergeudet es nicht. So ist es mit der Pflege des Tao. Wenn man in eine gute Familie hineingeboren ist und eine gute Erziehung erhält, ist es einfacher. Wenn nicht, braucht man mehr Entschlußkraft. Es dauert aber lange, bis man das Tao verstanden hat, und man braucht einen festen Willen, wenn man Erfolg haben will. Viele Menschen pflegen das Tao, so viele, wie ein Ochse Haare hat. Aber der Erfolg läßt auf sich warten. Es gibt sehr wenige, die das Tao wirklich kultivieren. Und noch weniger haben jemals Erfolg.

Frage: Welchen praktischen Unterschied sehen Sie zwischen Buddhismus und Taoismus?

Yang: Buddhisten und Taoisten gehen denselben Weg. Sie träumen nur unterschiedliche Träume. Letztlich sind Buddhismus und Taoismus dasselbe. Ihre heiligen Texte sprechen von denselben Dingen. Der Unterschied ist, daß der Taoismus das Leben betont, der Buddhismus die Natur. Wer aber wirklich auf dem Übungsweg ist, übt beides. Hinsichtlich der konkreten Praxis ist der Buddhismus dem Taoismus etwas überlegen. Die Taoisten sprechen zwar von einer Pflege des Geistes, aber es fällt ihnen oft schwerer, ihre Emotionen zu kontrollieren. Es fällt ihnen schwerer, Empfindungen des Hochmuts zu unterdrücken. Aber eines von beiden wirklich erfolgreich zu pflegen ist sehr schwierig.

Frage: Hat sich der Taoismus in den letzten Jahrzehnten geändert?

Yang: Das Tao ändert sich niemals. Wir essen und kleiden uns anders, aber das Tao hat sich nicht geändert. Es gab Fortschritte in der Wissenschaft und in der Gesellschaft, aber was hat dies schon zu bedeuten? Wir haben jetzt besseres Essen. Aber Lao-tzu ist immer noch derselbe.

Frage: Können Sie davon leben, daß Sie andere Menschen in der taoistischen Praxis unterweisen?

Yang (lacht): Es ist wie bei der Tofu-Herstellung. Wenn ein Tofu-Meister beschließt, dasjenige zu lehren, was er in langen Jahren gelernt hat, wie soll er einem Lehrling dasjenige in Rechnung stellen, was es ihn gekostet hat? Für die Unterweisung im Tao gibt es keine Rechnung.

Es war Zeit zu gehen, Zeit, sich von Meister Yang und den Eremiten der Chungnan-Berge und von China überhaupt zu verabschieden.

An meinem letzten Tag in Sian wollte ich noch einige Briefmarken für meinen Sohn besorgen. Die Briefmarkengeschäfte waren am Ende der Poshulin-Straße unweit des Südtors der Stadt. Ich überging die Briefmarken der Ching-Dynastie und die Briefmarken der Kulturrevolution und kaufte einen Stapel Briefmarken mit Blumen und berühmten Schönheiten der Vergangenheit. Dann ging ich die Poshulin-Straße zurück. Ich war noch keine einhundert Meter gegangen, als ich zur Rechten ein kleines handgeschriebenes Schild sah: Wolungszu, Tempel des Schlafenden Drachen. Ich hatte vom Wolung-Tempel gelesen. Hier weilte Leere Wolke, bevor er am Ende der Ching-Dynastie zum Chiawutai ging. Ich hatte gehört, daß der Tempel von den Roten Garden zerstört worden sei, doch gab es hier ein Schild, das das Gegenteil besagte. Ich folgte dem Schild etwa fünfzig Meter weit zu einem rostigen Eisentor. Im Inneren befand sich der Wolung-Tempel.

Während der T'ang-Dynastie hieß er Kuanyin-Tempel, und während der Sung-Dynastie wurde der Name zu Ehren von Weikuo, einem Abt des Tempels, der in halb liegender Stellung meditierte, in Schlafender-Drache-Tempel geändert.

Das Eisentor knirschte. Der vordere Hof war verlassen. Auch hier war vor kurzem eine Fabrik abgerissen worden. Die Tempelgebäude waren alt und in so schlechtem Zustand, daß ich beinahe umgekehrt wäre. Hinter dem Innenhof ging ich in den großen Andachtsraum. Nachdem ich ein wenig Räucherwerk entzündet und meine Andacht verrichtet hatte, bemerkte ich einen kleinen steinernen Buddha. Der Tempelaufseher sagte mir, daß er Ende des fünften Jahrhunderts entstanden sei. Er zeigte mir außerdem ein Gemälde der Kuanyin aus der T'ang-Dynastie. Unfaßliche Schätze für einen halb verfallenen Tempel.

Als ich mich zum Gehen wandte, erschienen einige Mönche in der Tür. Als sie mich fragten, was ich hier täte, sagte ich ihnen, daß ich auf der Suche nach Einsiedlern sei. Sie lachten. Einer von ihnen sagte: «Dann sind Sie am richtigen Ort. Wir sind hier alle Einsiedler.» Auch ich mußte lachen. Der Name des Mönchs war Ju-ch'eng. Er war offensichtlich der Abt, auch wenn er es abstritt – er sagte, er wäre für einen Abt zu dumm. Dann erklärte er, warum man im Wolung-Tempel keinen offiziellen Abt haben wolle. Er sagte: «Wenn wir einen Abt wählen, muß er von der Regierung bestätigt werden. Wir bleiben lieber für uns. Deshalb renovieren wir den Tempel auch nicht. Die Regierung hat uns Geld für die Instandsetzung der Gebäude angeboten. Aber dies ist ein Zen-Tempel. Wir brauchen keine schönen Gebäude. Schöne Gebäude ziehen nur Touristen an.»

Er sagte mir, daß etwa fünfzig Mönche im Tempel lebten. Zwei von ihnen waren schon über achtzig. Sie hießen Hui-ching und Hui-t'ung. Er sagte, daß sie jeden Morgen um drei Uhr aufstünden und erst kurz vor Mitternacht wieder zu Bett gingen. Die meiste Zeit verbrächten sie auf ihren Meditationskissen. Ich fragte Ju-ch'eng, wer ihr Meister war, aber ich hätte es wissen können. Er sagte: «Leere Wolke.»

Wir sprachen etwa eine halbe Stunde über den Wolung-Tempel und die Chungnan-Berge. Er sagte, daß es im Tempel vier siebzigtägige Meditationssitzungen gab. Dann zählte er alle Mönche auf, die er in den Bergen kannte. Ich kannte sie alle. Ich lächelte und sagte ihm, daß dies das erste Mal sei, daß ich Einsiedlern in der Stadt begegnet sei. Er lachte, und ich lachte ebenfalls. Dann erinnerte ich mich an das chinesische Sprichwort: «Der kleine Eremit lebt auf dem Berg. Der große Eremit lebt in der Stadt.» Da es nichts mehr zu sagen gab, verbeugte ich mich und verabschiedete mich.

Der Huashan.

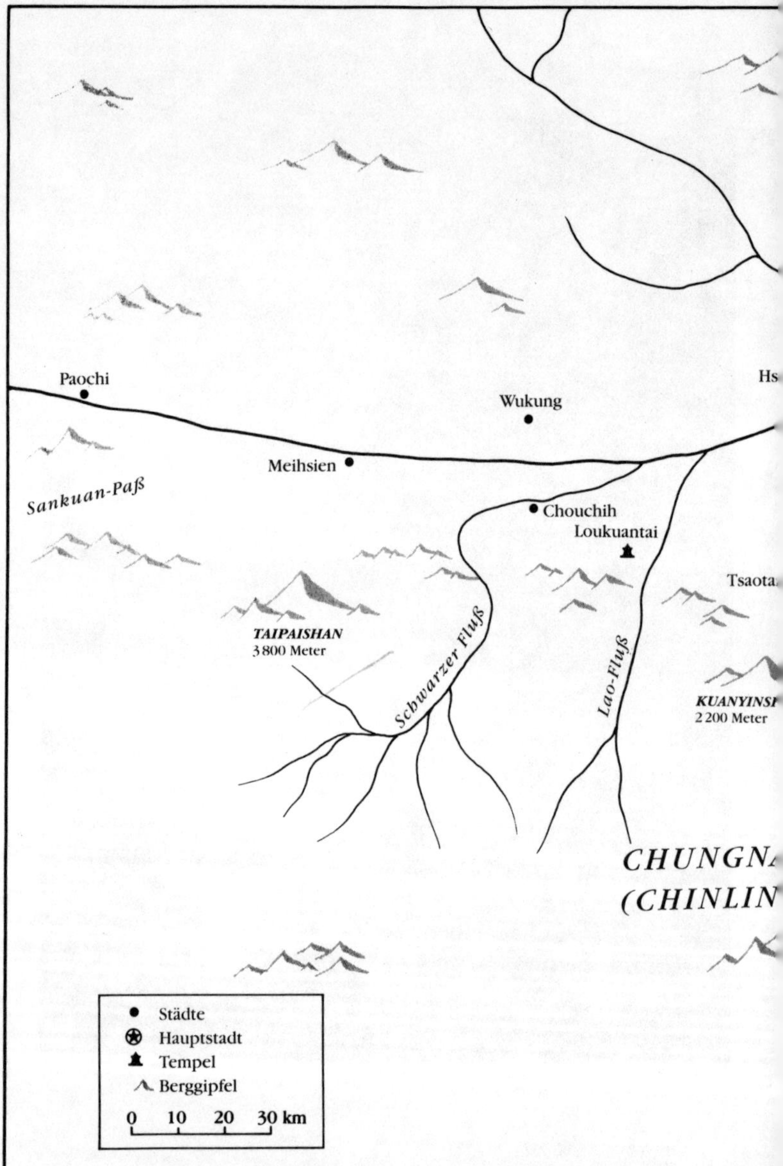

Sian-Gebiet und Chugnan-Berge.

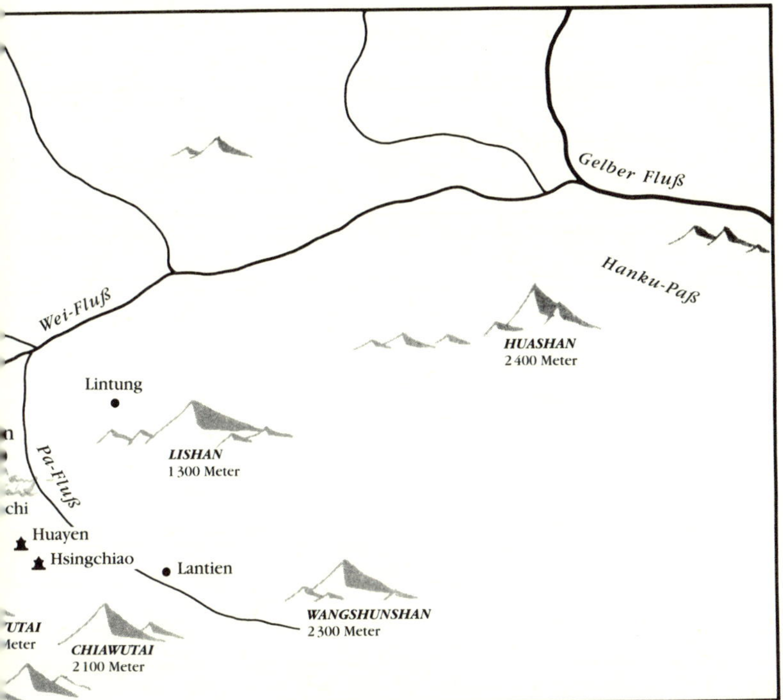
Gelber Fluß
Hanku-Paß
Wei-Fluß
HUASHAN
2 400 Meter
Lintung
Pa-Fluß
LISHAN
1 300 Meter
Huayen
Hsingchiao
Lantien
WANGSHUNSHAN
2 300 Meter
CHIAWUTAI
2 100 Meter

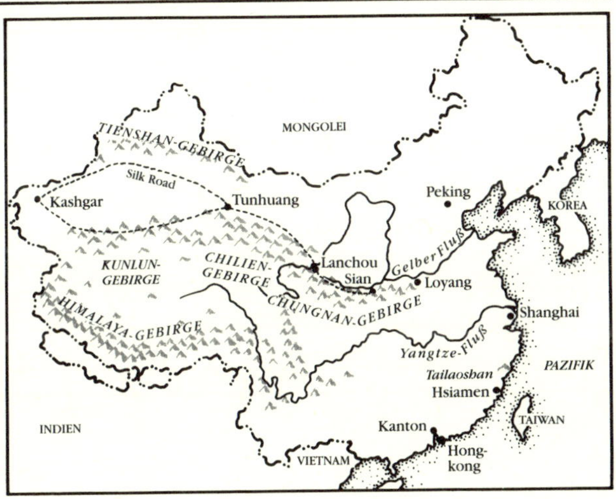
MONGOLEI
TIENSHAN-GEBIRGE
Silk Road
Kashgar
Tunhuang
Peking
KOREA
KUNLUN-
GEBIRGE
CHILIEN-
GEBIRGE
Lanchou
Sian
Gelber Fluß
Loyang
HIMALAYA-GEBIRGE
CHUNGNAN-GEBIRGE
Shanghai
Yangtze-Fluß
PAZIFIK
Tailaoshan
Hsiamen
TAIWAN
INDIEN
Kanton
VIETNAM
Hong-
kong